아산재단 연구총서 제476집

다문화 프로그램 정책지원을 위한 유초연계 다문화교육

다문화 프로그램 정책지원을 위한 유초연계 다문화교육

This Edition was published by Jipmoondang in 2022, Seoul, Korea.

아산재단 연구총서 第476집

다문화 프로그램 정책지원을 위한 유초연계 다문화교육

정 대 현

집문당

정대현(鄭大現) 총신대학교 유아교육과 교수
하리숲학교 설립자 겸 교사
교육부 미래교육특별위원회 위원 역임
국립아시아문화전당 지역기반주체역량강화사업 연구책임자 역임
저서) 학습본능 숲에서 놀다(2017)
논문) 상호객관주의 인식론이 유아교육에 주는 함의(2021) 외 다수

아산재단 연구총서 제476집

다문화 프로그램 정책지원을 위한 유초연계 다문화교육

2022년 2월 10일 1판 1쇄

저자 | 정대현
발행인 | 임동규
발행처 | **(주)집문당**
등록 | 1971. 3. 23. 제2012-000069호
주소 | 03134 서울시 종로구 돈화문로 82, 5층
전화 | +82-1811-7567
이메일 | sale@jipmoon.com
홈페이지 | www.jipmoon.com

ISBN 978-89-303-1924-9 94330
978-89-303-1500-5(세트)

가격 13,000원

머리말

한국에서 초등학교가 가지는 의미는 아이들이 부모 곁을 홀로 떨어질 수 있다는 것을 의미하기도 하고, 학업에 좀 더 치중해야 한다는 것을 의미하기도 한다. 그리고 사회로 진출하기 전 갖추어야 할 능력을 준비하는 첫 출발을 의미하기도 한다.

초등학교, 중학교, 고등학교, 대학교의 학창 시절을 거치면 아이들은 직장을 가지고 성인으로서 사회가 부여한 책무를 수행해야 한다. 부모들은 초등학교에 입학하는 이 시기를 인생의 출발점으로 보고 있다. 긴 경주에서 출발이 갖는 의미는 크다. 다문화 가정 유아가 성장하여 우리 사회의 구성원이 되는 데 있어서 이 출발은 또한 큰 의미를 갖는다.

20년 전 유아교육에서는 다도교육프로그램이 유행한 때가 있었다. 그때는 다도프로그램과 다문화교육을 혼동하기까지 했다. 그 낯섦들이 이젠 익숙함을 넘어 일상의 일부가 되어 있음을 자주 경험한다.

17년 전 다문화교육과 관련한 정책연구(국립다문화패밀리센터 건립을 위한)에서 '다문화교육의 대상은 다문화 유아뿐만 아니라 다문화 가정이고, 정주민 유아이며, 모든 공동체 구성원이다'라는 것을 제시하였다. 비록 그 연구는 캐비닛 보고서로 머무르고 말았지만, 시간이 지나 우리 사회에서 다문화교육의 대상이 확대되었음을 여러 분야에서 바라보게 된다.

다문화교육의 패러다임도 상당 부분 변화를 가져왔다. 다문화주의가 주류를 차지하던 것에서 간문화주의, 비판주의 접근들이 점점 자리를 잡고 있다.

이젠 어느 누구도 우리 사회에서 다문화교육의 이슈를 거부할 수는 없다. 하지만, 최근 등장한 난민 사건을 접하는 우리 사회의 모습을 보면 여전히 가야 할 길이 많음을 경험한다. 법적으로 보호받을 수 있는 대상과 난민, 불법체류자 등 법적 울타리 밖의 대상에 대한 사회적 합의를 도출해야 할 때이다.

이 책은 총 3부로 구성되어 있다. 1부는 다문화교육에 대한 이해, 2부는 유초연계 다문화교육 지원방안, 3부는 유초연계 다문화교육프로그램이다. 1부와 2부가 이론적 근거를 제시했다면, 3부는 실제 프로그램에 관한 내용이다.

각 부별로 내용을 살펴보면, 1부의 1장은 유아교육에서 다문화교육의 위치를, 2장은 다문화교육의 이론들에 관한 것이다. 특히 2장에서는 단일 문화주의, 다문화주의, 간문화주의, 비판적 다문화주의를 제시하였다. 2장의 이론은 3장의 유초연계다문화교육에 적용하였다. 그리고 4장에서는 전이의 개념에 대해 언급하였다. 여기에서는 다문화 가정 유아가 초등학교로 전이하는 과정을 일반유아가 초등학교로 적응하는 과정과 동일하게 도취·도전, 충격, 적응과 안정으로 제시하였다.

2부에서는 5장에 전이의 모델인 기술 위주의 모델, 환경 투입 모델, 연계적 환경 모델, 발달적 모델을 제시하였다. 6장에서는 전이 모델의 준비도를 성숙주의 입장, 환경주의적 입장, 사회적 구성주의적 입장, 상호주의적 입장으로 제시하였다. 7장에서는 생태체계이론에서 전이를 살펴보았다.

프로그램인 3부에서는 8장에서 프로그램의 대상을 9장에서는 프로그램의 구성과 진행원리를 10장에서는 프로그램을 수행할 인적자원을 정비하는 방법에 대해 언급하였다. 11장에서는 프로그램을 위해 다문화 유아와 가정의 필요를 파악하고, 12장에서는 활동 및 실행, 13장에서는 평가 및 수정을 언급하였다.

이 책은 전적으로 다문화 가정 유아가 초등학교에 잘 전이할 수 있는 시스템을 구축하는 방법론적인 책이다. 물론 현장에서 실행하기 벅찰 수도 있다. 하지만 이미 이러한 시스템으로 현장에서 수행하고 있음을 바라보게 된다. 다만, 이러한 것들을 꿰지 못할 뿐이다. 시스템이 가져다준 탁월함을 이 책을 통해 얻었으면 한다. 이 책이 제시한 모든 것들을 할 필요는 없다. 선택해서 제공해도 좋다. 다만 이러한 프로그램의 내용 하나하나가 1부와 2부에서 제시된 이론적 배경이 바탕이 되었으므로, 프로그램의 내용을 변용하되, 이론적 배경에서 언급한 이론의 어느 지점에 놓여있는지 끊임없이 확인해야 할 것이다.

다문화교육. 이 말이 필요치 않을 때는 비로소 우리 사회가 안정적으로 다문화 사회에 정착한 때일 것이다. 우리에게 얼굴을 들이미는 타자인 다문화 가정에 대해 우리 사회가 한 걸음 한 걸음 잘 응대하리라 보며, 서문을 갈음하고자 한다.

2021년 11월

정대현

| 차 례 |

제1부 다문화교육에 대한 이해

제1장 유아 다문화교육 · 3

1. 다문화 사회의 이해 ······ 3
2. 유아 다문화교육의 필요성 ······ 7
3. 유아교육에서 다문화교육 ······ 9
4. 다문화교육 정책학교(유치원) ······ 11
5. 다문화교육의 동향 ······ 15

제2장 다문화교육의 이론 · 19

1. 단일문화주의 ······ 20
2. 다문화주의 ······ 24
3. 간문화주의 ······ 27
4. 비판적 다문화주의 ······ 31

제3장 유초연계 다문화교육 · 35

1. 유초연계 다문화교육의 이해 ······ 35
2. 유초연계 다문화교육의 목적 ······ 41
3. 유초연계 다문화교육의 방법 ······ 42
   1) 다문화주의적 접근 ······ 42

2) 간문화주의적 접근 ··· 51
3) 비판적 다문화주의적 접근 ··· 56

제4장 다문화교육의 초등학교로의 전이 · 67

1. 전이에 대한 이해 ··· 67
1) 전이의 개념 ··· 67
2) 연계와 전이 ··· 70
2. 생태학적 전이에서 바라본 다문화 가정과 유아 ··· 71
3. 수직적 전이와 수평적 전이 ··· 76
4. 다문화 가정 유아의 초등학교 전이과정 ··· 77
1) 도취 - 도전 ··· 80
2) 충격 ··· 81
3) 적응과 안정화 ··· 85

제2부 유초연계 다문화교육 정책지원 방안

제5장 전이 모델 · 89

1. 기술 위주의 모델(skills only model) ··· 91
2. 환경적 투입 모델(environmental input model) ··· 92
3. 연계적 환경 모델(linking environments model) ··· 93
4. 발달적 모델(developmental model) ··· 94

제6장 전이 모델과 준비도 · 95

1. 성숙주의 ··· 96

2. 환경주의 ········ 97
3. 사회적 구성주의 ········ 99
4. 상호작용주의 ········ 100

제7장 생태체계이론에서 살펴본 전이 · 105

1. 미시체계(microsystem) ········ 106
1) 가정의 역할 ········ 107
2) 교육기관의 역할 ········ 109
2. 중간체계(mesosystem) ········ 114
3. 외체계(exosystem) ········ 115
4. 거시체계(macrosystem) ········ 117

제3부 유초연계 다문화교육 프로그램

제8장 유초연계 다문화교육 프로그램의 대상 · 121

1. 다문화 가정 유아 ········ 122
2. 다문화 가정 부모 ········ 122
3. 지역공동체 ········ 123

제9장 유초연계 다문화교육 프로그램의 구성과 진행 원리 · 125

1. 프로그램의 구성 원리 ········ 125
1) 개별화 교육 프로그램 ········ 126
2) 가족중심 접근법 ········ 128
3) 기능적인 교육과정 접근법 ········ 128

4) 초학문적 모델 ········· 129
5) 사회적 네트워크 강화 ········· 130
2. 프로그램의 진행 원리 ········· 131
1) 수평적 연속성 ········· 133
2) 수직적 연속성 ········· 133
3) 대상의 확대 ········· 134
4) 가족 구성원의 장점에 초점 ········· 135
5) 개별적 유아들의 요구 ········· 136
6) 관계 간의 연계성(협력적 관계) ········· 137
7) 프로그램 발전을 고려 ········· 137
3. 프로그램 진행 절차 ········· 138

제10장 인적자원 장비 · 141

1. 협력팀(collaborative team) 구성원의 선정 ········· 145
1) 지역전이교육팀 ········· 147
2) 학교전이위원회 ········· 149
2. 협력팀 구성원의 역할 및 책임 ········· 150
1) 팀 구성원의 역할과 책임 ········· 150
2) 각 팀별 역할과 책임 ········· 151
3. 전이교육조정자(Transition Coordinator)의 지정 ········· 153
1) 전이조정자의 역할 ········· 154
2) 조정자의 능력 ········· 156

제11장 다문화 유아와 가족의 필요 파악 · 163

1. 가계도 및 생태도 ········· 169
1) 가계도(Genogram) 작성 ········· 169
2) 생태도(Eco-Map) 작성 ········· 170

3) 사회적 지지망 ···· 172
2. 검사 ···· 176
3. 요구도 ···· 179

제12장 활동 계획 및 실행 · 181

1. 요구도 평가 ···· 182
1) 다문화 가정 유아의 개인력/가족력 ···· 186
2) 다문화 가족의 사회적 관계 ···· 187
2. 개별화 전이 프로그램 - 아이디어(활동)의 생성 ···· 188
3. 장애 요소 예측 ···· 192
4. 개별화 전이 프로그램 - 아이디어(활동) 및 일정 수정 ···· 194
5. 전이 프로그램 일정 수립 ···· 194
6. 실행계획 ···· 197
1) 가족-학교 관계 ···· 198
2) 다문화 가정 유아와 학교 관계 ···· 199
3) 또래 관계 ···· 200
4) 공동체와 연계 ···· 201

제13장 평가 및 수정 · 207

참고문헌 ···· 213

| 표/그림 차례 |

〈표 3-1〉 Sleeter & Grant(2008)의 접근법 ····· 50~51
〈표 5-1〉 유치원-초등학교 연계교육의 기본 모델 ····· 91
〈표 9-1〉 다문화 가정 유아의 초등학교 전이 프로그램 진행 원리 ····· 132
〈표 10-1〉 지역전이교육팀과 학교전이위원회 ····· 152
〈표 11-1〉 진단 평가 도구의 종류 및 특성 ····· 178
〈표 12-1〉 다문화 가정 유아의 개인력/가족력 ····· 187
〈표 12-2〉 다문화 가족 및 사회적 관계 작성 ····· 188
〈표 12-3〉 다문화 가정 유아의 초등학교 적응의 어려움 ····· 189
〈표 12-4〉 전이 실행을 위한 브레인스토밍 ····· 190
〈표 12-5〉 전이 실행을 위한 브레인스토밍 분류 및 가이드 ····· 190
〈표 12-6〉 전이 프로그램 브레인스토밍 일정 계획 ····· 191
〈표 12-7〉 초등학교 전이를 돕기 위한 일정표 ····· 196
〈표 12-8〉 전이 일정 조사표 ····· 197
〈표 12-9〉 사회적 네트워크를 활용한 전이 프로그램 ····· 202~205
〈표 13-1〉 다문화 가정 유아의 초등학교 전이 총괄 표 ····· 208
〈표 13-2〉 다문화 가정 유아의 초등학교 전이 평가 도구표 ····· 209
〈표 13-3〉 초등학교 전이 메뉴 체크리스트 ····· 210

〈그림 3-1〉 Banks의 다문화 교육과정을 위한 4가지 접근법 ····· 45
〈그림 10-1〉 다문화 가정 유아의 초등학교 전이 프로그램 세부절차; 인적자원정비 ····· 142
〈그림 11-1〉 다문화 가정 유아의 초등학교 전이 프로그램 세부절차; 변수 중심 접근을 통한 출발점 파악 ····· 164
〈그림 11-2〉 다문화 가정 유아의 가계도 및 생태도 ····· 172

〈그림 12-1〉 다문화 가정 유아의 초등학교 전이 프로그램 세부절차;
활동계획 및 실행 ······ 182
〈그림 13-1〉 다문화 가정 유아의 초등학교 전이 프로그램 세부절차;
평가 ······ 207

제 1 부

다문화교육에 대한 이해

제1장 유아 다문화교육

1. 다문화 사회의 이해

최근 전통적으로 단일민족 의식이 강했던 우리 사회에 다양한 민족적・문화적 배경을 가진 사람들이 유입되면서 많은 변화가 요구되고 있다. 이러한 변화는 1990년대 이후 우리 사회가 세계화에 관심을 가지면서 시작된 것으로 추정된다. 우리나라는 외부적으로는 무역업을 중심으로 세계 경제 대국으로 급성장함에 따라 내부적으로는 다문화 사회의 기초가 마련되기 시작했다. 그 시기는 대략 30년 전부터이며, 외국인 근로자, 결혼이민자 등 이주민들의 비율이 점차 늘어남에 따라, 민족적・문화적 다양성에 기반한 다문화 사회(Multi-cultural society)[1]가

1) 다문화가족지원법은 다문화 가족 구성원이 안정적인 가족생활을 영위하고 사회구성원으로서의 역할과 책임을 다할 수 있도록 함으로써 이들의 삶의 질 향상과 사회 통합에 이바지함을 목적으로 한다(법률 제17281호, 시행 2020. 5. 19.). "다문화 가족"이란 다음 각 목의 어느 하나에 해당하는 가족을 말한다. 첫째, 「재한외국인 처우 기본법」 제2조 제3호의 결혼이민자와 「국적법」 제2조부터 제4조까지의 규정에 따라 대한민국 국적을 취득한 자로 이루어진 가족. 둘째, 「국적법」 제3조 및 제4조에 따라 대한민국 국적을 취득한 자와 같은 법 제2조부터 제4조까지의 규정에 따라 대한민국 국적을 취득한 자로 이루어진 가족이다. 여기에서 말하는 "결혼이민자등"이란 다문화 가족의 구성원으로서 「재한외국인 처우 기본법」 제2조 제3호의 결혼이민자 또는 「국적법」 제4조에 따라 귀화 허가를 받은 자. 그

도래한 것이다.

2019년 우리나라는 체류 외국인이 250만 명대를 넘어섰으며, 대한민국 전체 인구의 4.9%가 외국인인 시대가 되었다(법무부, 2019). 통상 학계에서 외국인 비율이 전체 인구의 5%를 넘을 경우 다문화 사회로 분류하므로, 한국은 이제 다문화 사회로 진입하는 단계를 넘어 실제적인 다문화 국가의 문턱에 다다른 것이다(최지혜, 조민효, 2020).

한편, 우리나라의 국가 전체 학생 수와 학령인구는 지속적으로 감소 추세인 반면, 다문화 학생은 2007년 조사 이래 매년 증가하고 있다. 특히 2017년 다문화 가정의 자녀 가운데 유아는 48.1%로 대다수를 차지하고 있으며 이러한 경향은 앞으로도 지속될 것으로 보인다. 따라서 이들이 초등학교에 적응할 수 있도록 지원하는 것이 향후 사회 통합과 발전의 측면에 중요한 과제로 대두되었음을 알 수 있다. 이제 언어와 문화가 다른 사람들과 함께 생활해야 하는 다문화 사회는, 선택 조건이 아니라 필수가 된 것이다.

문화적 차이는 늘 편견과 갈등을 유발한다. 더욱이 단일민족, 단일문화를 주장해 온 한국사회에서 타문화에 대한 이질적인 인식은 차별과 편견으로 표출될 수 있다. 이것은 다문화 사회로 인해 사회 통합에 저해가 되는 사회 문제를 가져올 수 있음을 의미한다.

세계화에 따라 국가에 의해 보장되고, 국가란 한계 내에서 인정된 권리의 개념은 인권(Human Rights)의 개념으로 구체화되었다. 인권은 모든 인간에게 부여된, '우리가 가지고 태어난', '자연권(droit natural)'이다[2]. 자연권은 법적권리와 구별된다. 따라서 법적권리처럼 특정 사

리고 그 가정의 아동 · 청소년(24세 이하)를 말한다.

2) 실제 인권은 '자연권'이라는 프랑스 인권선언 원문에 등장하여 사용된 용어를 번역한 것으로 1791년 Thomas Paine이 저술한 인간의 권리(Rights of Man)에서

회 신념체계에 따라 다르게 규정해서는 안 되는 개념인 것이다. 즉, 인권은 국가 내에서 보장받는 권리가 아니라 모든 국가에서 보편적인 인간의 권리로서 보장받아야 하는 것이다.

보편적인 인간의 권리로서 인권의 개념은 세계인권선언(UDHR: Universal Declaration of Human Rights)이 1948년 UN 총회에서 채택되면서 공식적으로 인정받게 된다. 세계인권선언은 시민, 정치, 사회, 문화에 관한 30개 조항으로 구성되었다. 특히, 인간은 태어나면서부터 자유롭고 존엄하며 평등한 존재이므로 인종, 피부색, 성, 언어, 종교, 장애 등을 이유로 차별받지 않음이 명시되어 있다. 인간으로서 당연히 인정받아야 되는 인권이 선언된 것이다. 하지만 이는 도덕적 구속력만 있는 선언문이었다는 비판이 대두되었다.

이후 실효성을 위해 UN은 1966년 총회에서 국제인권규약(International Bill of Rights)을 채택하였고, 1976년 발효한다. 국제인권규약은 A규약인 경제, 사회 및 문화적 권리에 관한 국제 협약과 B규약인 시민적 정치적 권리에 관한 국제 규약이 있다. 우리나라는 1990년 이 조약에 가입하여 국제법과 국내법이 동일한 효력을 갖게 되었다. 헌법적, 법률적으로 인권이 보장된 것이다.

인권 차원에서 다문화교육을 살펴보면 난민 이슈를 어떻게 대해야 하는가를 알 수 있다. 실제 우리나라는 급격한 다문화 인구의 증가와 활발한 이주로 인해 국가 주도로 다문화교육을 실시하고 세계시민교육이나 인권교육 등의 다양한 가치교육들을 실시하고 있음에도 여전히 난민 수용에 적대적인 의견이 많다[3].

나타난다. 인권은 보편적인 권리이며, 모든 상황에서 무조건 지지되는 불가양의 권리이다. 그래서 포기하거나 양도할 수 없을 뿐만 아니라, 포기할 수도 없다. 더 나아가 분리할 수 있는 것도 아니다.

세계화에 따라 이제 개개인은 세계 사회의 합리적 주체로서 위상이 강화되었다. 개인의 고유 정체성이 더욱 강조된 것이다. 그 결과 장애인, 성적 소수자, 소수인종과 종교집단 등의 주류사회로의 편입이 전 세계적 추세가 되었다. 국민국가로서의 시민이 세계시민이 된 것이다. 민족 중심의 국민국가의 공동체는 지구 차원으로 확대되었다. 그 결과 사회구성인자이며 행위 주체인 개인의 위상은 더욱 강화되고 확장되었다[4].

민주주의 원칙 역시, 다문화교육을 위한 이념적 제도적 바탕이 된다. 민주주의의 핵심은 평등이다. 모든 개인은 법 앞에 평등한 존재다. 인간은 부당한 차별로부터 보호받을 권리가 있으며 균등한 기회를 요구할 권리가 있다. 민주주의는 다름을 인정하는 것이다. 또한 민주주의의 원칙은 인권으로서 다문화주의 사회구현을 정당화한다. 이러한 민주주의 원칙인 기본 가정은, 인간의 본원적 존엄성과 시민으로서의 권리를 통해 다문화에 대한 이념적 기반을 제공한 것은 틀

3) 전국 19세 이상 성인 12,046명 중 최종 500명 응답. 신뢰수준 95%, 표본오차 ±4.4%의 여론조사(2018) 결과 53.4%가 예멘 난민 수용에 반대하였고 37.4%가 찬성한 것으로 나타났다. 그중 20대의 반대 의견이 66%로 찬성 의견이 21.8%인 것에 비해 압도적으로 우세했으며 30대 역시 53.5%가 난민 수용을 반대하였다. 이에 비해 40대에서 찬성 의견이 46.7%, 반대 의견이 46.8%로 반반으로 나타나, 오히려 젊은 세대에서 반대 의견이 우세한 것으로 나타났다. 반대 의견에서 나오는 '자국민 보호 최우선' 등의 구호에서 알 수 있듯이, 취업난에 시달리는 젊은 세대의 불안이 반영된 것으로 볼 수 있다(김진희, 이로미, 2019).

4) 근대 국가에서 개인은 비로소 등장한다. 근대 이전, 개인은 사회의 핵심 구성인자가 아닌 부속물이었다. 근대 이전에는 신 중심의 세계관이었으나 이후 인간 중심의 세계관으로 전환되면서, 개인은 소수집단의 부속물에서 사회 핵심 구성인자, 행위자로 등장한다. 실제 개인은 근대 이전에는 공동체의 부품에 불과하였다. 근대 이전에 개인은 사회의 핵심 구성인자가 아니었다. 근대 사회가 되면서 신민으로서 개인의 지위가 시민으로서의 지위로 변화되었다. 그 결과 주권을 가진 개인이 자신의 권리를 정부에 위임한 것이다. 개인은 사회의 제반적인 것들을 결정하는 주체이자, 결정된 활동의 최종 수혜자이다.

림없다. 더 나아가 다문화주의가 가지고 온 한계를 규정한 기준이 되었다.

다문화주의는 개인의 정체성과 문화 다원성을 존중하는 것이다. 하지만 개개인의 모든 욕구의 무한한 충족을 의미하지는 않는다. 다수결 등에 의한 의사결정은 다수에 의해 소수집단의 인간 존엄성 등의 원칙이 위배되는 경우를 발견하게 한다. 따라서 다문화교육과 관련하여 정치적, 경제적, 사회문화적 억압 구조를 외면한 채, 문화적 차이에만 집중한다면 사회정의에 역행할 수 있다.

다문화교육은 드러나는 문화적 차이 자체에만 주의를 두고, 단순히 문화적 차이와 다양성 인정에 머물러서는 안 된다. 인종, 민족, 종교, 성적 지향성, 장애 등에서 소수집단이 사회적으로 주변화, 주류집단에 종속되어서 착취대상이 되어서는 안 된다. 정치, 경제, 사회 문화적 억압구조에 초점을 맞추어 정책 배려를 통해 사회정의의 실현에 초점을 맞추어야 할 것이다.

2. 유아 다문화교육의 필요성

다문화교육은 유아기부터 강조되어야 한다. 실제 유아기는 차별과 편견에서 자유로울 것으로 여겨지지만 도리어 편견이 형성되는 시점이라고 할 수 있다(교육과학기술부, 2008; Seefeldt, 2005).

유아기는 어휘의 습득으로 의사소통이 활발해지고 주변 환경에 대해 호기심이 많아지며 또래와의 접촉을 통해 사회적 기술을 획득하는 시기로, 신체적 · 인지적 · 정서적 발달이 형성되는 시기이다. 또한 독립된 존재로서 자기개념을 형성하고, 자기중심적 사고를 가지는 시기이다(전윤미, 이윤정, 2019).

동시에 자신과 타인의 차이점을 인식하고 다양한 문화에 대한 이해와 수용을 시작하는 시기이다. 유아는 다른 사람과 연관 짓거나 분리해서 자아개념을 구성하고, 자율성을 시험해 보며, 의사소통을 하고, 감정이입과 우정을 나누는 경험을 하면서 다른 사람을 이해하기 시작한다(박미경, 2007a).

발달적인 측면에서 만 1~3세의 유아는 자신과 타인의 피부색과 성, 신체에 관심을 보이고 만 4세가 되면 성과 민족 집단에 대한 정체성을 가진다(양옥승, 1997). 유아는 24개월에 신체적 특징, 의상, 언어 등에 기초해 타인과 구별되는 자아에 대한 인식 즉 사람들과 연관 짓거나 다른 사람과 자신을 분리한 자아개념을 구성하고, 유사성과 차이점을 지각한다(Seefeldt, Castle, & Falconer, 2005). 이 시기에 다름에 대한 거부감이 나타나 장애에 대한 편견을 갖게 된다(Derman- Sparks & A.B.C. Task Force, 1989).

유아는 3~5세가 되면 성역할이 고정되고 인종에 대한 편견이 자리 잡게 된다. 이 시기에는 자아인식과 정체감이 발달하며, 사회 속에서 약속된 적절한 행동이 무엇인지 이해할 수 있게 된다(조순옥 외, 2010).

6세에는 교육을 통해 인종, 민족, 성별 차이 이외에 계층, 장애, 지역별에 따른 문화차이를 이해하고, 공동체의 구성원으로서 자신을 인식할 수 있으며, 나아가 지역사회에서 발생하는 차별적인 상황에 대해 문제를 제기하고 해결할 수 있다(양옥승, 2010).

이상에서 살펴본 것과 같이 유아기는 자신의 생김새, 성, 인종 등 사람과 사람 사이의 차이점에 대해서 인식하는 시기이다. 자신의 인종, 민족에 대한 일치감을 기초로 다른 집단에 대한 감정 이입과 관심을 갖게 되며 더 나아가 인간의 존엄성과 정의와 같은 이상적인 규형감을 발달시킨다. 그러므로 이러한 인식을 기초로 한다면 유아기는 다문화교육을 실시하는 데 가장 적절한 시기라고 할 수 있다(장영희, 1997).

이러한 이유 외에 유아기는 교육을 통해 변화할 수 있는 가능성이 큰 시기이다. 인간은 한 번 형성된 가치관을 수정하기 위해서는 오랜 시간과 노력이 필요하므로(하현정, 2014), 유아기에 다문화교육을 실시하는 것이 효과적이다. 이에 국가 수준 교육과정인 개정누리과정에서도 '우리가 사는 사회와 다양한 문화에 관심을 가진다'를 사회관계영역의 하위 목표로 설정하고 있다(교육부, 2019). 여기에서 '다양한 문화에 관심'이 유아교육에서 '다문화교육'에 해당되며, 이때 관심은 단지 타문화에 대한 지식을 교육하는 것만을 의미하지는 않는다.

3. 유아교육에서 다문화교육

2000년대 초반, 국내에 다양한 배경의 이주자들이 증가함에 따라 다문화교육에 대한 관심이 높아졌다(황규호, 양영자, 2008). 이에 2006년 교육부(당시 교육인적자원부)는 '다문화 가정 자녀의 교육 지원 대책'을 통해 국가 차원의 다문화교육 정책기반을 마련하고자 하였다(김종훈, 2014). 결혼이주여성의 언어문제와 가정생활 부적응 등에 제한되었던 다문화 가정의 문제들이 2010년 이후부터 다문화 가정 자녀의 양육 문제나 학교생활 및 사회부적응 등의 문제로 확대되어 기존과 다른 다문화교육 정책을 실시하게 된 것이다.

2006년부터 시작된 우리나라 다문화교육은 다양한 문화와 역사적 배경을 가진 아동들에게 차별 없는 공평한 교육의 기회를 제공하고자 하는 목적으로 실행되었다. 다문화교육의 시행 초기에는 주로 소수의 문화 집단이 주류 집단에 빠르게 적응하고 생활할 수 있도록 돕는 것에 초점을 두었으나 점차 서로 다른 인종과 문화의 사람들이 서로의 문화를 이해하고 존중하며 인간의 존엄성 및 인권 신장을 위한 교육을 강조하였다(정윤정, 2012).

기존에는 다문화교육을 다문화 아동을 지원 대상으로 인식하였으나 2012년 이후부터는 글로벌 시대의 잠재적 국가인재라는 인식에 기초한 정책으로 전환되었다(채영란, 2019).

유아교육 분야에서는 2007년 개정 교육과정에서부터 다문화 가정 유아에 대한 교육이 명시되면서 본격적으로 다문화교육이 시작된다(윤갑정, 2012). 2013년부터 실시된 '3~5세 누리과정'에서는 유아들의 다문화에 대한 반편견 및 존중의 태도 형성을 위해서 다양한 교육의 기회를 제공하도록 하였다(남미경, 윤갑정, 2015).

이같이 유아기 다문화교육의 필요성이 점차 대두됨에 따라 2015년부터 교육부에서는 다문화교육 정책 사업의 일환으로 다문화 유치원을 선정 및 운영을 하고 있다(교육부, 국가평생교육진흥원, 중앙다문화교육센터, 2018).

'다문화 유치원'은 '다문화 중점학교', '다문화 예비학교'와 함께 2019년에 '다문화교육 정책학교'로 통합되었다. 이는 다문화교육 현장의 활성화와 다문화 아동의 특성을 고려한 맞춤형 지원을 위한 것으로, 유치원, 초·중등, 한국어학급(유·초·중등)으로 구분하여 운영하고 있으며, 다문화 유치원이라는 용어 또한 다문화교육 정책학교(유치원)로 변경되었다(교육부, 국가평생교육진흥원, 중앙다문화교육센터, 2019).

4. 다문화교육 정책학교(유치원)

다문화 가정 자녀의 지속적인 증가에 따라 정부에서는 선제적 맞춤형 교육을 시행하고자 2015년부터 다문화교육 정책사업의 일환으로 다문화 유치원을 운영하여 다문화 유아 및 유치원의 다문화교육을 지원하고 있다(교육부, 국가평생교육진흥원, 중앙다문화교육센터, 2018).

기존의 다문화 유치원, 다문화 중점학교[5], 다문화 예비학교[6]로 운영되던 다문화교육이 다문화교육 정책 사업이 개편됨에 따라 지역의 자율성 강화를 위해 '다문화교육 정책학교'로 통합되고 명칭 또한 통일화 된 것이다. 다문화교육 정책학교는 현재 유치원, 초・중등, 한국어 학급(유・초・중등)으로 교육대상을 구분하여 운영되고 있다(교육부, 국가평생교육진흥원, 중앙다문화교육센터, 2019).

다문화 가정은 그 특수성으로 인해 언어 학습을 위한 환경 조성에 어려움이 있다. 따라서 유치원과 같은 교육기관에서 다문화 가정의 유아를 위한 교육지원이 필수적이다. 이에 다문화 가정 유아에 대한 맞춤형 교육지원과 사회 통합을 위해 정부는 다문화교육 정책학교(유치원)를 지원하고 다문화 가정 유아에게 유치원 단계에서부터 언어 및 기초학습에 대한 맞춤형 교육을 제공하고 있다(교육부, 2020).

다문화 정책학교(유치원)는 각 지역의 특성과 학교 여건에 따라 자

5) 2012년에 처음 개설되었으며, 기존 다문화 거점학교(글로벌선도학교)의 거점형과 집중형을 통합하여 다문화 아동과 일반 아동 간의 만남과 소통을 위한 통합 교육 프로그램을 운영하는 학교를 말한다.

6) 다문화 가정 자녀의 공교육에 입학하기 전에 한국어 및 한국문화 이해교육 등을 실시하여 학교생활 적응을 돕고자 설립된 학교이다. 다문화 예비학교의 다문화교육은 특별학급에서 한국어 교육과정(KSL)을 전담하여 운영하는 형태로 이루어지고 있다.

율적으로 다문화교육을 추진하고 있으며 그 목적은 가족, 종교, 문화 등으로 인한 차별이 없도록 하는 것에 있다. 또한 유아 및 학부모 전체를 대상으로 다문화교육 프로그램을 운영하고 있으며, 유아의 다문화 감수성 증진, 유치원 교육 공동체의 다문화 친화적 환경 조성, 다문화 가정 유아의 초기 발달 지원을 운영 목표로 추진되고 있다(교육부, 국가평생교육진흥원, 중앙다문화교육센터, 2020).

다문화 정책학교(유치원)는 현재 개정누리과정과 연계하여 놀이를 통한 교육이 실시되고 있으며, 다문화 가정 유아에게 언어와 기초학습 지원 등 맞춤형 교육을 실시, 내적 · 외적 자원 연계를 통한 물리적 환경 조성, 유치원 구성원의 다문화 역량 강화 등을 위한 노력을 꾀하고 있다(교육부, 국가평생교육진흥원, 중앙다문화교육센터, 2020).

다문화 정책학교는 2015년에 5개 지역(서울, 경기, 충남, 전남, 경남)을 대상으로 하여 30개소를 시범사업으로 운영하기 시작하였으며, 2017년 전국17개 지역 90개소, 2019년 139개소로 점차 확대되어 운영 중에 있다. 2019년도 시 · 도별 분포는 전체 139개소 중 충남이 21개소로 가장 많고, 그 다음으로 대구 20개소, 전남 15개소 순으로 나타났다(중앙다문화교육센터, 2019).

시 · 도별 다문화 가정 자녀의 수와 다문화교육 정책학교(유치원)의 운영 상황을 비교해 보면, 2018년을 기준, 다문화 가정의 자녀는 경기도 60,938명으로 가장 많았고 그 다음으로는 서울 32,598명, 경남 17,558명 순으로 나타났다. 반면 각 지역 다문화교육 정책학교(유치원)는 경기도 10개소, 서울 8개소, 경남 6개소로 다문화 가정 자녀의 수에 비해 매우 낮은 비율로 운영되고 있음을 알 수 있다(교육부, 2018). 학교의 운영이 시 · 도별 다문화 가정 자녀 수를 반영하지 못하고 있는 실정인 것이다. 따라서 다문화 가정 자녀에 대한 교육 기회의 보장을 위해 다문화 가정 자녀 인구 분포에 따른 지역별 다문화 교육 정책학교의 확충이 필요하다.

다문화교육 정책학교(유치원)의 선정 기준과 운영 목적, 운영 내용은 다음과 같다(교육부, 국가평생교육진흥원, 중앙다문화교육센터, 2020).

첫째, 다문화교육 정책학교(유치원)의 선정은 다문화 유아의 재원 현황 및 지역적 특수성을 고려하여 시·도 교육청에서 지정하거나 다문화교육 정책학교(유치원)로 전환을 희망하는 유치원의 신청에 따른 공모를 통해 이루어진다. 다문화교육 정책학교(유치원)로 선정이 되면 다문화교육이 효과적으로 실시될 수 있도록 시·도 교육청에서 컨설팅 및 예산 등을 제공하게 된다.

둘째, 다문화교육 정책학교(유치원)의 운영 목적은 다문화교육 현장의 활성화를 통해 성숙된 교육환경의 선도 모델로서의 역할을 수행하며, 다문화 아동(유아) 특성을 고려하여 언어발달·한국어교육 등 맞춤형 지원을 제공하여 동등한 출발점을 보장하는 데 있다.

셋째, 다문화교육 정책학교(유치원)의 운영 내용은 다문화교육, 다문화 유아 초기발달 지원, 다문화 친화적 환경 조성, 프로그램 평가로 구분하여 실행된다. 다문화교육 정책학교(유치원)에서는 전체 유아의 다문화 감수성 증진을 위해 개정누리과정과 연계한 다문화교육을 실시한다. 또한 다문화 유아 대상 개별언어교육을 통해 다문화 유아의 초기발달을 지원하고 전체 유아를 대상으로 개정누리과정과 연계한 활동·놀이 중심의 통합언어교육을 실시하고 있다.

이와 함께 물리적 환경구성, 가정 및 지역사회 연계, 교원역량 강화 등의 다문화 친화적 환경을 조성한다. 다문화 친화적 환경 조성은 '물리적 환경구성을 위해 체크리스트를 활용한 유치원 환경구성 점검', '다문화교육 요소가 포함된 교구 및 도서 비치', '영역별 구성',

'유휴공간을 활용한 다문화적 환경 제공' 등을 통해 이루어지고 있다. '다문화 가정 유아의 언어발달 지원'과 '다문화 가정 학부모의 유치원 참여를 위한 가정 연계 지원'을 실시하고 있으며, '다문화이해교육 및 언어발달지원 서비스' 등은 지역사회와 연계하여 제공하고 있다.

교원의 역량 강화를 위해 원격 및 집합 연수 또한 실시되고 있는데 다문화 아동(유아) 담임교사는 15시간, 다문화교육 정책학교 교원은 30시간 내외의 연수가 이루어질 수 있도록 권장하고 있다.

다문화교육 정책 사업이 개편되면서 다문화교육 정책학교(유치원)의 자율성을 보장하고 다문화 가정 유아의 다양한 특성을 고려한 맞춤형 교육지원의 내실화를 강조하며, 다문화교육 정책학교(유치원)의 학교 여건과 각 지역의 특성을 고려하여 교과, 방과 후 과정 등을 통한 자율적 다문화교육을 추진하고 있다. 또한 다문화교육 정책학교(유치원)의 효과적인 운영을 위해 시·도 교육청 컨설팅과 워크숍 지원, 정서·심리 상담 및 진로교육 등 맞춤형 교육 등이 실시되고 있으며 유치원에서도 한국어 학급을 자체적으로 설치·운영하도록 하였다. 더불어 다문화교육 정책학교(유치원) 운영의 효과성을 평가하기 위해 교원, 유아, 학부모를 대상으로 하는 프로그램 평가를 실시하고 있다(중앙다문화교육센터, 2019).

5. 다문화[7])교육의 동향

초기 우리나라에서 다문화교육은 결혼이민자 및 이주노동자와 관련된 사회이슈를 교육에서 어떻게 해결할 것인지에 대한 고민으로 등장하였다. 하지만 다문화교육은 이렇게 협소하게 보아서는 안 된다. 최근 다문화교육은 교육개혁운동으로 보고 모든 아동들이 성별, 사회계층, 인종적 · 민족적 특징과 관계없이 학교에서 평등하게 교육을 받게 하는 것으로 정의하고 있다(Banks, 2004). 다문화교육은 문화적 다양성을 넘어 평등교육과 사회정의 교육까지를 포괄하는 개념인 셈이다. 더 나아가 교육과정에 국한된 교육이 아니라 학교 체제의 변화, 나아가서는 학교 교육의 불평등을 초래하는 사회적 불평등 해소에까지 이르는 거시적 개념으로 확대하는 주세이다(Banks, 2004: 399-420).

실제 다문화교육은 차이와 다양성의 존중, 편견과 차별의 제거 등을 강조한다는 면에서 국제이해교육, 지속가능발전교육, 인권교육, 평화교육, 반편견교육, 다문화(문화다양성)교육 및 세계시민교육 등, 보편적 가치를 지향한다는 점에서 유사성을 갖는다(강순원, 2014: 9).

미국의 다문화교육의 경우, 지금까지 국제이해교육과 다문화교육은

---

7) 특히 '다문화'라는 개념짓기는 오히려 우리 사회와 '경계짓기'가 될 수 있다. '경계짓기'는 '구별짓기'가 되고, 그것은 '다름'을 이야기할 수 있으며, '다름'은 '차이'가 만들어 낸 '차별'이 수반될 수도 있다. 이러한 주장을 하는 이들은 실제 교육현장에서 결혼이민자나 그 자녀들이 '다문화'로 호명되면서 인권침해를 받는 경우도 많다고 지적하면서(한건수, 한경구, 2011), '다문화'라는 용어 자체에 대해서도 거부감을 드러내고 있다. 특히 다민족 국가인 미국의 다문화교육이 인종 차별을 극복하는 것을 다문화교육의 주를 이루고 있는 것에 반해(김현덕, 2007), 한국의 다문화교육은 결혼이민자와 그 자녀를 위한 지원교육에 치중해 있는 실정이라는 것을 볼 때(한건수, 한경구, 2011), '다문화'라는 용어가 오히려 또 하나의 경계를 만들어, 다문화 가정 구성원에 대한 고정관념과 편견을 강화하여 그들을 '타자화', '객체화'하는 결과를 초래할 수도 있다.

서로 대립적인 측면에서 이해되었으나, 최근 실질적으로는 상당히 유사성을 갖는다는 사실을 지적하며 "다문화교육이 이해의 차원을 넘어 한 사회 내의 주류와 소수인종 간의 불평등 해소를 목표로 하고 있다. 이제 다문화교육은 평등한 사회 지향을 위한 사회개혁(social reform)"인 것이다(김현덕, 2007: 69; 2009).

초기 다문화교육은 소수민족(다문화) 아동을 대상으로 하였다. 소수민족의 권리와 가치를 존중하며 그들의 문화를 인정해주기 위한 과정이었다. 이후 반편견교육으로 그 의미가 변화된다. 인종, 민족을 넘어 성별, 장애, 사회계층 등에 대한 정형화에 따른 편견과 선입견 없이 각각의 인간을 존중할 수 있는 개방성과 감수성을 높여 주는 교육으로 의미가 변화된 것이다. 그리고 평화와 협력을 이끌어내는 태도와 행동, 사고방식, 가치관을 길러주는 교육으로서, 자기이해와 자존감, 의사소통, 갈등이해능력, 다양성 탐구 등이 포함된 평화교육으로 확대되었다.

최근 다문화교육은 인류의 보편적인 평화와 인권, 그리고 다양성과 관련된 지식과 기술을 학습하고 가치를 내면화시키며 책임감 있는 태도를 배양하는 교육(교육부, 2015)을 넘어 '정의롭고, 평화로우며, 관용적이고, 포용적이며, 안전하고, 지속가능한 세상을 만드는 데 학습자가 필요로 하는 지식, 기술, 가치 태도를 함양하는 패러다임'(UNESCO, 2014: 16)인 세계시민교육으로 더욱 광범위하게 이루어지는 추세이다.

특히 혈통중심의 '단일민족'이라는 인식으로 국가 체제 내에서 통합과 단결을 강조해 왔던 한국사회에서 다문화 가정은 편견과 차별과 배제의 주체가 될 우려가 크다(한경구, 2017: 36). 이에 따라 다문화교육이 좀 더 포용적인 방향으로 재구성될 필요가 있음을 주장하며, 유네스코의 국제이해교육과 세계시민교육을 지향해야 한다는 주장이 설득력을 얻고 있다(이민경, 2008; 차윤경, 2008).

또한, 최근 더 나아가 다문화교육이 단순한 지식 획득이나 문화이해 차원을 넘어 불평등과 차별에 민감하게 작동하는 인간과 사회를 만들어 나가기 위한 비판적 실천을 지향하는 개념으로 나아가야 한다는 주장도 대두되고 있다. 이러한 것은 다문화교육의 내용 및 범위를 고려하는 데 중요한 이슈라고 본다.

제2장 다문화교육의 이론

다양한 전통과 문화적 배경을 가진 사람들이 함께한다는 것은 여러 가지 문제가 발생할 수 있다는 것을 전제한다. 이미 교육계는 최근 몇 년간 다문화와 관련하여 다양한 담론들을 양산해 왔다. 그러한 노력에도 생성된 담론은 여전히 현실과 연결되지 못한 채 괴리되어 나타나고 있는 실정이다.

문화라는 것은 단순히 이론으로 이해될 수 없는 삶의 영역이 존재한다. 버클리가 언급한 대로 담론은 삶이 아니기에 이러한 현실은 어찌 보면 불가피하다. 그러나 이론과 실천에 대한 문제를 차치하더라도, 다문화에 대한 지금의 안티테제적 접근은 존재의 부정으로 인해, 더욱 담론으로밖에 전개될 수 없다는 한계를 갖게 한다.

하나의 완벽한 정답이라는 것은 존재하지 않는다. 따라서 하나의 옳음을 발견하려는 시도이거나, 모든 방식이 다 좋다는 식의 의미를 도출하기보다, 각기 다른 상황에서 나타난 현상을 이해하는 것이 더 의미 있는 작업일 것이다. 따라서 이장에서는 시대의 변화에 따라 지금까지의 방식을 의미 없는 것으로 배제시켜 이해하기보다, 그 안에서 긍정이든, 부정이든 의미를 발견하여 지금의 시대와 연결시키는 작업으로 전개하고자 한다.

1. 단일문화주의

"어떻게 하면 소수집단을 주류문화에 통합시킬 수 있을까?"

단일문화주의는 단순히 다문화주의와 대립적인 관계 속에서 이해될 수 없다. 사실상 단일문화는 다양한 문화적 요소들 중 하나의 요소로 범주화되기 때문이다. 단일문화를 이해하기 위해 다문화적 맥락에서 부정적 이미지로부터 출발한다면, 단일문화에 대한 본질적인 이해가 어려울 것이다. 변증법적 토대 위에 세상을 이해하는 과정은 부정의 부정으로 의미를 생성해 나아가기 때문이다. 이러한 접근은 편견을 작동시킨다는 한계를 갖는다.

우리는 어린 아기가 태어나 머릿속에 기억을 갖게 되는 순간 낯가림이 시작된다는 것을 알고 있다. 아기는 본능적으로 부모와 가족 등 가까운 관계에서는 방긋 웃으며 친밀감을 표현하지만, 익숙하지 않은 사람들과 만나게 되면 적대감을 보이고 곧바로 울음을 터뜨린다.

사실상 인간에게 낯선 이방인은 두려움의 존재이다. 이를 인정하고 그 자체로 받아들이라는 것은 하나의 공포적인 상황인 것이다. 인간의 낯가림은 본능이다. 어쩔 수 없이 하게 되는 행위이며, 생존과 연결된 문제라는 것이다. 그렇다면 우리는 이러한 단일문화적인 특성을 어떻게 이해해야 할 것인가.

지금까지 다문화교육은 이러한 단일민족주의 특성을 부정적인 것으로 인간이 극복해야만 하는 과제로 받아들이게 하였다. 그러나 이는 또 다른 측면에서의 주체에게 다가오는 폭력이며 억압이라는 것을 기억해야 할 것이다.

우리가 비판해야 하는 것은 단일민족적인 인간의 특성이 아니라 이러한 특성을 정치적이며, 권력적인 장치로 작동시킨 이데올로기에 있다. 근대사회 능력주의(meritocracy) 담론과 맞물린 단일문화주의는 인간의 능력 차에 따라 집단을 구분하였으며, 우월한 집단으로 인정받은 계층을 중심으로 위계적인 질서 안에 인간을 재배치시키는 결과를 나타냈다. 남자/여자, 백인/유색인, 비장애인/장애인, 부르주아/프롤레타리아 등 상위 집단에 대한 지배 욕구는 이를 정당화하였고, 권력을 유지시키기 위해 하위집단을 포섭시키고자 한 것이다.

이러한 이해는 민족에 대한 우월주의와도 연결된다. 모든 이방인이 사실상 다문화적 맥락에서 불평등한 상황에 위치하고 있는 것은 아니다. 국가적으로 우월하다고 인정되는 선진국으로부터 이주한 백인민족이 느끼는 불평등은 후진국으로부터 이주한 유색민족과는 다를 것이다. 즉 단일민족주의에서 나타나는 문제는 능력주의 등으로 기인한 권력적인 현상과 함께 이해되어야 한다는 것을 의미한다.

단일민족주의 특성은 동화주의를 통해 살펴볼 수 있다. 동화주의는 초기 미국의 백인 청교도 문화와 소수민족 문화 간의 갈등을 해소하고자, 새롭게 만들어진 국가인 미국을 중심으로 하나로 결합시키기 위한 것이었다(장인실, 2006). 이 이론은 19세기 말 미국에 이민자가 급증하던 시절, 계몽사상과 진화론 그리고 백인주류문화를 바탕으로 생겨난 것으로 여러 나라 사람들이 모여서 그들만의 독특한 새로운 문화를 형성하게 된 것을 배경으로 한다. 흔히 이렇게 융합된 상태를 용광로나 도가니(melting-pot)에 비유한다[1]. 이 용어는 미국이 다양한 인종과 문화를 흡수하는 사회라는 개념으로 사용되어 왔다. 미국이라는 사회는 하나의 거대한 용광로이며, 수많은 이민자들을 철광석에

1) 이 용어는 이스라엘 장윌(Israel Zangwill)의 연극 'The Melting Pot'에서 유래되었다(서종남, 2010).

비유한 것이다. 소수집단이 미국사회에 정착하는 과정에서 주류문화에 용해되어 미국인이라는 새로운 인종으로 바뀐다는 것이다(서종남, 2010). 소수집단에 속하는 개인이 자신의 언어, 문화, 사회적 특성을 버리고 주류 집단의 문화를 받아들여 개인적 변화 과정을 통해서 주류집단인 다수자에 일방적으로 동화되기를 강조하는 동화주의는 '여러 민족이 모여 새로운 국민이 된다'는 것을 목표로 한다. 융합론은 다양한 소수자가 다수자들과 동등한 능력을 가지며 동일한 대우를 받는다고 가정한다.

하지만 동등한 융합은 일종의 환상에 불과하다. 다수자와 소수자는 동일한 비중으로 서로 섞일 수 없다. 다수자들이 중심인 상태에서 소수자는 보조적인 역할에 그치는 경우가 많기 때문이다.

우리나라보다 먼저 다문화사회를 경험한 미국과 서구사회 그리고 일본에서는 다문화사회로의 안정적인 정착을 위해, 처음에는 이주민과 그 가정이 겪는 문화적 차이에서 오는 충격을 최소화하기 위한 방법으로 주류집단에 대한 소수집단의 일방적 동화를 강요하였다. 주류사회의 지식, 가치, 기술, 언어 등을 소수집단에게 제공하여 그들이 빠르게 주류사회에 기능할 수 있도록 도와주는 것이 소수집단의 권익을 위한 최선의 조치라고 보았다. 여기서 교사의 역할은 주류사회의 실제적 지식에 기초한 처방적 프로그램을 소수집단에게 제공하여 주류사회와 소수집단 간의 다리를 놓아주는 것이었다(나장함, 2010; Jenks, Lee & Kanpol, 2001).

우리나라의 경우도 교육 현장에서 개별 학교 단위로 실행하고 있는 다문화교육 프로그램들을 살펴보면 다문화 가정 자녀들을 대상으로 일시적이고 단기적인 동화주의적 관점에서 진행되는 경우가 대부분이었다(황규호, 양영자, 2008). 이런 방식은 미국사회의 실패에서 경험했듯이 지속적인 교육 효과를 기대하기 어렵다. 더 나아가 소수문화 집단 아동들의 긍정적 자아정체성을 저해할 수 있다.

동화주의는 소수자가 다수자인 주류에 편입되는 것이다. 소수자들은 원래 가지고 있던 문화와 관습을 버리고 다수의 가치와 규범에 맞추어 주류의 일부가 되어야 한다고 보는 것이다. 물론 동화주의도 자유, 평등 등의 보편적 가치를 지향한다. 하지만, 동화주의에서는 공적 영역과 사적영역을 구분하여 사적영역에서는 차이를 그대로 인정하지만 공적영역에서는 차이보다는 동질성을 추구한다. 그 결과 자신의 정체성을 추구하기보다는 주류 사회의 문화를 그대로 수용해야 한다.

동화주의에서의 소수자는 자기 나름의 문화를 가졌다 할지라도 주류가 살고 있는 사회의 언어를 익히고 가치나 태도, 삶의 양식 등의 문화를 배워서 적응하려고 노력해야 한다. 그러한 노력에 따라 소수자는 자신의 것을 버리고 다수자의 것을 받아들임으로써 비로소 다수자와 동등한 구성원이 된다는 것이다(박경태, 2007). 여기에는 문화적 동화만이 아니라 구조적 동화도 포함된다. 새로운 사회에 합류한 뒤 소수자들은 동일한 사회 구조를 다수자와 공유한다. 예를 들면 같은 학교를 다니고 절이나 교회 등의 종교 기관에도 함께 다니며, 회사나 동창회와 같은 조직에도 공통으로 속한다. 그러나 구조적 동화는 문화적 동화보다 이루기가 어렵다. 비록 소수자가 자기 문화와 삶의 방식을 버리고 다수자에게 동화된다 해도, 다수자가 장악하는 사회 구조에서 그들과 동등한 역할을 차지할 수 있는 것은 아니다.

문화적응은 동화의 개념과 가깝다. 만약 우리 사회가 다문화 가정에게 일방적으로 한국사회로의 순응을 요구하는 입장에 가깝다면 그것은 동화주의이다. 국내의 다문화 가정은 소수로서 다수 문화 속에서 생활하면서 준거 집단의 규준과 가치를 수용해 나가야 하는 과업을 마주하고 있는 것이다.

반면, 소수집단을 대상으로만 한 교육이라고 하더라도, 그것 역시 동화주의라고 할 수 있다. 소수집단만을 대상으로 한 교육 그 자체가 그들에게 주류 집단의 정체성을 강요하고 자기 문화를 부정적으로 인식하게 할 여지가 있기 때문이다. 그 결과 소수집단의 구성원은 자기 분열적인 자아관을 가질 수 있다.

2. 다문화주의

1960년대 초반 서구를 중심으로 시작된 반권위주의 운동은 기존 질서에 대한 도전이었다. 이 운동은 주류집단으로 중심화된 권위에 대한 도전이었으며, 단일문화 인식론에 대한 도전이기도 하다. 당시 서구는 민주주의 체제에 있어서도 투표를 할 수 있는 권한은 아무에게나 주어진 것이 아니었다. 소수자에게 권한이 허용되지 않는 정치, 경제, 사회, 문화 제도에 대한 의문은, 프랑스 68혁명이라는 정점으로 치닫게 된다. 68혁명은 기성세대의 권위에 대한 사회변혁운동이면서도, 문화 정체성을 회복시키기 위한 일환이었다. 아울러 혁명의 씨앗은 그동안 주류담론 속에 묻힌 남녀평등과 인종평등, 선·후진국 평등, 노사평등의 문제를 본격적으로 표출하는 계기가 된다. 이러한 운동은 다양성의 개념을 의미화시켰으며, 다문화주의를 정립시키는 데 큰 역할을 하게 된다.

다문화주의는 국가나 민족의 경계를 허물어 이민자들의 정체성을 지니게 하여 공존하는 것을 의미한다. 이는 다양한 고유문화의 특성을 살릴 뿐만 아니라 스스로 문화를 선택(문화 정체성 확립)할 수 있다는 것이다. 즉, 다문화주의는 상이성과 다양성에 대해 중립적인 태도를 지닌다.

다문화주의는 다수자와 다양한 소수자들이 섞여 있지만, 융합과 달리 개체들이 고유의 특성을 다문화적으로 그대로 가지고 있다. 이러한 다문화주의론은 샐러드볼 속 야채와 과일들처럼 각각의 고유한 민족성을 간직한 채 살아간다는 모자이크 이론(Theory of Mosaic)[2] 또는 샐러드볼 이론(Theory of salad bowl)[3]이라고도 한다. 샐러드에는 사과, 감자, 삶은 달걀, 오이 등 다양한 재료가 들어간다. 이것들은 한데 버무려져 샐러드라는 새로운 결과물을 만든다. 샐러드는 사과, 감자, 오이 등 개별 재료를 따로 먹는 것과는 전혀 다른 요리지만 샐러드 그릇 안에 있는 재료들은 여전히 각자의 속성을 지니고 있다. 그릇 안에 담겨 있는 각 재료들의 개성을 존중함으로써 사회 통합을 이루려는 이론이다. 앞에서 언급한 융합론에서처럼 화학적인 반응이 일어나 전혀 다른 새로운 것이 만들어지는 것이 아니라 한 공간에 함께 하는 공산적인 결합만이 이루어진 것이다.

단일문화주의와 비교해 볼 때 다문화주의는 소수자의 특성이 유지된다. 실제로 소수자들이 주류사회 안에 살면서 완전히 '주류화'되지 않고, 자기 나름의 문화적 정체성을 유지하고 살아간다.

그러나 이러한 다문화주의도 인간의 한계를 여전히 극복하지 못하

---

2) 모자이크 이론은 캐나다의 John Murray Gibbon이 1938년에 처음으로 그의 책 '캐나다식 모자이크(Canadian Mosaic)'에서 사용한 데서 유래되었다. Gibbon은 미국의 용광로 이론을 미국이 이민자들의 뿌리를 없애려고 시행한 정책이라고 비판하면서, 캐나다는 이민자들의 문화적 특성을 인정하고 더불어 살아가는 이상적 다문화 사회의 모습이라고 하면서 이를 모자이크에 비유하였다(서종남, 2010).

3) 미국 사회학자들에 의해 주장된 것으로 Steven Vertovec은 다문화주의가 몇몇 인접 소수집단의 문화가 주류사회의 문화를 배경으로 점점이 박혀 있는 모자이크가 아니라 다양한 사회구성원들이 상호공존하며 각각의 색깔과 향기를 지닌 조화로운 통합을 이루어 내는 샐러드볼을 의미하는 것이라고 하였다(서종남, 2010).

였다는 한계를 갖는다. 문화의 다양성을 인정하지만, 그 속에는 여전히 권력체계가 작동되어 있기 때문이다. 샐러드는 재료를 그대로 먹지 않고 볼 안의 과일이나 야채에 드레싱을 섞어 먹게 된다. 그렇다면 미국 드레싱과 함께 먹으면 미국식 샐러드가 되고, 이탈리아 드레싱을 사용하면 이탈리아식 샐러드가 되는 것이다. 따라서 이 샐러드는 각각의 정체성을 살리기보다는 일자화되려는 경향이 더 강하다. 따라서 각각의 정체성을 인정하고 서로를 배려하는 사회로 보기에는 여전히 한계가 있다(서종남, 2010, 23-4).

이러한 한계는 양자가 겪는 힘과 차이에 따른 갈등을 제대로 설명해내지 못한다는 문제를 발생시킨다. 다문화주의는 소수자와 다수자가 평화롭게 공존하는 모습을 설명하려는 시도의 기능론적 접근 방식의 일부로(박경태, 2007), 다양한 소수집단의 존재를 인정하지만 동시에 소수집단과 주류집단 간의 불평등한 사회구조, 갈등 등의 모순에 대하여, 차이가 가진 편견을 개선하는 데 우선을 두다 보니, 권력적인 측면에서 나타나는 불평등을 보지 못한 경우이다. 물론 불평등 문제를 인식하지 않는 것은 아니다. 단지 이들이 불평등을 인식하고, 사회의 억압에 대해 가르치는 것은 차이를 인정하고 편견을 감소시키려는 목적에 기인한 것이다. 그러다 보니 그들이 지향하는 동질성의 상당 부분은 주류 집단에 기초로 두고 있다는 한계를 갖는다(나장함, 2010; Kincheloe & Steinberg, 1997; Sleeter & Grant, 2003; Vickers, 2008).

결국 다문화주의 역시 집단 내부의 문제점을 해결하지는 못했다는 비판을 받는다. 형식적 인권 존중에 머물러 있고 문화 간의 조화로운 교류를 통한 상호 배움과 정치적 지배 관계의 변화라는 문제의식으로 나아가지는 못한 것이다(곽덕주 외, 2016).

다문화주의가 주장하는 모든 인간에 존재하는 동질성이란 여전히 주류집단(백인)이 중심이 되는 개념이다. 그들이 주장하는 다양한 문화 집단 간의 조화는 결국 주류문화를 기본으로 약간의 다양성을 첨가한 융합으로 귀결될 수 있다. 비록 다문화주의는 인본주의적 관점에 기반을 두고 있지만, 문화와 정체성에 대한 단순화된 접근은 "서로에 대해 좀 더 잘 알아보자"는 식의 인종차별과 불평등의 근원적인 원인 규명을 회피하는 접근이 될 수 있다는 한계를 갖는다(나장함, 2010; Jenks, Lee, & Kanpol, 2001).

3. 간문화주의[4)]

앞서 다문화주의는 고유한 정체성과 다양한 문화를 존중하고, 이들이 모든 분야에서 평등한 권리와 혜택을 누릴 수 있도록 시원하는 것에 목적이 있었다. 이를 위해 영국, 독일 등의 북유럽 국가들은 다문화 정책을 통해 상호인정과 존중, 그리고 평등한 사회적 재분배를 실현시키고자 하였다.

반면, 북유럽 국가에서 나타난 국가 간의 경제 침체와 실업 등의 위기 상황은 국가 재정 및 복지 감축 등으로 인한 어려움을 경험하게 하였고, 다문화 정책에 대해 비판적인 의식을 드러내게 하였다(경북인성인문학 교육연구소, 2020). 이러한 상황은 다문화 정책에 함의된 가치조차 변질시켰다. 다양성이 갖는 역설을 비판하며, 인간은 사회가 다양성에 노출될수록, 자신의 고유한 정체성을 찾고자 다양성을 추구하려는 상황으로부터 도피하려는 경향이 강하게 나타난다고 본 것이다(Cantle, 2012: 346).

4) 국내에서는 간다문화주의, 상호다문화주의로 혼용하여 용어를 사용하고 있다.

1990년대 후반 간문화주의는 이러한 상황을 극복하기 위해 나타난 사유이다. 앞서 다문화가 여러 문화와의 공존을 지칭하는 표현이라면, 간문화주의는 문화와 문화 사이의 상호 연관성과 상호작용을 드러내는 표현이다(이정은, 이병욱, 정창호, 2017). 간문화주의는 타자로서 존재하는 이방인과의 만남이 발생시킨 갈등을 노출시킴으로, 타자에 대한 존재물음을 제기한 것이다.

앞서 살펴본 다문화주의는 다양성에 대한 존중이라는 명목하에 인간의 정서적인 측면을 배제시켰으며, 타문화에 대한 어떠한 정의나 평가 등의 간섭을 하지 않겠다는 태도는 상호문화적인 측면에서 함께함의 가능성을 배제시키는 결과로 나타났다. 문화 간의 교집합이 사라지게 된 것이다. 그러나 이러한 접근은 사실상 이론으로만 가능할 뿐, 실제적인 삶에서는 불가능하다. 모든 문화 간에는 겹침의 영역이 존재하기 때문이다(김경만, 2015). 어쩔 수 없이 문화는 타문화와 접하는 순간, 타문화에 대한 특정한 입장을 취하게 된다.

간문화주의는 단일문화주의를 넘어서고자 한 측면에서는 다문화주의와 유사하다. 하지만 다문화주의가 모든 인간과 집단 간에 존재하는 다양성에 초점을 두었다면, 간문화주의는 다양성을 넘어, 집단 간에 공유될 수 있는 보편성을 발견하고자 한 것이다. 즉, 사회적 갈등과 불평등을 인정하고 편견과 선입견을 극복하고자 하였다.

간문화주의 교육은 자유 혹은 불평등이라는 주류문화의 가치 속에서 소수문화를 해석하기보다 주류문화와 소수문화를 동등한 관계로 보고 소통을 통해 공통의 문화적 가치를 찾는 것에 주안점을 둔다. 소통의 기본적인 조건은 서로를 인정하는 것이다. 소수문화는 주류문화를 주류로 인정하고, 주류문화는 소수문화를 그 자체로 인정하는 것이다. 존재에 대한 인정은 곧 다양한 문화가 존재함을 인정하는 것이며, 그 속에 차이와 더불어 중첩의 영역을 인정할 수 있는 것이다.

결국 간문화주의 교육은 소통을 통해 공통의 가치를 찾고 문화를 변화시키는 능력을 기르는 것을 목표로 한다. 그 결과 문화의 개별성과 보편성의 통합을 이루어, 공통의 가치를 형성하여 개인들은 새로운 문화를 창조할 수 있는 힘을 가지게 된다.

이를 위해서 간문화주의 교육은 다양한 다문화 집단의 관점과 지식을 반영하여 교육과정이 재조직된다. 그리고 문화 간의 차이가 가져다준 접히는 곳에 관심을 둔다. 또한 주류문화와 소수문화가 소통할 수 있는, 영역을 확장하는 것을 중요시한다. 여기에서 접히는 곳이라고 하는 것은 주류문화에만 국한되지 않는다. 소수문화와 주류문화가 대등하게 제시됨을 의미한다. 다수의 아동들도 소수문화에 대해 배움으로써, 그들에 대한 이해를 넓히고, 자긍심을 고취시키고자 한 것이다.

개인의 삶을 공과 사로 나누어 공적인 영역에 대해서는 인정하지 않았던 단일문화주의와는 달리, 간문화주의는 개인의 삶을 공과 사 자체를 나누지 않고, 다양함이 중첩된 것으로 이해한다. 결국 문화 간의 중첩의 영역에서 서로 소통하고, 다른 문화가 가진 차이의 가치를 발견하는 것이다.

그러나 여전히 간문화주의는 다문화주의와 더불어 소수집단과 다수집단 간의 권력 체제가 어떻게 작동하는가에 대한 비판적 분석이 수반되지 않았다는 한계를 갖는다(Jenks, Lee, & Kanpol, 2001; Kincheloe & Steinberg, 1997; Travares, 2007).

간문화주의에서 교육은 타인과의 관계에서 경험하게 되는 문화적 편견과 갈등의 상황 속에서 어떻게 하면 문화적 보편성과 다양성을 추구할 수 있을지에 대한 고민이다. 이때 보편성은 타문화와 공유될 수 있는 문화이며, 다양성은 자신의 문화적 정체성과 더불어 타자를 이해하는 것을 의미한다.

이때 (타)문화를 이해하는 것보다는 문화들 간의 만남을 요구한다. '이해'와 '만남'은 차이가 있다. '만남'은 공존을 전제로 하며, 자신이 가진 가치가 절대적이지 않다는 것을 인정하는 것이다. 이를 통해 문화적 다양성이 공존하는 교육현장에서 자율적인 선택과 수용적인 태도가 가능하게 된다.

간문화주의 교육은 인간 존엄성 등 인권에 관한 존중이다. 이를 위해 문화적 차이와 다양성에 대해 개방된 태도와 관용의 자세를 취하게 하고 서로 이해하고 존중하게 한다.

간문화주의 교육 내용은 크게 '다양성'과 '통합'에 관한 것이다. 다양성은 '문화', '문화 다양성', '문화 상호작용'에 관한 것이고, 통합은 '시민의 권리', '민주주의'에 관한 것이다.

먼저, '다양성'은 문화가 무엇이며 어떻게 기능하는지를 이해하고, 이를 토대로 한국사회 내에 존재하는 다양한 외국 및 각종 하위문화 등을 깊이 있게 파악하는 것이다. 더 나아가 다양한 문화들 간에 이루어지는 이해와 존중, 억압과 차별의 관계뿐만 아니라 상호 변형과 수용의 과정을 이해하도록 해야 한다.

'통합'은 서로 다른 문화에 속한 사람들이 함께 더불어 살아가는 데 필요한 공존의 틀을 제공하는 것으로, 문화적 차이에도 불구하고 서로 다른 문화에 속한 사람들을 모두 소중히 여기고 존중하며 그들의 인권을 보장하도록 해야 한다. 그리고 서로 간에 대립과 갈등이 발생할 경우 대화와 토론을 통하여 관련 당사자들 모두에게 좋은 방안을 찾아 실천할 수 있도록 해야 한다(장한업, 2011).

4. 비판적 다문화주의

비판적 다문화주의는 기존 문화의 개념을 확대 변화하여 정의한다. 한 사회 집단 구성원들이 공유하는 것으로써 한 개인, 인간의 인종, 민족에 해당하는 것으로 보던 것에서 Foucault(1991)의 담론(discourse) 개념과 통치성(governmentality)으로 문화의 개념을 수용하였다. '담론' 개념은 문화가 집단 구성원들에게 동일하게 공유되는가? 누구에 의해서 어떤 방식으로 정의되고 활용되는가? 개인 및 집단 간의 불평등한 관계성에 기반을 둔 문화 규정이 어떠한 차별적인 영향을 초래하는가? 등에 주목한다(Dirks et al., 1994).

통치성 개념은 문화는 통치의 대상이고 동시에 통치의 도구로 보는 사회 관리 과정에서 창출되었다는 점에 주목한다(Bennett, 1992). 이렇게 문화 개념을 정의한 결과, 비판적 다문화주의자들은 개인이 복수적인 문화 정체성을 가질 수 있다는 점과 문화와 정체성 간의 복잡성과 교차성에 주의한다. 여기에서 문화 범주는 인종, 성별, 성 정체성, 계층, 장애 등을 포함한다(나장함, 2010). 결국, 문화는 동일하게 공유되지 않고, 문화는 어떤 방식으로든 차별성을 가지고 있다는 것이다.

교사와 유아는 이미 주류 집단의 관점에 영향을 받는 존재이다. 타자에 대한 이해는 가치, 신념, 행동, 무지 등, 그들의 사회적 지위에 의해 이미 형성되어 버린다. 이에 대해 브루디 외(1979, 89-90)는 아비투스(habitus) 개념을 통해서 어떻게 해서 한 인간이 사회적 존재가 되는지를 설명한다. 사회에서의 삶은 개인의 사회화를 전제로 한다. 사회화는 아비투스의 형성에 의해 특징지어진다.

"특정 계급이 자신들의 생존 환경을 조절함으로써 영구적이면서도 변동 가능한 성향 체계인 아비투스가 만들어진다. 그것은 또한 구조를 결정하는 구조들, 즉 의식적인 목표의 겨냥 혹은 명시적 통제에 의하지 않고서도 객관적으로 목표에 맞추어질 수 있는 실천과 표상을 조직하고 발생시키는 원칙으로서 기능하도록 구조화된 구조들이다." 이러한 정의는 아비투스가 사회화 과정을 거치는 동안 개인이 획득하는 하나의 성향 체계임을 강조한다. 성향은 각자의 객관적인 생존 조건에 의해 개인에게 내면화된 태도, 지각하고 느끼고 행동하고 사고하는 경향으로서 행동, 지각, 사고의 무의식적 원칙으로서 기능한다. 이 내면화는 습득된 행동과 가치들이 자명한 것, 당연한 것, 자연스러운 것, 거의 본능적인 것으로 여겨짐에 따라 사회화의 핵심 메커니즘을 구성한다. 내면화는 행동을 하기 위해 지켜야 할 규칙들을 분명히 기억해야 하는 의무 없이도 행동을 가능케 해준다. 결국 유아기부터 자연스럽게 자신이 처해 있는 환경을 받아들여, 그것들이 아비투스가 된 것이다.

이 접근법은 주류집단에 소수집단이 어떻게 조화롭게 살아가는가 보다는 두 집단 사이의 경제적 계층화와 권력 문제에 초점을 맞춘 갈등론적 접근에서 다문화를 본다. 비판적 교육학[5](Critical Pedagogy)을

5) 비판적 교육학은 학교 교육에 대해 다음과 같은 방법을 제시한다. 비판적 교육론에서는 '주관-객관'의 통합이 변증법의 핵심이며, '주관-객관', '관념과 물질'은 불가분의 관계에 있으며 상호보완적이다. Freire에게 있어서 주체는 주관과 주관성을 의미한다. 교육주체인 학습자와 교육자가 주체적인 자아로서 인식하고, 여기에서 행위할 인간은 의지와 상부구조로서의 교육, 그리고 의식을 가진다. 교육객체는 학습 내용과 현실을 뜻하며, 객관적 조건과 경제적 토대 혹은 물질을 뜻한다. 교육의 교육주체와 교육객체를 통합시켜서 주체가 학습 내용과 현실을 능동적으로 깨닫게 하는 것이다. Freire는 이 성찰에서 출발하여 피억압자로 하여금 사회의 구조적 모순을 깨닫게 하는 것, 즉 '의식화(conscientizacao)'를 교육의 임무로 본다. 의식화란 사회문화적 배경을 비판적으로 인식하고 적극적으로 참여하기 위해 자신의 의식을 깨우는 것을 의미한다. Freire는 의식화의 방법으로 대화를 통

바탕으로 다문화를 받아들여 자본주의 사회에서의 학교 역할을 비판적으로 검토한다. 학교는 단지 새로운 세대를 자본주의 경제에 적절하도록 준비시키는 것에 불과한 것으로 간주한다. 그래서 Bowles와 Gintis는 개인의 능력에 따라 교육 자원을 적절하게 사용하기보다는 학교가 사회적 · 경제적 구조를 재생산한다고 주장한다. 비판적 교육학에서의 학교 교육 도구화는 수단적 교육(instrumental education)과는 다른 의미를 지니며, 도구적 합리성에서 벗어나서 사회를 평등하고 정의로운 체제로 만들기 위한 교육을 해야 한다고 주장한다(Cho, 2014: 40-49). 학교는 도구화되어 교육 본연의 기능을 할 수 없게 하고 교육을 타락시킨다. 이러한 도구적 합리성이 학교뿐 아니라 사회 전반에 만연해 있다. 비판적 교육학은 이러한 도구적 합리성과 물신화가 비인간화와 억압을 초래했다고 보고, 인간화와 사회 변화를 위해 학교를 변혁하려고 한다(Cho, 2014: 40-49).

비판적 교육학에서 출발한 비판적 다문화교육은 다문화주의 교육의 한계를 비판적 교육학을 통해 보완하면서 새로운 제안을 한다. 비판적 다문화주의는 비판적 교육학이 한 것과 같이 억압받는 주체인 문화적 소수집단에서 영향을 주고 있는 구조적 불평등을 비판적으로 분석하고 정체성에 대한 사회적 의식화를 확산하고자 한다(May & Sleeter, 2010: 42).

한 '문제제기식 교육'을 제안한다. Freire에 따르면 학생들이 비판 · 자율적으로 생각하지 않는 것은 '침묵의 문화' 때문이다. 침묵의 문화를 만드는 것은 '은행 저축식 교육'으로 은행 저축식 교육이란 계좌에 돈을 저금하듯이 교사가 학생에게 지식을 주입하는 교육을 의미한다. Freire는 이런 교육에서 벗어나고자 '문제제기식 교육'을 제시했다. '문제제기식 교육'이란 대화를 통해 비판적인 세계 읽기를 진행하고, 이 과정에서 사물에 대한 깊이 있는 이해와 의식의 성장을 추구하는 것이다. 문제제기식 교육에서 가르칠 내용은 학생으로부터 제기되며 교사는 학생과 공동탐구자가 되어서 함께 지식을 탐구해 나간다(Freire, 1973: 89-108).

비판적 다문화교육은 권력관계 구조 속에서 소수집단의 억압을 드러내기 위해 차이와 갈등을 부각하는 비판이론과 다문화주의 교육의 교차점에서 구조적 접근을 획득하고 권력관계를 해석한다. 다문화주의 교육이 다양한 문화를 인정하고 그것으로 인해 발생하는 문제를 해결하는 접근이었다면, 비판적 다문화교육은 이 접근을 넘어 이러한 문제가 발생하는 불평등에 관해 인식하도록 돕고, 그것에 대해 비판적으로 사고하려는 접근이다. 이는 단순히 차이를 인정하고 편견을 감소시키는 것을 넘어서 여러 형태의 정의롭지 못함과 차별 등을 적극적으로 인정하고 개선하고자 한 것이다(Berlac & Moyenda, 2001: 92). 소수집단 구성원들은 교육을 통해 역사, 사회적 맥락 속에서 자신들이 받은 억압적인 상황을 인식하도록 그들을 의식화하고 이러한 것들을 통하여 사회적 변화를 추구한다.

비판적 다문화교육은 소수집단의 아동들을 능동적인 주체로 간주하여 자신의 성찰을 통해 스스로의 문화를 해석하게 하고 주류문화에 자신들의 권리를 주장하며 역사 사회적 맥락에서 구조적인 문제를 근원적으로 접근하여 지적하고 해결하고 교육을 통해서 기존 사회질서의 재구성을 구축한다.

제3장 유초연계 다문화교육

1. 유초연계 다문화교육의 이해

우리나라 초기 다문화의 주요 관심사는 결혼 과정에서 나타난 인권침해 문제, 결혼과 입국 이후 생활에서 가족 갈등과 자녀의 성장 환경의 문제 등이 주요 관심사이다. 그들의 자녀들이 한국에서 태어나고 성장함에 따라 다문화 가정 '아동'에 대한 정책의 중요성이 부각되고 있다(김화수, 김현진, 이지우, 2020; 최향순, 2019). 2018년 다문화 가족 자녀 가운데 초등학교에 다니는 학생 수는 국내 출생 98,263명, 중도입국 8,320명, 외국인 가정 15,629명을 포함하여 전체 122,212명이다. 이러한 수치를 살펴보면 중학교에 재학 중인 자녀 18,068명은 고등학생 자녀 10,688명에 비교했을 때 그 비율이 가장 높다(한국교육개발원, 2018). 또한 취학 전 자녀의 비율이 48.1%(2018년 통계청 기준)나 되는 것으로 보아 앞으로 초등학교로 진학하는 자녀의 수는 더욱 늘어날 것이다.

다문화 가정 자녀의 초등학교 의무교육 진입으로 인한 다문화 학생 수의 증가는 여러 교육 문제를 야기할 수 있기 때문에, 정부에서도 교육 대책의 일환으로 다문화 학생이 학교에 입학하여 교육권을 보장받을 수 있도록 제도적 노력을 하고 있다. 2010년에는 「초·중등교육법 시행령」을 개정하여 국내에 거주하지 않았거나 국내에 학적이 없는 등의 사유로 입학 절차를 거칠 수 없는 다문화 아동도 초등학교와 중학교에 입학이 가능하도록 하였다. 이러한 정책은 다문화 가정 학교생활 적응의 실패는 바로 사회 적응의 실패로 이어지고 이는 곧 사회적인 문제가 될 수 있다는 점을 인식하였기 때문이다.

다문화 가정의 자녀들은 학교생활 적응을 통해 지적 기능과 기술 습득 차원을 넘어 가족과 다른 문화를 겪으면서 학교 환경에 적응해 간다(조복희, 이주연, 2006). 적응은 학교라는 환경 안에서 개인의 욕구를 충족시키기 위해 환경을 변화시키는 한편, 학교 환경의 요구에 따라 자신을 변화시킴으로써 환경과 개인 사이에 균형을 이루려는 적극적인 과정이다. 특히, 아동에게 있어서 초등학교 생활의 적응은 향후 중·고등학교 시절을 비롯해, 대학 생활과 더 나아가 사회생활 전반에 걸쳐 중요한 역할과 영향력을 미치게 될 것이다(홍정미, 2009).

다문화 가정 유아들의 학교 적응에 관련해서도 이러한 흐름을 간과해서는 안 된다. 다문화 가정 유아들의 학교 적응은 비단 유아에게 한정되어서 해석되어서는 안 된다. 가깝게는 가족이며, 넓게는 공동체와 국가이다[1].

다문화 가정 유아의 학교 적응을 위해서는 그들만의 문화적 정체성을 잃지 않으면서도 새로운 한국사회의 문화를 수용할 수 있는 프로그램이 요구된다. 이러한 프로그램은 일방적 동화를 강조하기보다는 다문화 가정의 환경적 변인 및 개인적 변인 등에 적합해야 할 것이다.

---

1) 본 저서에서는 다문화 가족을 중심으로 이야기하겠다.

주류문화 유아의 다문화수용성[2]은 이러한 다문화 가정 유아의 적응 프로그램의 잠재적 효과와 관련 있다. 다문화수용성과 관련하여 선행 연구들을 살펴보면 대부분 연령이 낮을수록 다문화수용성이 높다고 보고하고 있다. 이는 유아들이 새로운 환경에 쉽게 적응할 수 있으며, 성인들에 비해 정체성이 공고하지 않기 때문이다. 실제 다문화수용성과 관련하여 대체로 연령이 낮을수록 다문화수용성이 높다는 '연령효과'가 있다(박이분, 2019).

반면, 초·중등 학생들을 대상으로 다문화수용성을 조사한 연구에서는, 대체로 학생들이 양호한 다문화수용성을 보였다. 하지만 외국인과 한국인을 언어나 외모를 통해 구별하는 이중성을 보였고, 같은 반의 다문화 친구와 친하게 지내는 학생의 숫자가 기대에 못 미친다는 결과를 나타냈다(박선웅, 2013).

인간은 태어나면서부터 가정의 양육을 경험하고, 일정 연령이 되면 유아교육기관에서 자라게 되는 생태적 변화를 경험하게 된다. 이러한 변화를 Bronfenbrenner(1986)는 생태적 전이(ecological transition)라고 보았다[3]. 생태적 전이는 생태학적 환경에 있는 개인의 역할, 장면(setting), 혹은 역할과 장면의 변화로 개인의 지위가 변화될 때마다 발생한다.

여기서 생태적 전이는 유아의 성숙 및 발달과 함께하는 '적응의 연

---

2) 다문화수용성(multi-cultural acceptability)이란 다문화 사회에서 살아가는 시민으로서 자기와 다른 구성원이나 문화에 대하여 편견을 갖지 않고 자신의 문화와 동등하게 인정(안상수 외, 2012)하고 다양한 문화와 서로 다른 인종, 문화적 배경을 가진 집단을 한 사회의 구성원으로 받아들이는 수용의 정도이자, 서로 다른 문화를 이해하며 존중하는 다문화 지향적 태도(이지영, 2013)라고 정의할 수 있다(이수경, 마은경, 2020).

3) 본 저서에서 언급하고 있는 Bronfenbrenner(1986)의 인간발달 생태학과 관련하여서는 후술하였다.

속성'으로, 적응의 문제가 일시적이 아닌 전 생애를 통해 중요한 영향을 미치게 됨을 의미한다(Sroufe & Fleeson, 1986). 즉, 입학 초기 초등학교에서의 적응은 이후 아동의 인지적, 정서적, 사회적 발달에 큰 영향을 미쳐 상급학교에서의 학교 적응과 학업성취는 물론 청소년기 및 성인기의 행동에까지 영향을 미치게 되는 것이다(정대현, 2006).

2009년 교육인적자원부는 초등학교 입학기준일을 1월 1일로 변경하여 1~2월생 아이들이 같은 해에 태어난 또래들과 학교를 다닐 수 있게 하였다[4]. 이에 학부모가 원할 경우 동사무소 신고만으로 자녀를 1년 빨리, 혹은 1년 늦게 입학시킬 수 있게 됨으로써 입학 연령을 탄력적으로 조정하여 초등학교 적응의 문제를 대비하고자 한 바 있다. 그러나 입학 연령의 탄력적 운영이라는 단편적인 제도의 변화만으로는 초등학교에 입학하는 유아의 적응 문제를 해결하는 데 어려움이 따른다. 이러한 학교 적응의 어려움은 다문화 가정 유아에게도 나타난다. 부모의 문화적 적응 상태는 자녀의 문화적응에 그대로 영향을 미치게 되어 아동, 청소년기에 처한 그들의 자녀들이 정체성과 가치관에 혼란을 경험하게 된다는 것이다(이영주, 2007).

가정에서 인간 형성의 기초가 이루어지고 유아기의 경험이 일생에 중요한 영향을 끼친다고 볼 때, 최초의 경험을 하게 되는 장소인 가정은 유아들에게 매우 중요하다. 가정은 자녀들의 사회화를 돕고 문화를 전달해 주는 교육적 기능을 가진다. 그러나 다문화 가정 자녀들은 언어, 문화, 풍습 등을 자유롭게 나눌 수 없는 가정환경에서 출생하여 부모와의 문제뿐만 아니라 또 다른 과제들을 안고 출발하게 된다(한정애, 2009). 이러한 문제는 심리적으로 내재화되어 우울, 불안,

4) 실제 1, 2월생은 초등학교 입학 시기가 3월인 관계로 이전 년도에 입학하게 되어 있었다.

분노, 긴장, 초조, 걱정과 관련된 행동으로 나타나게 되고 외로움을 느끼거나 부적응 상태를 겪기도 하며 또래 집단과 잘 어울리지 못하거나 거부를 당하는 결과를 초래하기도 한다.

선행 연구들을 살펴보면 일반 아동의 경우 학년이 올라갈수록 학교 적응 수준이 높아지지만 다문화 가정 자녀의 경우에는 고학년이 될수록 학교생활의 적응이 저하됨을 밝히고 있다(이영주, 2007; 한정애, 2009). 이러한 결과들은 다문화 가정 유아가 초등학교에 효율적으로 전이(적응)할 수 있도록 돕는 프로그램이 필요함을 시사한다.

과거 국내 다문화 가정 유아의 유치원에서 초등학교로 연계에 관한 프로그램의 경우, 지역 교육청 단위(전남교육청, 전북교육청, 광주광역시 교육청 등)의 '학교 알기' 책자를 통해 소개되었으며, 그 외 유아교육기관에서는 다문화 가정 유아만을 대상으로 하여 한글 교육과 같은 프로그램이 실시되었다. 그러나 시대적 요구에 따라 2019년 초등학교 입학, 편입학 예정인 다문화 아동들의 학교생활 조기 적응 지원을 위해 '징검다리 교육과정'이라는 프로그램이 시범 운영 된다. 이후 2020년에는 초등학교 정식 운영과 더불어 입학 전(1~2월), 2학기 초반(7~8월)으로 다문화교육 프로그램이 운영 확대되었다. 초등학교의 경우, 생활 영역과 학습 영역으로 교육 내용이 구성되며, 대상에 따라 국내 출생 학생용과 중도입국 및 외국인 학생용 두 종류로 나뉘어 이루어지고 있다(교육부, 2020).

한편, 미국에서는 유아들의 초등학교로의 전이를 위한 발달 연계성 프로젝트(Project Development Continuity)인 Head Start, 그리고 아동발달 프로그램을 공립학교 체제와 연계시킨 프로그램으로 행정적 협응, 교육과정, 직전교육, 현직교육, 발달적 지원 서비스, 다문화 아동의 적응을 교육 전략으로 제시하였다. Head Start 전이 연구 프로젝트는 1980년대 중반, 모든 Head Start 프로그램에 전이활동을 하도록 권장하면서 효과적인 전이 전략으로 문서화된 합의서, 지속적 전이 활동, Head Start 아동의 유치원 방문, 학교 체제에서 권리와 책임을 행사하도록 하는 부모훈련, 자녀의 전이 과정에서 부모 지원 그룹, 부모가 자녀의 전이를 쉽게 돕는 전이활동 달력과 책자 발간 등을 제시하였다. 또한 미국의 Head Start와 공립학교의 유아기 전이 시연 프로젝트에서는 성공적인 전이의 실시를 촉진하는 요인들로 목적의식, 강력한 지역 동반자 관계와 관리, 학교 직원에 대한 개별화된 지원 등을 제안하였다(Kagan & Neuman, 1998).

이러한 프로그램은 생태적 전이를 고려한 것으로 다음의 3가지 요소를 포함한다.

첫째, 초등학교 입학을 하기 이전부터 이미 형성된 환경 변인 간 관계성이다. 다문화 가정 유아는 초등학교 입학 시점이 아니라, 초등학교 입학하기 전부터 끊임없이 인적 물적 환경 변인과 관계를 맺으며 살아오고 있다. 다문화 가정 유아는 초등학교 입학 전에 유아교육기관, 가족, 또래, 유아교육기관 교사, 유아교육기관 차량운전사, 사회복지사, 학원 강사 등과 관계를 맺고 있다. 이러한 인적 물적 환경 변인과의 관계성이다.

둘째, 다문화 가정 유아가 새로운 환경으로 들어가 새로운 역할로 전이함에 따라 가족 체제가 재조직화된다. 따라서 초등학교에 입학하는 다문화 가정 유아의 부모역할은 변한다. 자녀가 유아교육기관에 있을 때에 비해 좀 더 학업 지향적이고 정형화된다. 다문화 가정의 부모들은 아이가 유아교육기관에 재원 중일 때는 보호와 양육의 측면에서 접근하는 경우가 많으나, 초등학교에 입학함에 따라 교육의 측면으로 다가가게 된다.

셋째, 전이가 일어난 후 유아를 둘러싼 다양한 환경 간에 존재하는 관계성의 변화이다. 유아교사와 유아의 관계가 초등교사와 유아 간의 관계로 변화되는 것이 그 예이다. 다문화 가정 유아의 경우 초등학교로 전이된 후 교사, 학교, 지역사회 등 미시체계들 간의 관계가 유아교육기관에 재원 중일 때와 다른 관계의 양상을 보인다. 유아의 전이 과정이 가정, 보육 및 교육 간의 관계성에 관련된 문제임을 말해 준다. 따라서 유아의 전이는 가정, 유아교육기관, 초등학교 그리고 지역사회의 영향과 가정 – 유아교육기관, 가정 – 초등학교, 가정 – 지역사회, 유아교육기관 – 초등학교, 유아교육기관 – 지역사회 간 사회적 네트워크 측면에서 이해되어야 한다.

이러한 환경들 간 연계성은 익숙한 것과 새로운 경험을 연계시켜 준다. 연계성이 있을 때 유아와 가족은 교사, 양육자, 다른 서비스 제공자와 의미 있는 관계성을 형성할 수 있으며 익숙하지 않은 낯선 환경의 규칙과 기대를 예상할 수 있다. 이 외에도 유아의 학교 적응과 관련하여 성과 연령, 학업 성적, 자아 개념, 자아존중감, 문제해결력 등의 개인적 변인과 가족 구조, 부모 – 자녀 의사소통, 부모의 양육태도, 가족 응집성 등의 환경적 변인들도 고려해야 할 것이다.

2. 유초연계 다문화교육의 목적

유초연계 다문화교육은 다문화 가족 유아의 초등학교 전이를 위해 초등학교 생활, 학업, 또래, 교사 등 초등학교로의 원활한 전이를 목적으로 한다. 더 나아가 다문화 가족 구성원을 포함하여 이들을 돕는 초등학교, 유아교육기관 그리고 시민단체 및 공동체 구성원들의 역량을 길러주는 것에 있다.

유초연계 다문화교육의 대상은 다문화 가정 유아뿐만 아니라 다문화 가족, 그리고 다문화 가족이 함께하는 공동체를 포함한다. 이때 유초연계 다문화교육은 유아와 가장 가까운 미시집단인 가족을 중심으로 진행되어야 할 것이며, 유아만이 아니라 유아를 둘러싼 공동체도 함께 교육적 대상으로 바라보고 교육의 목적을 설정해야 할 것이다. 유아의 일상적인 삶과 괴리된 다문화교육은 문화 간에 간극을 발생시켜, 다문화 환경에 대한 비판적 사유와 주체적인 정체성을 갖는데 한계를 나타내기 때문이다.

3. 유초연계 다문화교육의 방법

1) 다문화주의적 접근

다문화주의 교육은 개인의 정체성 형성과 다양성이라는 담론 속에서 개인의 자율성을 유지하면서 소수문화를 이해하고 그들을 위한 교육을 실시한다. 다문화주의 교육은 개인의 자율성과 소수자의 권리보호 사이의 균형을 도모하기 위한 교육이다. 다문화주의 교육을 살펴보면 우선 이해와 지식을 통해 다양한 문화에 대한 존중을 추구한다. 다양한 문화를 이해하고 그들의 문화의 특징을 인식할 수 있도록 다양한 문화에 대한 지식을 교육시킨다(Banks, 2008a: 2). 여기에서 소수자에 대한 배려나 관용이 중요하다. 하지만, 배려의 대상으로 간주한 결과 소수문화는 주류문화와 더욱더 분리될 수도 있다.

다문화주의 교육은 교육과정에 다양한 문화적・민족적・언어적 대안들을 포함시켜 아이들에게 문화적 풍부함을 경험하게 하며, 소수문화의 아이들로 하여금 교육과정을 적대적으로 느끼지 않도록 하는 데 있다(Banks, 2008a: 3). 외부적으로는 다양한 문화가 공존하는 다문화 사회에 필요한 지식과 기능 그리고 태도를 습득하는 것에(Banks, 2006b), 내부적으로는 자신의 문화적 한계에서 벗어나 다양한 사고를 할 수 있도록 교육하는 것이 다문화주의에서 추구하는 교육이다(Banks, 2008a: 6-7).

다문화주의 교육은 다양한 문화의 문화적 권리를 보장하는 시민 교육으로 이해될 수 있다. 자신의 문화 공동체뿐 아니라 국가의 시민으로서 살아갈 수 있는 시민 교육이다. 학교는 이를 통해 진정한 교육적 평등을 누릴 수 있도록 해야 한다(Banks, 2008a: 7-8). 특히 소수문화의 아동에게는 언어와 사회적인 경험을 포함해서 그들의 인종과 문화가 가치를 가지고 있고 주류문화와 함께 동등한 기초를 형성할 수 있도록 도와야 한다.

다문화주의 교육은 문화적 차이와 다양한 문화의 가치를 알고, 이를 받아들이고 존중하는 것을 교육목표로 삼는다. 실행은 교육과정, 교수자료, 문화에 대한 재인식 등을 통해서 이루어지며, 내용 통합, 지식구성과정, 반편견, 공평한 교수법, 그리고 학교구조의 변화라는 차원을 인식하고 실천하는 것이다. 다문화주의 교육이 추구하는 교육과정은 다음과 같다.

첫 번째, 내용 통합이다. 지식구성의 과정과 편견감소, 평등한 교수법에 있어서 다문화교육은 모든 교육 내용을 통합한다. 내용 통합을 위해서 교사들은 다양한 문화 및 집단에서 자료와 정보를 가져와서 활용한다. 많은 경우 수학과 과학은 다문화교육과 무관하다고 생각하는데, 다문화교육은 그 모든 과정을 포괄한다(Banks, 2008a: 44-46).

두 번째, 지식구성과정이다. 지식구성과정은 지식을 창조하는 절차를 지칭하며, 각 학문의 문화적인 가정이 지식의 형성과정에서 어떤 영향을 주는지를 살펴보는 것이다. 지식이 어떻게 형성되는지를 살펴봄으로써 교사는 개인과 집단이 인종이나 민족, 혹은 성이나 계층에 의해서 어떠한 영향을 받는지를 이해하도록 돕는다(Banks, 2008a: 46-48).

세 번째, 반편견이다. 다문화교육은 아동들이 더 긍정적으로 인종적, 민족적인 태도를 습득할 수 있도록 하는 전략을 제시한다(Stephan, 1999). 예를 들어 아동이 인종의 차이를 자각하는 시기에 인종・민족 집단의 실제 이미지가 학습 교재와 내용에 표현된다면 학생들은 인종 이미지를 형성하게 된다. 또한 다양한 문화의 학생들과 협동학습에 참여하는 것 또한 편견을 감소시키는 데 중요한 역할을 한다(Banks, 2008a: 48-49).

네 번째, 공평한 교수법이다. 다양한 문화적 배경을 가진 학생들의 학업성취도를 향상시키기 위해 교사는 다양한 교수 기법이나 협동 학습 기법을 사용할 수 있다. 다양한 교수방법들은 여러 인종과 민족, 언어를 가진 집단에게 효과적이라는 것이 검증되고 있다. 학생의 행동에는 문화적 배경이 있기 때문에 유능한 교사라면 이런 문화적 배경에 대한 지식을 바탕으로 교수법 개발에 활용할 수 있는 능력을 갖추어야 한다(Banks, 2008a: 49).

다섯 번째, 학생의 역량을 강화하는 학교 문화와 조직을 구성해야 한다. 다양한 문화의 학생들이 교육적 평등을 경험하고 자신들의 권리를 누릴 수 있도록 학교 문화와 조직을 재구성해야 한다. 학교는 모든 학생이 자신들의 문화적 배경과 관계없이 배울 수 있도록 구조를 형성하고 변화하기 위해 노력해야 한다(Banks, 2008a: 51).

그러나 다문화주의 교육의 한계는 소수문화를 주류문화가 관용의 정신으로 치부하였다는 것이다. 주류문화가 소수문화를 배려하는 입장에서 해석하는 것은 소수문화를 판단하고 왜곡할 수 있다. 또한 소수문화로 인해서 주류문화의 가치, 자유와 민주주의의 가치가 위협받게 되면 주류문화는 소수문화를 다시 억압할 수 있다는 점이다.[5)]

다문화주의 교육과 관련하여 미국의 사회 교육학자인 Banks는 다문화 교육과정을 위한 4가지 접근법을 제시하고 있다. 이 접근법은 기여적 접근법, 부가적 접근법, 변환적 접근법, 사회적 행동 접근법이다. Banks(1988, 1993)가 제시한 4가지 접근법은 하나의 이론적 철학적 패러다임에 속할 수도 있고, 하나 이상의 이론적 · 철학적 패러다임에 속하는 경우도 있다. Banks의 이론을 다문화주의와 가장 관련이 있는 접근으로 해석한 사례(Jenks, Lee, & Kanpol, 2001)도 있으며, 상호 다문화주의와 가장 관련이 있는 접근으로 본 경우도 있다(Castagno, 2009). 이는 Banks가 이론적 · 철학적 패러다임 분류를 염두에 두고 전략들을 구상한 것이 아니라는 사실에서 비롯된 결과라

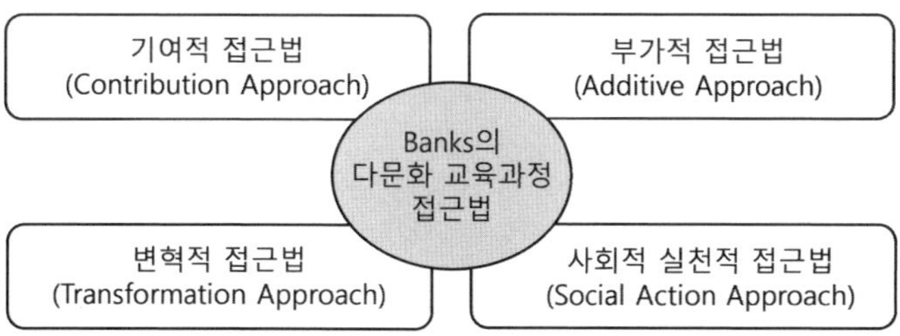

〈그림 3-1〉 Banks의 다문화 교육과정을 위한 4가지 접근법

5) 실제 1990년 주류문화의 가치가 위협을 받는 상황이 되었을 때, 2010년 독일의 메르켈 총리, 2011년 영국의 캐머런 수상, 프랑스 사크로지 대통령은 다문화주의 정책이 실패했다고 입장을 밝히기도 하였다. 다문화주의가 실패했다는 선언들은 주류가 위협을 느꼈을 때 다문화주의가 소수집단에 대한 관용을 폐기할 수 있다는 것을 보여준다(최진우, 2012: 33-34).

볼 수 있다(나장함, 2010).

첫째, 기여적 접근법(Contribution Approach)은 다른 인종과 민족의 옷, 음식, 축제, 영웅, 공휴일 등의 개별적인 문화적 요소에 대하여 접근하는 것으로 학교나 지역 교육청이 교육과정 속에 다문화적 내용을 통합시키고자 할 때 사용된다. 기여적 접근법의 중요한 특징은 교육과정이 변하지 않고 기본 교육과정의 구조, 목표 등을 계속 유지하고 있다는 점이다. 특정한 날이나 주, 혹은 월에 이루어진다. 소수집단의 인종적 영웅이나 음식, 춤과 같은 문화적 유물 및 풍속 등을 소개하는 내용으로 구성된다.

이러한 접근법은 교사들이 다문화적 내용을 교육과정에 포함시키기 가장 쉬운 접근법이라는 장점이 있지만, 자칫 관광식 접근법이 될 수 있다. 소수(비주류)의 민족 및 문화집단의 영웅이나 기여를 단편적으로 주입함으로써 오히려 편견을 줄 수 있다. 일례로 해당 지역에서도 입지 않는 전통의상을 소개함으로써 그 의상이 그 나라를 대표하는 것으로 오해할 수도 있다.

둘째, 부가적 접근법(Additive Approach)은 기존 교육과정의 기본적인 구조나 목적, 특징은 변화시키지 않고 다양한 문화권에 대한 내용, 개념, 주제, 관점을 추가하는 방법으로, 책, 단원 또는 하나의 과정을 수업에 첨가시키는 방식으로 이루어진다. 기여적 접근법과 마찬가지로 기존 교육과정의 체제와 그 범위는 그대로 둔 상태에서 다문화적 내용, 주제, 관점 등의 내용을 추가하는 접근을 의미한다. 현재 주제 중심의 통합교육과정과 유사하다. 이를 위해 교사는 수업 주제와 관련된 핵심 개념, 원리, 일반화와 이론들을 부연하기 위해 인용하는 사례들과 내용들을 다양한 문화와 집단으로부터 선택해야 한다(변명연, 2013).

기여적 접근법에 비해 학습 시간과 양이 증가되나 교육과정에 추가된 다문화적 교육 내용인 개념, 사건 등의 이슈는 여전히 주류사회의 관점을 벗어나지 못하는 경향이 있다. 이에 대해 박찬옥 외(2017)는 우리는 '세계 여러 나라'라는 주제를 다룰 때 일시적으로 다문화교육을 실시하는 경향이 있다 보니 몇 개 나라를 중심으로 옷, 음식, 인사법, 주거 형태의 소주제를 전형적인 형태로 펼쳐 다룸으로써 기여적 접근법에서 범할 수 있는 편견을 극복하지 못한 채 제한적 다문화교육을 하고 있는 상황이라는 것을 언급하면서 아래와 같은 교수학습을 위한 몇 가지 제안을 하고 있다.

- 우리나라 유치원 교육과정에서도 다문화교육은 모든 주제에서 접근할 수 있는 범교육과정이기 때문에 '세계 여러 나라'를 다룰 때만 일시적으로 다문화교육을 하지 않는다.
- 만일 '세계 여러 나라'를 다룰 때만 다문화교육이 가능한 상황이라면, 몇 개 나라를 중심으로 다문화교육을 하지 않는 대신, 문화적 개념을 풍부하게 포함하고 있는 요소(음식, 집, 옷 등과 같은)를 주제화하여 접근한다.
- 문화적 개념이 풍부한 주제를 활동으로 전개할 때, 현재 사라지고 없는 전통적인 내용을 중심으로 하기보다는 현재의 일상적 상황을 중심으로 전개한다.

다문화교육에서 유아들의 발달적 적합성을 확보하기 위해서는 유아들의 일상성의 맥락을 놓치지 않아야 할 것이다. 박찬옥 외(2017)의 제안들은 개정누리과정 전에 언급한 것임에도 불구하고, 아이들의 일상에서 다문화교육의 주제를 도출한다는 점에서 현시점에서도 상당히 고려할 만한 것이라고 본다. 하지만, 이 방법 역시 기여적 접근법과 유사한 장점과 단점을 가지고 있다. 즉, 교육과정에 포함시키기 쉽다는 장점이 있지만, 주류집단의 관점에서 우발적이고 단편적으로 소수집단의 문화를 보게 하는 단점이 있다.

셋째, 변혁적 접근법(Transformation Approach)은 아이들이 다양한 민족과 문화집단의 관점과 소수민족집단의 관점에서 개념, 이슈, 주제를 바라볼 수 있도록 기존 교육과정의 구조와 관점을 변화시키는 것이다. 앞서 기술한 두 가지 접근법은 주류 중심 교육과정의 본질과 구조를 변화시키지 않고 다문화에 대한 내용을 첨가시키는 것이라면, 변혁적 접근법은 아이들의 관점을 변화시키는 데에 목적이 있다. 자문화에 익숙한 기존 교육과정의 내용들을 낯설게 보는 것이다. 교사는 교수 방법이나 교구 및 교재를 통해 유아들의 인종적 편견을 감소시켜야 한다. 다문화교육은 편견감소의 차원에서 유아들의 보다 긍정적인 인종적 · 민족적 태도를 습득할 수 있도록 하기 위한 전략들이 필요하다(정지현, 박미선, 2009).

이 접근법은 기존의 교육과정의 변화를 통해 개념, 이슈, 주제와 문제를 다문화적인 관점에서 복잡한 사회적 이슈를 볼 수 있도록 하는 것에 중점을 둔 것으로, 현상 이면에 감추어진 권력 관계와 자신의 인식을 비판적으로 자각할 수 있도록 하는 데 중점을 둔다(변명연, 2013). 여기에서 가장 중요한 것은 기존 교육과정에서 제시한 것들을 다른 시선에서 볼 수 있도록 교사의 발문과 아이들의 노력이 필요하다.

넷째, 사회적 실천 접근법(Social Action Approach)은 아이들로 하여금 중요한 사회적 이슈와 관련, 그들의 실생활에서 나타나는 문제 해결을 위해 스스로 결정하고 실천에 옮길 수 있도록 도움을 주는 것을 말한다. 사회적 실천 접근법은 변혁적 접근을 포함하며, 양자 간의 경계는 매우 얇다. 학습한 개념, 문제, 주제들과 관련된 것을 수행하는 과정에서 실천방안을 보다 적극적 체계적으로 탐색하는 것이다. 이 접근법의 주요한 목표는 실천방안 마련을 위한 의사결정능력, 자율권, 사회 문제 해결에 대한 정치적 효능감 신장을 제공하는 데 있다(나장함, 2010). 다양한 관점과 비판점 관점을 고양하기 위한 교육과정 재구성에 중점을 두는 변혁적 접근의 수준을 넘어서 아이들이 일상에서 일어나는 문제와 관련하여 스스로 탐구할 것을 결정하고 실천을 하게 하는 요소들을 지닌 실천방안에 초점을 둔다.

결국 이 접근법은 우선 평등교수법과 학교 문화와 구조의 다문화적 역량 강화를 통해 구현이 가능하다. 교사는 다양한 인종 및 문화적 배경, 성별, 그리고 사회계층집단에 속하는 유아들의 집단의 배경에 따른 다양한 학습유형을 인정해야 한다. 그 이후 다양한 인종, 민족, 언어, 사회계층에 속한 학생들이 평등한 성공 기회를 가질 수 있도록 교육기관의 환경을 구조적으로 변화시켜야 한다(정지현, 박미선, 2009). 더 나아가 지역사회, 국가 등 아이를 둘러싼 구조들의 변화를 위해 노력해야 한다.

위의 네 개의 접근법은 단계적인 발달은 아니다. 변혁적 접근법과 사회적 실천 접근법은 기여적 접근법과 부가적 접근법과는 본질적으로 다른 다문화 교육과정 접근법이다. 다문화교육이 1단계 기여적 접근법과 2단계 부가적 접근법에서처럼 관점의 전환 없이 주류문화 중심으로 다루어진다면, 문화적 자민족중심주의(ethnocentrism) 속성으로 말미암아 소수집단에 대한 편견 및 차별과 배제, 나아가서는 소수집단의 불평등이 개선될 여지가 없다는 데 문제가 있다.

다문화교육은 비판적 사고에 근거하여 학생 자신을 성찰하고 이를 행동으로 옮길 수 있는 변혁적 접근법과 사회적 실천 접근법으로의 교육과정 변화가 필요하다. 변혁적 접근법과 사회적 실천 접근법으로 교육과정이 변환되기 위해서는 학생들이 문제를 비판적으로 바라볼 수 있도록 해야 하며, 한 과목에 국한되는 것이 아닌 통합적으로 접근할 수 있어야 한다.

기여적인 접근법은 보수적 다문화주의에, 부가적인 접근법은 기존의 지배문화 패러다임의 변화 없이 그대로 적용할 수 있는 자유주의 다문화주의에 가깝고, 변혁적 접근법과 사회적 실천 접근법은 관점의 전환을 요구한다는 점에서 비판적 다문화주의 접근에 부합되는 것으로 보인다.

개정누리과정에서 교육은 구조화된 수업으로부터 벗어나 비구조화된 놀이의 상황에서 교육적 의미를 발견하고자 하였다. 이러한 접근법은 아이들의 일상을 중요시 여기다 보니 사회적 실천 접근법에 더 가깝게 보인다.

지금까지 Banks의 접근법에 대해 살펴보았다. 다음으로 Banks의 이론을 응용한 Sleeter & Grant(2008)의 접근법에 대해 〈표 3-1〉에서 좀 더 살펴보고자 한다.6)

〈표 3-1〉 Sleeter & Grant(2008)의 **접근법**

접근법	내용
특수학생과 문화적으로 다른 아이들에 대한 교수 (Teaching the Exceptional and	소수집단이나 예외적인 아이들에게 긍정적인 집단정체성을 발달시키고 주류문화 집단 사회에서 잘 기능하도록 가르치는 데 초점을 맞춤.

6) 이 접근법은 박찬옥 외(2017: 156-158)에서 Melendez & Beck(2009)의 Approach to Multicultural education: Ways and designs for classroom implementation의 부분을 번역하고 재구성한 것이다.

the Culturally Difference)	
대인관계 (Human Relations)	긍정적인 상호작용을 통해 차이를 더 잘 이해하도록 다양한 문화집단에서 온 아이들을 돕는데 목적을 둠.
단일 집단 연구 (Single-Group or Ethnic Studies)	구체적인 민족, 인종 또는 언어 집단에 대한 학습에 초점을 둠.
다문화교육 (Multicultural Education)	아이들에게 최대한의 학문적 사회적 잠재력을 발휘하도록 문화적 다양성에 대한 존중감을 촉진하는 것. Banks의 3단계와 유사.
다문화 사회정의 교육 (Education that is Multicultural and social Reconstructionist)	사회적 불평등에 대한 분석과 평등을 촉진하기 위한 행동과 교사, 아이들이 힘을 공유하는 민주적인 교수 전략에 초점. Banks의 4단계와 유사. 최근 사회적 이슈를 다루기 위한 아이들의 질문, 사고, 제안들을 기꺼이 수용하는 교사의 도전이 요구됨(Melendez & Beck, 2009).

이 접근법 외에 박찬옥 외(2017: 166)는 Banks의 접근법과 Sleeter & Grant의 4-5 수준, Nieto의 다문화교육의 개념을 중심으로 구성된 De Gaeton, Williams & Volk의 만화경(Keleidoscope) 접근법을 소개하고 있다. Banks의 접근법의 확장 및 응용 등 일련의 접근들은 다문화교육이 단순히 다른 문화에 대한 연구 혹은 타자에 대한 이해가 아닌 아이의 삶에 대한 종합적인 교육으로 보아야 한다는 것을 제시해준다.

2) 간문화주의적 접근

간문화주의교육에서는 그 방법론적 원칙으로, '자기중심에서 벗어나기', '타인 입장이 되어보기', '타인과 협력하기', '타인이 현실과 나를 어떻게 인식하는지를 이해하기'를 권장하고 있다. 간문화주의교육의 방법론적인 원칙에 근거하여 교수 학습모형으로 여섯 가지의 교수·학습 단계를 살펴보면 다음과 같다(최문성 외, 2011: 75-76).

첫째, 문화 개념을 이해시키기이다. 아동들은 문화 개념 자체를 제대로 이해하지 못하는 경우가 많기 때문에 표면적 문화와 내적 문화의 차이를 인식하게 한다.

둘째, 아동들 자신의 고유한 해석 방식을 인식시키기이다. 다른 문화에 대한 이해는 자기 문화에 대한 인식 과정을 거쳐 이루어진다. 아동들로 하여금 자기 문화를 특징짓는 요소들을 찾아내고 그 가치를 비판적으로 검토하게 하면 다른 문화를 접했을 때 흔히 보일 수 있는 민족중심주의에서 벗어나게 할 수 있다(장한업, 2012). 이 단계를 통해 아동들은 같은 나라 사람이라도 서로 다른 태도와 행동을 보일 수 있음을 이해할 수 있다.

셋째, 다른 문화를 발견하기이다. 아동들이 자기 고유의 문화와 일정한 거리를 두게 한 다음, 다른 문화와 다른 관점을 가능한 객관적으로 인식할 수 있도록 유도한다.

넷째, 모국문화와 외국문화를 비교해 보기이다. 일단 두 문화를 알고 나면 이 두 문화의 공통점과 차이점을 알고, 차이점 너머에 자신들이 생각하는 것보다 훨씬 많은 공통점과 모든 사람들이 공유하고 있는 기본적인 가치가 있다는 사실을 이해한다.

다섯째, 상대화하기이다. 외국문화와 모국문화에 대한 상이한 관점이 존재한다는 사실을 인식하고, 특정 사실을 너무 지나치게 일반화하지 않도록 해야 한다. 이 단계에서는 문화를 보는 관점의 복수성과 상대성을 인정하는 것이 중요하다.

여섯째, 타인의 문화를 내재화하기이다. 아동들은 외국문화를 발견하고 그것을 깊이 이해하려고 노력해야 하며, 다양한 문화적 경험을 통해 자신의 새로운 참조체계(reference system)를 만들어 내야 한다.

실제 간다문화교육은 이미 교육학에서 많이 언급되고 있다. 주요 모형으로는 '협동적인 다문화적 문제해결모형(Gorski)', '일상적 삶에서의 다문화교육모형(장원순, 2006)', '타문화학습모형(한건수, 2003)', '상호문화: 학교의 원칙과 현실(장한업, 2013)에서 사회 심리학적 입장에서 상호문화학습모형' 등이 있으나 개정누리과정이 수업이라는 형식이 아닌 놀이 속에서 교육을 해야 된다는 점에서 장원순(2006)의 일상적 삶에서 다문화교육 접근법을 참고할 만하다. 장원순(2006)은 Van Cleaf (1991: 332-339)의 아이디어를 아래와 같이 적용하였다. 이러한 것들은 아이들의 놀이에서 등장하는 다문화 교육적 요소가 있을 때 교사의 안내를 통해서 이루어져야 한다.

- 익숙한 것들을 낯설게 보기이다. 우선 아이들은 우리 삶에서 외국문화를 발견할 수 있다. 아이들에게 외국문화는 오히려 익숙하다. 외국에서 유입되어 현재 우리 삶의 일부분이 되어 있는 것들이 많다. 익숙한 것을 낯설게 보기를 통하여 우리 삶이 이미 그러한 것들에 영향을 받아 역동성과 흐림이 있는 다문화적 특성을 띠고 있음을 이해하여 문화에 대한 고정적인 사고를 벗어날 수 있게 해 주는 것이 중요하다(장원순, 2006).

  예를 들어 우리 주변에 존재하는 외국 상품과 생활 풍습을 살펴보는 것이다. 내가 입은 옷, 먹은 음식, 장난감 등 도구가 우리나라에서만 만들어지지 않는다는 것을 안다. 그 물건이 좋은 점은 무엇이며 불편한 점은 무엇인지 등을 탐색해 볼 수 있을 것이다. 아이들과 대화하면서 다른 나라의 편견도 들을 수 있을 것이다. 이후 이러한 것들의 전래와 정착 과정을 알아보는 것이 중요하다. 우리나라에서 만들어졌다고 할지라도 그 원자재가 어디에서 왔는지 탐색해서 이야기할 필요가 있다. 그리고 그 나라는 그 물건을 어디에서 가지고 왔는지 등 유입과 정착 과정을 탐색하는 것이다. 여기에는 꼭 물건만 있는 것이 아니다. 음식, 주거, 종교, 예술, 교육 등도 포함된다.

- 다른 곳에 있는 사람은 우리 문화를 어떻게 볼까? 유아기나 초등학교 저학년 시기에는 다소 어려울 수 있다. 하지만 다른 문화의 사람들이 우리 문화를 어떻게 보는지를 들여다보는 것은 그동안 우리가 보지 못했던 우리의 모습이 낯설 수 있다는 것을 경험하게 한다. 우리 주변에 있는 다양한 인종, 민족, 국가 출신의 외국인들에게 한국문화에 대한 이야기를 들어보자. 혹은 인터넷이나 잡지 등에서 외국인이 우리 문화에 대하여 제시한 이야기를 수집하여 보자. 그리고 그들이 우리에 대해서 적절하게 이야기하고 있는지 서로 이야기해보자.
- 공통점과 차이점에 대해서 이야기해보자. 차이가 가진 '생성'의 가치에 대해 이야기해보자. 우선, 나와 가까운 친구나 부모님 간에도 차이가 있음을 인식할 수 있다. 이를 위해서는 먼저 차이를 비교할 수 있는 기준을 정하는 것이 중요하다. 키, 혈액형, 몸무게, 태어난 날, 피부색, 머리카락 형태 등 물리적 차이에 관해 이야기하는 것이 좋다. 그리고 '어떤 사건'이나 '선호'에 대해 어떻게 생각이 다른지 알아보는 것이 좋다. 서로의 차이를 발표해 보고, 그 차이를 인정하고 수용하되, 차이 때문에 차별하거나 배제하지 않도록 해야 한다. 그리고 차이가 가진 고유성에 대해 이야기해야 한다. 다만, 이러한 것들이 능력의 우열에 대한 차이를 밝히는 것으로 흘러서는 안 된다.
- '자기'의 생각을 알아본다. 아이들의 일상에서 자신들의 생각을 마인드맵을 통하여 살펴본다. 예를 들어, 남자와 여자, 가난한 사람과 부자, 흑인과 백인에 대해 개념이나 특성 도출 등을 마인드

맵을 통하여 알아본다. 이후 분류해 본다. 다만, 이 작업은 발달 단계상 난이도가 있으며, 오히려 자기 생각을 고착화시킬 수 있다는 점을 고려해야 한다. 이때 교사의 적절한 개입이 필요하다.

- 함께 놀고 있는 아이들 사이에 등장하는 '우리'의 특성을 찾아본다. 그리고 다른 집단 아이들 즉, 우리 안에 포함할 수 없는 것들을 이야기해본다. 우리가 아닌 것들의 특징을 찾아본다. 놀이 집단끼리 '우리'와 '우리 아닌 것'을 찾았으면, 더 넓게 '유아교육기관'을 '우리'로 삼고 '우리'와 '우리 아닌 것'을 찾아볼 수도 있다. 이후에 '우리나라'를 '우리'로 삼을 수도 있다. 여기에서 '우리'는 공간 안에 국한할 필요는 없다. '세대'가 될 수도 있다.
- 그림책이나 우리 사회에서 일어나는 편견이나 차별로 인한 어려움에 관한 이야기나, 드라마, 기사 등을 보고, 이러한 문제가 발생하게 된 원인은 무엇이며 이 문제를 해결하기 위한 방안이 무엇인지 토의해보자. 예를 들어, 유아교사는 이 책은 누가 썼는가, 이 작품이 자신에게 어떤 편견을 가지고 오는가에 관한 질문을 해야 한다. 또한 교재 교구로 사용하는 자료와 미디어에 대해서도 위와 같은 비판적 질문을 해야 한다.
- 우리 사회에 존재하는 다양한 하위문화를 조사해 보는 것이다. 아이들이 자신들이 탐구하고자 하는 하위문화를 탐구하고 이들의 이야기를 인터뷰 형식으로 들어 보는 것이다. 하위문화의 구성원들이 중요시 여기는 가치는 무엇이고, 그들이 겪는 어려움 등도 알아보는 것도 좋다. 하위문화에는 여러 가지 직업도 있을 것이고, 농촌, 도시, 어촌, 산촌의 이슈 그리고 세대 간의 이슈인 노인, 중학생, 고등학생, 초등학생, 대학생이나 아니면 청소년 등을 탐구할 수 있을 것이다.

3) 비판적 다문화주의적 접근

비판적 다문화교육론[7]은 다문화교육과 비판적 교육학이 접목된 것으로 문화적 다양성의 이해와 존중 중심의 교육 내용에서 사회 부정의와 불공정을 명확하게 보고, 이를 해결하기 위한 사회 변화에 적극적으로 참여하도록 하는 교육이다[8]. 다문화교육은 학교생활의 중요한 위치에 '차이'를 두는 것을 말한다. 그런데 이것은 '권력'에서 자유롭지 못하다. 실제 인종, 성별 등 문화적 차이의 패러다임은 결핍, 열등감으로부터 자유롭지는 않다.

비판적 다문화교육은 현존하는 언어, 문화, 권력, 이데올로기, 사회와 제도 등이 어떻게 형성되었고 재생산되고 있는지를 보여줌으로써 문화의 정치학을 실천하도록 한다(Lee, 1997). 따라서 차이에 의해 차별되지 않고, 차이로서 서로 소통하기 위해 필요한 것이 비판적 다문화교육이며, 문화적 소통을 위해 사회구성원들에게 기존의 관점과 지식에 대해 질문하고 재해석할 수 있는 능력을 지니도록 하는 것이 비판적 다문화교육의 목적이다.

우리는 다문화 사회에서 가족들이 직면하는 다양한 사회적·가족적 문제들을 정확히 이해하기 위해서, 이데올로기가 신념과 관습에

---

7) 여기에서 비판적 교육학의 목적은 해방을 위한 교육이라고 불린다. 불균형한 권력 구조와 억압 구조를 없애는 것으로, Freire의 해방 교육과 프랑크푸르트학파의 비판 이론에 기초한다. 비판적 교육학은 학생 스스로가 비판적 인식을 가지고 자신의 삶을 점검하고 상황을 바꾸도록 하는 것을 진정한 교육이라고 생각했다.

8) Ellsworth(1988)와 Leonardo(2004) 등은 프레이리 이론이 주로 계급 관계를 비판하거나 문제 삼는 데 치우치다 보니 사회적 성이나 인종, 소수자 문제 등을 전혀 포함하지 못하고 있으며 비판, 대화, 학생들의 목소리 등이 그의 이론적 전제와는 어울리지 않게 비역사적이고 탈정치적인 추상적인 이념에 머물러 사실상 지배 관계 타파에 한계를 보일 수밖에 없다는 비판을 감안한다면, 프레이리의 비판적 교수이론을 다문화교육에 적용하는 것은 다소 무리가 있다고 보기도 한다.

주는 영향을 이해하는 것이 필요하다. 비판적 교육학의 관점에서 사용되는 비판적 질문들은 억압적인 사회 환경을 극복하기 위한 계몽과 실천력을 증진시킨다. 이러한 비판적 질문을 통해서 아이들은 다각적인 관점에서 상황을 검토하고 자신뿐만 아니라 다문화 사회를 위해서 최선의 행동을 모색할 뿐만 아니라 자신이 믿고 따랐던 신념과 생각을 비판함으로 사고의 전환과 더불어 행동도 달라질 수 있다.

비판적 교육학이 자신을 둘러싼 현실에 대한 성찰과 비판적 분석에서 시작한다는 점에서 비판적 다문화교육 역시 같은 맥락에서 이루어진다고 보아야 한다. 이는 구조화된 교육과정이 아닌 삶에도 도출될 비구조화된 교육과정일 수밖에 없다. 2019년부터 도입된 개정누리과정은 구조화된 수업의 형태에서 벗어나 놀이를 중심으로 한다. 비구조화된 형식이라는 점에서는 비판적 다문화교육과 많은 접점을 이룰 수 있다고 본다. 특히 비판적 교육학에서 앎의 대상인 지식은 개인이 처한 현실과 무관한 어떤 것이 아니라 인식주체가 자신이 처한 객관적 현실에 대해 인식하는 과정이라고 했을 때(Elias & Merriam, 2002: 204), 아이들은 자신의 삶에서 현실 상황을 개선하려는 실천적 행동을 지향함으로써 세상을 변혁하려는 교육의 모습을 띨 수 있다. 아이들이 맞닿은 현실이 차별에서 벗어나 차이를 인정하는 반편견적 사유라고 했을 때 비판적 교육학이 충분히 비판적 다문화 교육학과 연결할 수 있다고 본다.

비판적 다문화교육은 익숙하지 않은 문화 내용을 단순히 이해하게 하는 것이라기보다, 그 내용을 아이 자신의 삶과 연결 지어 그 의미를 비판적으로 점검하고 자신의 삶의 방식을 개선하는 실천의 과정이다. 그래서 아이에게 익숙하지 않은 문화 내용을 잘 이해할 수 있도록 최대한 깊이 있게 '탐구'하는 가운데 학습이 이루어질 필요가 있다. 그 결과 아이 스스로가 비판적 인식을 가지고 자신의 삶을 점검하고 상황을 바꾸도록 하는 것이다. 여기에서 아이는 수동적인 수용자가 아니라 적극적인 참여자이다. 결국 교육을 통하여 의식변화와 그에 따른 실천을 지향한다.

다문화교육에서 교사는 아이들에게 불공정하고 불공평한 사회 구조를 바꿀 수 있다는 능력을 가지고 있다는 인식을 심어주어야 한다. 다문화교육에서는 아이들의 개별적인 경험을 중요히 여긴다. 아이들이 속한 집단을 고정관념으로 보지 않는다. 대집단으로 일반화하지 않는다. 한 가정에서 태어난 아이가 다르듯이 정주민인 주류한국인도 모두 같지 않다. 아이는 개별 존재로서 인정받아야 한다. 여기에서 교육 방법은 '구조적 수업'이 아닌 '대화[9]'이다.

비판적 다문화교육에서 '대화'의 시작은 아이들의 삶에서 시작한다. 정해진 교육과정에 따라 순서에 따라 정해진 교육을 하는 것이 아니라 일상의 삶에서 시작해야 한다. 아이들의 일상에서 경험하는 개별적인 활동(놀이)에 담긴 다양한 (교육적) 의미들을 다문화적 관점에서 비판적으로 점검하여 발견하고, 이를 자신의 삶 속에 조화롭게 구현하기 위한 구체적 활동 및 실천을 수행하도록 하는 방식으로 진행되어야 한다. 단지 이질적인 문화 내용들에 대한 아이들의 인지적 발달에 머물지 않고, 아이 자신의 삶의 방식과 관련지어 그 의미를 보다 더 익숙한 삶의 차원에서 포착하고, 비판적으로 점검하여, 보다 나은

9) 프레이리는 이러한 일을 가능케 할 교수법으로 "대화"를 제시한다. 1. 혼자 생각하는 것보다 훨씬 더 많은 풍부한 자료들을 확보할 수 있게 해줄 뿐 아니라, 정서적 교감도 가능하다. 2. 대화는 어느 편도 정답을 갖지는 않지만 나름의 잠정적인 결론들을 도출해 낼 수 있다는 점에서 잡담과는 명확히 구분 가능하다고 할 수 있다. 3. 도출된 결론에 대한 수행상 점검과 확인까지 자연스럽게 가능하게 해 주어 새로운 변화를 삶에 적용하는 일까지 포괄할 수 있다고 본 것이다.

문화적인 삶을 살 수 있도록 실천을 돕는 것이어야 한다. 아이가 접하는 삶은 '나의 것'에서 '타자의 것', 그리고 다시 '나의 것'으로 수렴되어야 하는 것이다. 이것이 비판적 다문화교육의 맥락적 특징이다. 이는 이질적 문화가 전제로 하는 타인의 삶의 사태를 내 삶의 사태와 계속적으로 대조하고 비교하고 접목시켜보는 노력을 요청한다고 할 수 있을 것이다(배영주, 2016). 아이의 삶에 기반한 교육이라는 측면에서 아래의 하리숲학교 안내장을 참고하기를 권한다.

> 교육은 아이의 삶에 기반하여 가르칠 때 아이의 흥미를 높일 수 있을 뿐 아니라 그들을 자신의 삶의 주체로 세우는 가르침과 배움이 비로소 가능하게 됩니다. 실제 하리학교에서 교사는 아이의 경험과 상관없이 가르쳐야 할 내용을 제시해서는 안 됩니다. 아이의 삶을 기반으로 그들이 주체적으로 드러내고 말하고 점검하고 고민하여 개선을 꾀할 수 있도록 도와야 합니다.
>
> 그랬을 때, 아이들은 스스로 자신의 삶에 대해 말하고, 문제를 발견할 수 있습니다. 일상에서 주어지는 자신의 공부가 자기의 삶을 일궈가는 그런, 구체적인 삶의 장면에서 사회, 문화, 정치적 현실과 보다 밀접해질 수 있습니다. 이런 아이들이 인류나 세상을 생각하는 건강한 아이가 될 수 있습니다.
>
> (하리숲학교 안내장)

교사는 학습자들의 삶이 이루어지는 지역의 생활에 대한 다양한 자료들을 수집하고, 사람들의 사고나 영감과 같은 비형식적인 내용까지 포괄한 대화를 통해 그 지역 사람들의 삶을 대표할 수 있는 중심단어나 주제를 추출하여 이를 수업에 활용해야 한다(Freire, 1973: 94-98). 학습자들에게 외적으로 제시되고 강요된 것이 아닌, 아이들의 일상인 놀이로부터 도출된 것이어야 한다. 이후 교사는 아이들의 구체적인 삶의 장면에서 사회, 문화, 정치적 현실과 밀접하게 연관된 것들로 주제를 선정해야 한다. 추출된 단어 및 주제들에 대해 프레이리(Freire, 1973)는 '생성적(generative)'이라고 하였다. 이 개념들은 학습자들의 삶에 대해 여러 가지 깊이 있는 반성적 생각을 하게 할 수 있으며, 다른 단어들을 생성시키는 힘을 가지고 있다. 생성어 선정을 위해 반드시 사전에 학습자의 경험과 현실을 학습자로부터 배워야 하며, 그것을 효과적으로 이미지 자료에 담아 학습자들과의 깊이 있는 성찰적 대화를 촉발할 수 있어야 한다. 그때 이루어지게 될 여러 가지 다양한 대화를 통해 교사와 학습자의 상호학습이 이루어질 수 있으며 이를 통해 교사는 학습자로 하여금 침묵의 문화에서 벗어나게 해줌과 동시에 자신을 삶의 주체로 인식하게 해줄 수 있다.

대화를 통하여 드러내고, 말하고, 의미를 찾는다. 아이의 삶의 맥락에서 생성적 단어 및 주제를 선정하고 그것을 소재로 삼아 아이로 하여금 스스로 자신의 삶의 맥락에 대한 비판적 점검과 문제 제기를 유도한다. 대화 속에서 아이는 자신의 삶 속에 담긴 문제와 의미들을 분석적으로 혹은 해체적으로 읽어내는 작업을 수행할 수 있어야 한다. 이 과정에서 세상(타자)에 대한 개인적 탐구의 수행과 다른 사람의 해석 그 자체를 중요시 여겨야 한다.

여기에 대화가 필요하다. 일상의 삶에서 등장한 이슈들에 대한 비판적 점검은 아이 단독으로 수행될 수 있는 것이 아니라, 교사와 수평적 대화를 통해 가능하다. 아이들은 대화를 통해 해당 단어와 관련된 삶의 여러 문제들에 대해 드러내 말함으로써 자신의 삶에 무엇이 문제인지를 확인할 수 있는 계기를 만들 수 있다.

프레이리(Freire, 1973: 105)는 대화를 위해 교사로 하여금 생성적 주제들을 하나의 전체로 구성한 뒤 이를 다시 영역별로 분할하여 사진, 그림, 이미지 카드, 포스터, 슬라이드, 영화필름, 연극 등의 형태로 문제화시킨 자료를 준비하여 활용할 것을 제안한다. 구체적인 활용방법은 코드화(codification)와 탈코드화(de-codification)의 과정의 연속이다. 코드화는 자료들은 수업에서 활용될 단어 및 주제가 함축하고 있는 현실 상황과 그에 대한 학습자들이 구체적인 이미지를 발전시킬 수 있도록 하는 과정이다. 탈코드화는 해독(de-codification)으로 제시된 그림을 바탕으로 현실과 그림 속 의미의 관계에 대해 함께 논의함으로써 그 의미를 포착하게 되는 것이다.

(1) 경청

교사는 아이들의 말(주장)을 경청할 수 있어야 한다. 이를 위해 아이들의 말(주장)을 귀하게 여겨야 한다. 아이들의 목소리를 의도적으로 들어야 한다. 이하는 정대현(2017)이 제시한 존재 경청법이다. 존재 경청은 공감을 위한 경청법이라기보다는 경청을 통하여 자기 내부의 (긍정적) 존재를 인식하기 위한 방법 중 하나이다. 존재 경청에서 가장 중요한 경청 기술은 질문이다. 교사가 질문하는 이유는 아이들의 말을 잘 경청하기 위해서이다. 교사의 질문은 아이들이 알고 있는 것, 느끼고 있는 것, 그리고 아이들의 생각을 듣기 위함이다. 하지만 대개 교사는 확인하기 위한 질문을 하는 경우가 많다. 어떤 경우에는 아이들의 질문에 듣는 척만 하거나, 듣고 의미 없다고 생각하여 무시하거나, 아이들의 질문을 평가하여 교정해 주는 경우도 많다.

그래서 질문은 교사가 아이의 앎과 모름을 확인하는 것이 아닌, 아이들이 자신들이 알고 있는 것을 말할 수 있도록 하는 데 있다. 교사가 아이에게 질문을 자주 해주고, 좋은 질문을 해주면, 아이들도 학습공동체의 일원으로 교사에게 좋은 질문을 한다. 반면, 교사가 아이에게 질문이 중요하다는 인식만을 주입시킨다면, 아이들이 질문을 위한 질문을 할 때가 많다. 실제 어떤 아이들은 질문을 해 놓고 그에 대한 답을 구하려고 하지 않고 다른 것으로 주의를 돌리는 등 의미 없는 질문을 형식적으로 하는 경우를 종종 볼 수 있다.

교사가 아이들이 질문 하는 것을 무시하거나 질문하는 것을 가르치려고 하는 것은 아이들이 질문을 못하도록 하게 하는 지름길이다. 학습공동체에서는 아이들끼리 서로서로 질문을 하고, 대답을 한다. 아이들은 서로의 질문들에 대해 많은 관심을 갖고 답을 찾으며, 또 다른 질문을 찾는다.

교사가 너무 상세하고 친절하게 설명을 많이 해줌으로써 아이의 상상 세계가 좁혀지는 경우도 있다. 반면, 교사가 대답하는 내용이 너무 적어서 그것을 잘 이해하지 못하는 경우도 있다. 그러나 대답을 많이 하는 것보다 오히려 대답을 제대로 해 주지 못한 경우가 아이들의 사고력을 확장시켜 줄 수 있다. 교사나 부모 등 성인이 아이에게 주는 대답은 아이가 생각할 수 있게 하는 힌트 정도면 충분하다.

존재 경청에는 정서적 존재 인식 경청법, 주관적 존재 인식 경청법 그리고 객관적 존재 인식 경청법이 있다.

첫째, 정서적 존재 인식 경청법은 상대방의 감정을 의식으로 읽어 주고 감정을 정서적으로 공감해 주는 방법이다. 상대의 이야기에 대한 판단을 유보하고 상대의 생각을 이해하고 상대의 감정을 공유하며 내가 마치 상대인 것처럼 듣는 것을 바탕으로 하여 아이들이 자신의 감정의 주체가 되어 감정 상태를 인식하도록 돕는 것이다.[10)]

---

10) 사람들은 화가 나면 그 순간 감정에 매몰되어 감정을 조절하지 못하게 된다. 화가 나 있을 때 그 감정을 인식시키는 것은 중요하다. 자신이 화가 났다는 것을

이러한 경청법은 말하는 아이들이 스스로 문제를 바라보는 객관적인 관점을 가질 수 있게 하고 문제에 논리적인 의미를 발견할 수도 있게 한다. 또한 정서적인 차원에서 말하는 아이의 감정을 인지하고, 이 감정 상태를 위로해 줄 수도 있다.

정서적 존재 인식 경청법은 미러링(mirroring), 트래킹(tracking) 등의 방법으로, 말하고 있는 상대에게 집중하여 상대를 향해 앉고, 눈을 맞추고, 부드러운 표정을 지으며, 아이들의 말을 따라 하거나, 행동을 따라 하기도 한다. 이러한 방법을 집중하기(focusing)라고 한다.

또한 말하는 사람의 말을 요약하여 재진술해주는 '요약하기'가 있다. 청자 입장에서는 특별히 다른 말을 준비할 필요가 없이 상대의 메시지를 그대로 재진술하면 된다. 그렇게 하면 상대의 말을 분명하게 이해했음을 알릴 수 있고 아이의 존재를 인식했다는 것을 드러낼 수도 있다.

둘째, 주관적 존재 인식 경청법은 아이 내면의 긍정적 존재를 읽어주는 것이다. 정서적 존재 인식 경청법이 정서감정이나 생각을 그대로 읽어주는 경청이라면, 주관적 존재 인식 경청법은 내면에 있는 존재를 읽는 것이다. 내면의 존재는 무엇인가 하고자 하는 긍정의 존재이며 탁월함이다. 여기에서 '하고자 하는 의도', 즉 '욕구'는 보편적인 것으로써 우리의 삶을 풍요롭게 하며 어떤 행동에도 긍정적인 의도가 있다는 생동감 있는 에너지로서 삶의 기능적인 모든 체계에 활력소가 된다. 이 경청법은 '모든 사람은 다른 사람에게 주고자 하는 욕구를 갖고 있으며, 마음에서 우러나와 줄 수 있는 선택의 힘을 가지고자 하는 것을 전제로 한다.

인식하기만 하여도 아이들은 스스로 자신의 화를 조절한다. 분노 조절은 자신의 감정에 대해 인식하는 것에서 시작한다.

모든 인간은 사실상 무엇인가에 대해 선택받는 자가 아닌 선택하는 주체자로서의 삶을 살고자 한다. 이러한 명제를 인정하고 나면 욕구를 충족하기 위해 자신이 생각하고 듣는 방식을 선택할 수 있으며, 말하는 방식과 행동하는 방식을 선택할 수 있다. 이를 통해 선택자로서 주체적인 진실을 수용할 수 있게 되고 결과적으로 모든 다른 사람들의 욕구를 소중하게 대할 수 있게 된다. 따라서 먼저 자신이 가진 욕구를 의식해야 한다.

셋째, 객관적 존재 인식 경청법은 상대방과 함께 하는 경청으로 에너지 경청이라고 한다. 이것은 말하고 있는 상대방에 자신의 의식을 집중하는 것이다. 말하는 아이(상대)를 보고 있되, 자신의 의식을 상대에 집중하는 것이다. 말하는 사람을 긍정하지도 부정하지도 않으면서 그 사람에게 집중하는 경청법이다. 사람들은 다른 사람의 말을 들을 때 의식적으로 온전히 듣지 못하는 경우가 많다. 왜냐하면 상대방의 말을 들으면서도 의식의 방향이 자신을 향하기 때문이다. 자신의 의식에 기반한 듣기는 다른 사람의 말을 온전히 받아들이는 것을 방해하곤 한다. 이 경청법은 상대방의 말을 자신의 의식에서 판단하고 해석하는 것이 아니라 그 자체를 듣는 것이다.

(2) 인터뷰

다문화교육의 접근으로 '인터뷰' 등의 방식을 추천한다. 인터뷰 접근법 자체가 다문화적이라고 할 수 있다. 인터뷰는 잘 알려지지 않은 경험에 대해 더 많은 것들을 알아내는 것이다.

인터뷰 접근법은 사람의 삶을 중심에 둔다. 그래서 대상이 중요하다. 인터뷰 대상은 학급의 다양한 가족 구성원에서 선택하거나, 가족 구성원이 다양하지 않을 때는 다른 교사들, 전문직 종사자들, 관리인

등과 같이 학교 공동체의 일원인 사람을 대상으로 할 수 있다. 혹은 남자 무용수, 여자 포크레인 기사가 대상이 되어 고정관념을 깰 수도 있다. 장애를 가진 아이나, 학교에서 힘이 약한 아이의 부모가 되어 또래를 이해할 수도 있다. 이때, 이들은 교사의 주요 파트너 역할을 하며, 다른 사람과 연결해주는 코디네이터 역할도 하게 된다.

교사는 아이들과 함께 연구원이 된다. 교사는 가르치는 자, 아이는 배우는 자의 경계가 해체된다. 교사와 학습자의 역할이 모호해진다. 인터뷰에서 얻은 내용들은 교사라고 해서 많이 아는 것이 아니기 때문이다. 결국 선생님도 그것을 모두 알지 못하고 아이도 모든 것을 알지 못한다. 하지만 여기에는 모든 것에 무지한 사람도 없다(Freire, 1973). 아이와 교사는 진짜 질문을 하고 답을 찾는다. 인터뷰에서 중요한 것은 어쩌면 답보다는 질문에 있다.

인터뷰는 아이들로 하여금 지역사회의 특정 분야의 전문가에게 질문을 하고 답을 들으면서 그 과정 속에서 배우는 것이다. 앎의 범위를 학교(유치원)의 벽 너머에 존재하는 생생한 전문지식까지 넓힌다. 또한 상대적으로 인터뷰 대상자와 공통점이 있을 수도 있다. 인터뷰는 분명 다문화적인 방식의 교수 학습임에는 틀림없다. 더 나아가 인터뷰는 탐구학습의 출발점이 될 수 있다. 질문을 한다는 것은 새로운 것을 알고 싶어 하는 것이다. 인터뷰를 한다는 것은 아이들이 자신들이 살고 있는 세상을 연구하고 정보를 수집하고 분석한다는 것을 의미하기도 한다.

인터뷰는 가르치고 배우는 것을 더 풍성하고 공정하게 만들어 자신이 살고 있는 세상을 더 깊이 이해하게 한다. 인터뷰를 통해 어느 개인, 가족 그리고 그들의 공동체가 풍부한 문화적 관습과 소중한 역사를 가지고 있다는 것을 인식하게 된다. 또한 아이들이 살고 있는 지역사회와 세계에 영향을 미치는 이슈에 대해 더 많은 이해를 가질 수 있다. 이를 통해 교육과정의 범위를 넓히고, 아이들의 정체성을 더 잘 이해하고 포용하여 자존감을 향상 시킬 수 있다. 실제 인터뷰에서 배운 개념과 정보는 책에서는 배울 수 없는 경우가 많다. 설사 책에서 배울 수 있는 것이라고 할지라도 현실적이지는 않다. 인터뷰는 전통적으로 소외되어 온 지식을 가치 있게 평가하는 방법이다.

인터뷰는 아이들과 관련이 있어야 한다. 아이들은 인터뷰를 통해 문제를 식별하고, 그 문제에 대해 질문하고 다양한 시각과 관점을 고려해야 한다. 아이들은 인터뷰를 설계하고 질문하고, 토론에 참여하고, 메모를 하는 등 적극적인 구성원이 된다. 따라서 인터뷰는 매우 매력적이고 활동적인 형태의 학습이다. 인터뷰는 학습 여정의 출발점이 될 수도 있고, 큰 질문에 대한 답을 찾는 데 있어 정점이 될 수도 있다. 또한 인터뷰는 읽기, 쓰기, 과학, 수학, 예술과 같은 교과과정과 연결되어 있는 경우가 많다. 인터뷰는 시작의 한 방법이 될 수도 있고 어린 시절에 배웠던 학습을 확장하는 방법이 될 수도 있다.

인터뷰 학습은 종종 가족들의 대화 주제가 되기도 한다. 아이들은 인터뷰에 대해 흥미를 느끼기 때문에 가정에서도 계속 이 주제가 이어지기를 바란다. 이때 자신들의 가치관이 어떻게 변화되었는지 공유할 수 있다.

제4장 다문화교육의 초등학교로의 전이

1. 전이에 대한 이해

1) 전이의 개념

한국에서 유아들은 일정한 연령이 되면 유아교육기관에서 초등학교로 옮겨간다. 초등학교는 국민공통교육과정의 출발선이기도 하다. 따라서 초등교육은 국민이면 반드시 받아야 할 의무교육이라고 한다. 하지만 최근 유아교육에 대한 관심의 증가함에 따라 유아교육이 교육의 출발선으로 간주되기 시작하였다. 이에 유아교육을 의무교육의 출발선으로 삼아 유아학교로 전환시키려는 시도들이 나타나고 있다. 반면 학제 설립의 시간적 차이는 두 기관(유아학교와 초등학교)의 결합을 어렵게 하였다. 아이들은 2월 말 유아교육기관에서 3월 초 초등학교로 옮겨가게 되는데 그때에는 전혀 다른 성격의 교육기관으로 옮겨지게 되는 것이다(정대현, 2006). 이에 정부와 학계에서는 유아교육과 초등교육의 접점을 찾으려는 시도가 끊임없이 이어져 왔다. 이러한 시도는 '연계'라는 이름으로 두 학제 간의 연속성을 도모하는 것이었다. 연계는 각 학년이나 학교 수준에 따라서 교육 내용이 순차적으로 구분, 분리되어 있는 것을 전제로 하여 이를 연결시킨다는 의미가 있다. 하지만 최근에는 두 학제 간의 연결을 '유초연계'가 아닌 '전이'라는 용어를 사용하기 시작하였다. 전이는 상위 학년 또는 학교로 옮겨가는 과정에서 교육과정이 상호관련성을 가지고 중첩되며 배열되는 상태를 의미한다. 본 다문화 가정 유아의 초등학교 전이 프로그램에서도 초등학교로 진학하는 다문화 가정 유아(아동)와 관련하여 '연계'보다는 '전이'라는 용어를 사용하였다.

전이와 관련하여서는 1980년대 중반 미국에서는 'transition, transitional services, transition from school to society, transition for life'와 같은 용어들이 사용되었다. 한국에서는 1990년대 중반 이후부터 사용되었다(조인수, 2005). 개인은 전 생애를 통해 전이의 다양한 형태를 경험하게 된다. 전이는 일생 동안 지속되고, 필수 불가결한 단계이다. 또한 전이는 계속되는 변화를 포함하는 과정이므로(조윤경, 이소현, 2002) 후술할 연계(linkage)의 개념과 일정 부분 혼용하여 상용되고 있기도 하다.

유아의 경우 발달적 측면에서 유치원에서 초등학교로의 진학의 개념을 전이라는 개념을 통해 설명하는 것이 더 효과적이다. 이는 새로운 것을 접할 때 기존의 경험에 새로운 경험을 재구성하면서 학습이 이루어진다는 발달적, 심리학적 측면에서 전이라는 용어가 더욱더 유용한 용어가 될 것이다.

유아교육기관에서 초등학교로의 전이는 놀이중심, 아동중심, 활동중심의 교육에서 교과중심의 초등교육으로 이동하는 시기이며 인생에서 중요한 시기이다(정대현, 2006). 또한 이러한 초등학교로의 전이는 아동과 가족 모두에게도 중요한 삶의 변화이다. 이는 처음으로 학제에 들어가는 공교육 기관으로의 입문이라는 특성 때문에 더욱 중요하다(김성순, 2006). 특히 유아시기는 개개인의 성취, 사회, 정서 발달과 관련하여 아주 중요한 인생의 전이가 이루어지는 시기라는 점에서 그 의의가 더 크다. 하지만 의의가 큰 만큼 유아교육기관을 졸업한 유아들은 초등학교에서의 심리적, 물리적 환경의 급격한 변화로 적응 과정에서 곤란과 충격을 경험하게 된다(정대현, 2006). 이러한 이유로 초등학교 의무 취학 대상 아동 중 입학을 미루거나 임의로 취학하지 않은 아동의 비율이 갈수록 증가하고 있다. 이는 학부모들이 집단 따돌림이나 학업 부진을 우려하여 취학을 연기하기 때문으로 보인다.

잘 계획된 성공적인 전이는 유아와 그 가족들에게 성장과 발달을 위한 새로운 기회를 제공하고 스스로 능력에 대한 강화를 경험하는 기회가 되지만, 그렇지 않은 경우에는 유아와 가족들이 불확실한 미래에 대해서 더욱 불안해하고 상처받기 쉬운 상태가 될 수도 있다(이소현, 2003). 또한 이 시기에 잘 적응하면 계속되는 학교생활을 잘 해나갈 수 있지만, 그렇지 못하면 입학 초기의 불안감, 열등감 등이 그 후의 학교생활에 잠재되어 잘못된 방향으로 나갈 수도 있다(정수민, 2009). 이로 인해 해당 아동과 그 가족은 적응 면에서 상당한 스트레스와 위기를 직면하게 된다. 이때, 협력해서 놀이할 수 있는 능력, 또래 집단에 들어가기 위해 긍정적인 행동 보이기, 성공적으로 적응하기 위한 효과적인 의사소통 등 전이에 필요한 기술들을 미리 준비한다면 아동에게는 많은 도움이 될 것이다(김성순, 2006).

더욱이 신체적, 지적, 사회적, 정서적, 언어적 능력에서 어려움을 가지고 있는 장애아나 다문화 가정 유아들의 경우는 친숙하지 않은 활동, 장소, 사람, 또는 일과를 가진 새로운 프로그램으로 전이할 때 이전에 학습한 것을 일반화시키는데 상당한 어려움을 겪을 수 있으며 이미 습득한 것을 전이과정에서 잊어버리기도 한다. 또한, 새로운 학습 환경에서 보다 상위의 기술을 배우거나 새로운 교사나 또래와 긍정적인 관계를 형성하거나, 활동에 유의하게 참여하는 데 어려움을 겪는다. 그렇기 때문에 유아가 전이 과정을 원만하고 성공적으로 이행할 수 있도록 유아, 가족, 그리고 전문가의 요구를 반영하는 체계적이고 종합적인 전이 교육이 필요하다(김성순, 2006).

2) 연계와 전이

유아가 초등학교 생활에 잘 적응하도록 지원하고자 할 때, 가장 중요하게 고려되는 요인들 중 하나가 유아교육기관에서 초등학교로의 '전이'이다. 유아교육기관과 초등학교 간의 연계교육에 있어서 '전이'의 개념은 '연계'라는 개념과 혼용되어 사용되는 경우가 많기 때문에 먼저 이들 개념간의 차이를 구분하여 살펴보는 것이 필요하다.

먼저 전이(transition)의 사전적 의미는 '한 가지 형태, 환경, 조건 혹은 장소에서 다른 형태나 환경, 조건, 장소로 이동해 가는 과정(The American Heritage College Dictionary, 2002)'으로 '한 가지 형태나 유형으로부터 다른 것으로의 변화 또는 이것이 발생하는 과정(Cambridge Dictionaries Online)'이다. 이는 유아교육기관과 초등학교 간 연계에 대한 전통적인 의미로써 가정에서 학교, 학교에서 방과 후 학교, 유아원에서 유치원, 유치원에서 초등학교로 넘어가는 특정 시기에서의 교류 활동(transactional activity)을 가리킨다(윤은주, 2010).

반면 연계(Articulation; Linkage)는 학년 사이나 학교 수준 사이의 교육 내용이 적절한 관련을 맺고 있는 상태로서 각 학년 또는 학교 간 교육 내용이 계속성, 계열성, 연속성을 가지면서도 구분되어 있는 상태를 가리킨다. 연계는 각 학년이나 학교 수준에 따라서 교육의 내용이 순차적으로 구분, 분리되어 있는 것을 의미하나, 전이는 상위 학년 또는 학교로 옮겨가는 과정에서 교육과정이 상호관련성을 가지고 중첩되며 배열되는 상태를 의미한다. 윤은주(2010)의 경우 유아교육기관과 초등학교 간의 연계는 영아부터 초등까지에 속하는 모든 교육에 목적, 방법, 환경, 교육과정 등 동일한 원리를 적용하는 연속성(continuity)의 개념으로 보아야 한다.

2. 생태학적 전이에서 바라본 다문화 가정과 유아

전이의 개념을 이해하기에 앞서, 생태 체계이론을 통해 전이의 개념을 설명하고자 한다. 실제 이러한 전이의 개념은 Bronfenbrenner(1979)의 생태학적 체계 이론에서 도출된 것으로, 체계 간의 시간적 공간적 연결을 의미한다. 생태학적 체계 이론에서, 유아는 유아 자신과 변화하는 사회적, 물리적 환경 간의 끊임없는 상호작용을 통해 성장해나간다. 유아를 둘러싼 생태학적 체계는 미시체계(Microsystems), 중간체계(Mesosystems), 외체계(Exosystems), 거시체계(Macrosystems)의 네 단계로 구성되어 있다. 이러한 체계들은 다문화 가정 유아와 상호작용하면서 직·간접적인 영향을 미치게 된다. 다문화가정 유아의 초등학교로의 전이와 관련한 생태학적 체계에 대해 알아보자.

미시체계는 가정, 놀이터, 유치원, 학교, 또래집단 등과 같이 유아가 대면하는 가장 직접적인 환경으로 근접한 생활공간에서 직접적이고 밀접한 상호작용을 한다. 다문화 가정 유아, 특히 결혼이주민의 경우에는 가정 내에 모국이 다른 부와 모를 두고 있는 경우가 있다. 뿐만 아니라 교회나 이웃에서도 그들이 경험하는 미시체계는 분명 정주민 유아와는 이질적인 집단을 경험하게 된다.

중간체계는 가정과 유아교육기관 등과 같이 유아와 직접적으로 상호작용하는 둘 이상의 미시체계들 간의 상호관계로 이루어진 체계를 말한다. 이 중간체계는 사람들이 동시에 서로 다른 역할을 수행하고 있다는 사실을 전제로 한다. 중간체계는 유아가 새로운 환경으로 이동할 때마다 확대되거나 새로이 형성된다.

외체계는 중간체계가 확장된 것으로 유아와 직접적으로 상호작용하지는 않지만, 실제로는 무형, 유형의 환경 요소가 다 포함되어 있어 유아의 발달에 영향을 미치는 다양한 사회적 환경을 의미한다. 여기에는 부모의 직업 환경, 근무 조건, 이웃, 정부기관, 비형식적인 사회적 관계망, 부모의 자녀 양육을 위한 교육 기회 등을 들 수 있다.

거시체계는 사회적, 경제적, 교육적, 정치적, 법적 제도와 같이 명백한 형태를 가진 체계와 관습, 일상생활과 같이 비형식적인 체계 등과 같이 개인 및 가족의 기능에 영향을 미치는 사회의 이념이나 제도의 일반적인 형태를 말한다. 이러한 생태학적 체계는 생태학적 전이(ecological transition)를 통해 다문화가정 유아가 유아교육기관에서 초등학교로 이동을 이해하게 한다.

생태학적 전이란 생태학적 환경에 있는 개인의 역할 또는 장면(setting)의 변화, 역할과 장면 모두의 변화로 인해 개인의 지위가 변화되는 것을 말한다. 다시 말하면, 생태학적 전이는 동생이 태어남, 유아교육기관에 들어감, 유아교육기관을 마치고 초등학교에 입학함, 상위학년으로 진급함, 졸업과 취업, 결혼, 직업 변경, 이사 등과 같이 한 체계 내에서의 변화 또는 둘 이상의 체계에서 변화가 일어남에 따라 개인의 역할이 변화되는 것을 말하며, 인간의 전 생애에 걸쳐서 일어난다. 이러한 생태학적 전이는 발달 과정의 결과이자 시작이다.

특히 다문화 가정 유아의 유아교육기관에서 초등학교로의 생태학적 전이는 문화적으로 이질적인 가족이 형식화된 교육에 적응해야 한다는 의미를 가진다. 교실 환경, 책상 등 물리적 환경과 교사 변인, 교육 내용, 교수-학습 방법 평가, 또래 집단의 관계 등의 변화를 수반하며, 초등학생이 된 유아에 대한 주변 사람들로부터의 기대가 달라짐에 따라 유아에게 갈등을 동반한 도전을 제공하게 된다(정대현, 2006). 이는 초등학교 생활이라는 새로운 적응이 심각한 심리적 긴장과 갈등을 초래할 수 있음을 의미한다.

유아의 초기 학교 교육(schooling)은 이후 초등학교 고학년, 중학교, 고등학교의 적응에도 영향을 미치는 결정적인 시기가 된다(Pianta, Walsh, 1996). 따라서 유아가 초등학교로 전이하는 과정에서 정서적으로 큰 변화를 겪지 않고 안정적으로 전이할 수 있도록 지원할 수 있는 전이계획을 세우고 실행하는 것이 필요하다. 실제 본 프로그램 구축을 위한 토론회에서 정갑순(2009)은 다문화 가정 유아의 전이 프로그램의 필요성에 대해 다음과 같이 피력하고 있다.

> 다문화 가정 유아들은 생태학적인 측면에서 볼 때 미시체계에서 중간체계를 거쳐 외체계로, 외체계에서 거시체계로 변화·성장하는 과정이 일반 유아들과는 다르게 나타난다. 그들이 경험해야 하고 제공받아야 할 교육의 양과 종류 및 그 질이 다르며 열악한 상태여서 제시된 여러 프로그램들이 마치 안 맞는 옷처럼 보이는 현실을 간과할 수 없는 실정이다(정갑순, 2009: 14).

다문화 가정의 경우 언어, 자녀의 학업 및 또래 관계지원, 이웃과의 관계 형성 등 일상생활 환경적응에의 취약성을 보이는 경우가 많기 때문에 다문화 가정 유아의 초등학교 전이는 더 큰 도전과 갈등을 경험할 것으로 보인다.

유아교육기관에서 초등학교로의 생태 체계 모형에서 유아는 가족, 교사, 또래, 그리고 지역 공동체와 상호 유기적·의존적인 관계를 맺고 있으며, 이러한 관계는 유아가 초등학교로 전이함에 따라 역동적으로 함께 변화해 나간다. 생태 체계적 모형에서는 각각의 미시 체계 안에서 유아를 중심으로 변인들 관계를 수직적 관계와 수평적 관계로 보고 있다. 유아와 부모의 관계는 수직적 관계, 유아와 형제자매와의 관계를 수평적 관계인 것이다. 이러한 관계는 유아교육기관에 들어가면서 그대로 수직적 관계와 수평적 관계로 전이된다. 가정에서 유아와 부모의 수직적 관계는 유아교육기관에서는 유아와 교사 간의 수직적 관계로 전이되고, 가정에서 유아-형제자매 간의 수평적 관계는 유아교육기관에서 유아-또래 간의 수평적 관계로 전이된다. 결국 유아교육기관에 처음 적응하는 유아는 부모와의 관계라는 연장선에서 교사를 이해하게 된다. 가정에서 유아교육기관으로의 전이는 초등학교 입학에서도 지속적으로 진행된다. 유아가 초등학교에 들어가면서 유아-유아교육기관 교사 간의 수직적 관계는 초등학교에서 유아-초등학교 교사 간의 관계로, 유아-또래 간의 수평적 관계는 초등학교에서의 아동-또래 간 관계로 전이된다(정대현, 2006).

이처럼 연속선상에서 일어나는 전이의 과정에서 유아를 둘러싼 미시체계들 간의 연결은 후속 전이에 영향을 미친다. 이에 대해 정대현(2006)은 유아교육기관에서 유아의 또래 상호작용, 유아-교사관계, 개인적 특성이 초등학교 적응에 영향을 미치며, 이 과정에서 유아가 낯선 환경으로 전이하기 위해 주어진 환경을 수용할 뿐 아니라, 당면한 환경이 가지고 있는 여러 특성과 도전들에 대한 반응성을 기르게 됨을 밝혔다.

이를 구체적으로 살펴보면, 먼저 유아의 또래 상호작용과 초등학교 적응에 있어서 유아교육기관에서 또래와 놀이상호작용을 잘하는 유아는 교사와 친밀한 관계를 유지하며, 초등학교에서도 교사 및 또래와 적응을 잘하였고 일과 시간이나 규칙 준수와 같은 학교생활과 학업수행에서도 잘 적응하였다. 다음으로 적응에 있어서 유아교육기관에서 교사와 친밀관계를 형성하는 유아는 초등학교에 입학 후 교사, 또래 및 학업수행 적응을 잘하였으나, 유아교육기관에서 교사와 갈등, 의존관계에 있었던 유아는 초등학교 입학 후 교사, 또래, 학업수행, 학교생활 적응을 잘 하지 못하는 것으로 나타났다. 유아의 개인적 특성인 다중지능과 초등학교 적응에 있어서 유아의 다중지능은 초등학교에서의 적응 영역마다 각기 다른 지능을 활용함으로써 초등학교 적응에 영향을 미치고 있었다.

이러한 연구결과를 통해 알 수 있는 것은 유아교육기관에서 유아의 개인적 특성 및 유아와 상호작용하는 미시체계 내의 의미 있는 타인들과의 관계가 초등학교 입학 후에도 전이되어 초등학교 적응을 예측하는 변인으로 설명될 수 있다는 점이다. 또한 유아교육기관에서 초등학교로의 전이는 연속선상에 있었다. 결국 유아교육기관에서 원활한 유아기를 보내는 것이 유초연계(전이)의 시작이라는 점을 알 수 있다(정대현, 2019).

일반적으로 입학 전인 만 5~6세부터 시작되어 실제적인 초등학교 1학년 생활을 겪게 되는 경험을 통해 초등학교에 적응하게 된다. 따라서 유아가 원활한 전이과정을 경험하도록 하기 위한 전이계획의 출발선은 가정과 유아교육기관에서부터 시작되어야 한다. 이는 다문화가정 유아의 초등학교 전이과정에서도 동일하게 적용되는 맥락이다. 또한 앞서 살펴본 생태학적 체계이론과 Pianta의 생태학적 모형을 고려할 때 유아의 초등학교 전이과정은 해당 유아만이 아니라 유아의 가족, 유아교육기관과 초등학교, 유아교육기관의 교사와 또래, 초등학교의 교사와 또래 등 유아를 둘러싼 환경적 요인들이 역동적으로 함께 과정에 참여한다. 따라서 유아의 초등학교 적응을 위한 전이계획은 초등학교에 입학하는 유아만 아니라 유아의 가족, 유아교육기관과 초등학교의 관계, 그리고 유아의 가정과 각 기관에 직·간접적으로 영향을 미치는 지역사회의 공동체가 함께 고려되어야 한다.

결국 다문화 가정 아동(유아)의 유아교육기관에서 초등학교로의 전이도 정주민 유아의 초등학교 전이와 같은 맥락에서 생각해 볼 수 있다. 즉 생태학적 전이라는 측면에서 다문화 가정 유아(아동)의 초등학교로의 전이는 초등학교에 입학하는 다문화 가정의 유아만 아니라 다문화 가정, 유아교육기관과 초등학교의 관계, 그리고 다문화 가정 유아의 가정과 각 기관에 직·간접적으로 영향을 미치는 지역사회의 공동체가 함께 고려되어야 한다.

3. 수직적 전이와 수평적 전이

전이는 유아를 중심으로 수직적 전이(vertical transition)와 수평적 전이(horizontal transition)로 구분하여 살펴볼 수 있다.

"수평적 전이(horizontal transition)"란 환경 간의 이동을 의미한다. 수평적 전이는 유아가 같은 시기에 다양한 활동들을 하고 있을 때 프로그램이나 서비스 간의 이동, 전학과 같이 공간적 차원에서 여러 사람과 장소를 옮겨 다니는 것을 말한다. 다문화 가정을 고려할 때 다문화 가정의 부모들은 모국에서 대한민국으로 공간 이동이라는 수평적 전이를 경험했다. 물론 다문화 가정의 아이들도 가정이나 유아교육기관에서 초등학교라는 새로운 환경으로 수평적 전이를 경험했다고 볼 수 있다.

"수직적 전이(vertical transition)"는 생활 연령과 관련되어 다음 연령 시기로의 이동을 의미한다(나수현, 2008). 수직적 전이는 유아가 유치원에서 초등학교로, 초등학교에서 중학교로 이동하듯이 시간적인 차원에서 하나의 서비스 체계로부터 다른 체계로 옮겨가는 것을 말한다. 다문화 가정의 아이들이 초등학교로 진학하게 되는 것은 수직적 전이라고 할 수 있다. 다문화 가정의 부모들은 모든 기관에서 시간이 흘러감에 따라 수직적 전이를 경험하고 있는 것이다.

이러한 모든 것들을 고려할 때, 유아가 유아교육기관에서 초등학교로 옮겨가는 시점은 시간적 차원에서의 수직적 전이와 공간적 차원에서의 수평적 전이가 동시에 일어나는 과정이다. 만 5세였던 대부분의 유아는 새해가 되어 연령이 한 살 더 많아지면서 2월 중순 경 유아교육기관에서 졸업식을 마치고, 불과 2주 정도 뒤인 3월 초에 초등학교에 입학하면서 곧바로 새로운 환경인 초등학교에서의 생활을 시작하게 된다. 이때 유아는 한 달도 채 되지 않은 비슷한 시점 안에서 교육의 목적, 내용, 방법, 평가, 인적 환경 및 물리적 환경 등 모든 면에서 유아교육기관과는 매우 이질적인 초등학교라는 기관에 적응해야 하는 과제를 안게 된다(정대현, 2006).

4. 다문화 가정 유아의 초등학교 전이과정

대부분의 연구는 다문화 가정 유아들의 유아교육기관의 적응을 제시하거나, 초등학교 적응을 중심으로 이루어지고 있다. 반면 유아의 초등학교 전이 관련 연구는 미흡한 실정이다.

우선 다문화 가정 유아들은 유아교육기관에서 잘 적응하지 못하는 등 부정적인 결과들을 제시하고 있다. 유아 교사를 통해 본 다문화 가정 유아의 특성을 연구한 박미경(2007)은 다문화 가정 유아는 구어 능력이 미숙하기 때문에 침묵이나 단답형의 대답을 주로 하며 문해 활동을 기피하거나 바르게 쓰고도 읽지 못하는 경향이 있다고 한다. 또한 또래 관계에서는 혼자서 놀거나 소극적으로 다른 친구들에게 따르는 경향과 오히려 다름을 자원으로 활용하여 적극적으로 친구를 사귀는 두 가지 대조적인 경향을 밝혔다. 더 나아가 다문화 가정 유아들은 문화적 정체성을 나름대로 자각하고 있지만 그 자각의 정도와 타인에게 표현하는 정도에서는 큰 차이를 보임을 밝히고 있다.

하지만 이러한 연구와는 달리 다문화 가정 유아가 유치원에 적응하는 과정을 밝힌 이향옥(2008)의 연구에서는 정주민의 특별하지 않은 보통 유아의 적응과 그 과정이 같음을 밝혀 다문화 가정 유아를 특별히 분리하는 것을 우려하고 있다.

이렇듯 연구 결과들이 상이한 것은 다문화 가정 유아의 특성을 일반화할 수 없다는 것을 의미한다. 이는 연구대상 변인의 다양성의 결과이다. 결혼이주민, 이주노동자, 탈북자 등 다문화 가정의 형성 배경에 따라 각기 적응하는 모습들이 다르다. 또한 외국 출신의 부나 모의 국적도 많은 영향을 받는다. 미국이나 유럽 등을 배경으로 한 가정인지, 아시아권을 배경으로 한 가정인지에 따라서도 많은 차이를 보인다. 더 나아가 다문화 가정의 경제적 수준도 다문화 가정 유아의 초등학교 적응을 설명하는 데 중요한 변수가 될 수 있다. 또한 연구 방법의 차이를 들 수 있다. 다양한 연구대상 변인으로 인하여 대부분의 연구는 미시적 접근 즉 질적 접근을 통한 연구가 주를 이루고 있어서 일반화된 결론 도출을 어렵게 한다.

그럼에도 불구하고 이러한 제한점을 전제로 다문화 가정 유아(아동)의 초등학교 전이와 관련된 몇 가지 이슈를 사례와 함께 제시하고자 한다.

다문화 가정 유아(아동)가 초등학교에 입학하는 과정은 정대현(2006)의 연구에서 제시된 바와 같이 정주민 유아의 경우와 동일하게 나타난다. 정대현(2006)은 정주민 유아의 초등학교 전이 과정을 도취 - 도전, 충격, 적응, 안정화의 단계로 진행된다고 보았다. 이는 홉스테드의 문화적응 곡선과 유사하다. 다문화 가정 유아(아동)는 이미 가정에서 유아교육기관으로의 전이를 경험하였다. 하지만 유아교육기관에 비해 초등학교는 제도적, 집단주의적, 의례적, 위계적, 경쟁적이며 학습 위주이다. 이러한 차이로 인해 유아교육기관에서 초등학교로 전이하는 아동은 학업적응, 교사적응, 생활적응, 또래적응을 경험하게 된다(정대현, 2006). 또한 박효정(2002)에 의하면 정주민 초등학교 1학년은 학교에서 교사, 친구, 시설사용, 학습, 규칙 사용에 대한 스트레스를 경험한다고 한다.

반면 정주민과 다른 환경에 속해 있는 다문화 가정의 유아들은 유아교육기관에 적응하는 것에 더 많은 어려움을 겪을 수밖에 없다. 특히 한국의 초등학교 1학년을 직간접으로 경험해 보지 못한 다문화 가정의 보호자들에게 자녀의 초등학교 1학년 적응을 돕는 역할은 어렵기만 하다.

초등학교 1학년 어머니의 학교 적응 도우미로서의 역할은 준비물 챙겨주기, 알림장 챙겨서 숙제 도와주기, 학습 도와주기, 교사에게 대변인으로서의 역할 등이 있다. 이러한 것들은 다문화 가정 유아의 어머니(결혼이민자)에게도 공통적으로 요구되는 역할이기도 하다. 그러나 다문화 가정 어머니들은 그러한 역할을 수행함에 있어서 부족한 면이 많다. 또한, 그러한 부족을 배우자가 대행해 주어야 함에도 불구하고 실제 그렇지 못한 경우가 많다. 따라서 다문화 가정 유아의 초등학교 전이는 부모의 완전하지 못한 지원과 함께 시작하게 되는 것이다. 다음은 다문화 가정 유아의 초등학교 전이과정이다.

1) 도취 - 도전

유아교육기관에서 적응을 경험한 다문화 가정 유아는 초등학교로의 입학에서 흥분과 도취의 단계를 경험한다. 그러나 이와 동시에 초등학교 입학에 따른 두려움을 함께 수반한다. 이는 정주민 유아들도 동일하게 경험하는 단계이다. 단, 다문화 가정의 부모들의 경우에는 도취의 경우보다는 걱정을 더 많이 하게 된다. 학업 중심인 초등학교에서 아이가 뒤처지지나 않을까 하는 걱정과 교사 및 또래와의 관계에도 많은 걱정을 한다. 그래도 한편에서는 아이의 성장을 기뻐한다. 다문화 가정 유아들은 유아교육기관의 경험에 따라 자신이 다문화 가정이며 다른 아이들과 환경 변인이 다름을 크게 인지하고 있지는 않다.

학교를 가니 기뻐요. 그냥 좋아요.

(7살 다문화 가정 유아)

걱정이 많아요. 공부를 잘해야 되는데... 일본에서는 학교 가기 전에 공부를 미리하지 않아요. 그런데 한국아이들은 공부를 많이 하잖아요.

(초등학교 입학 자녀를 둔 다문화 가정 어머니)

2) 충격

다문화 가정 유아는 초등학교 입학 후 전이하는 데 많은 충격을 경험한다. 이는 일반 유아가 초등학교에 입학하면서 겪는 충격의 양태와 다문화 가정이라는 생태학적인 변인 때문에 겪게 되는 충격이 결합된 것이다. 이러한 충격을 어떻게 극복하느냐가 성공적인 전이를 할 수 있는 계기가 된다. 다문화 가정 아동이 겪는 충격은 또래 관계에서 겪게 되는 충격, 교사와의 관계에서 겪게 되는 충격, 학업수행에서 겪게 되는 충격 등을 들 수 있다.

먼저 또래와의 관계에서 겪게 되는 충격이다. 실제 국내 정주민 초등학교 1학년 아동이 경험하는 학교 스트레스에 관한 박효정(2002)의 연구에서는 또래와의 관계에서 가장 많은 스트레스를 경험한다고 하였다. 이는 다문화 가정 아동들도 비슷하게 경험하고 있었다. 반면 다문화 가정 아동이 경험하는 또래 관계의 충격은 정주민이 겪는 충격과 사뭇 다른 양상을 띠고 있다. 특히 초등학교 1학년 시기가 되면 또래그룹(peer group)이 형성되는 시기로 성인의 흉내를 내는 우정의 개념이 형성되는 시기이다. 이 시기의 또래 관계는 유아교육기관 재원시의 형성되었던 또래 관계와는 다르다. 유아교육기관에서 유아들은 다문화 가정과 정주민 가정이 서로에 대해 인식하며, 소위 말하는 차별의 개념이 흔하지 않다.

> 다문화 가정 유아가 우리 반에 처음 들어왔을 때 걱정을 많이 했어요. 아이들이 차별을 하지 않을까? 아이들과 잘 어울릴 수 있을까? 하는 걱정이요. 근데 내가 생각했던 거하고는 완전 달라요. 애들은 서로 잘 어울려 놀고 그래요... 차별하는 것이 없어요. 애들은 달랐어요.
>
> (유아교육기관 교사)

하지만 초등학교 입학 후 다문화 가정에 대한 아이들의 인식은 달라진다. 이는 아이들이 '스스로 알게 된 다름'이라는 차원과 가정과 공동체에게서 '전달된 차이의 편견'이다. '스스로 알게 된 다름'은 아이들의 성장과 함께 발현된 또래집단 형성과정에서 '힘의 우열'과 함께 '동질집단으로의 쏠림'이 결합되어 묵시적인 편견으로 형성되기 시작한다. 더 나아가 '전달된 차이의 편견'은 사회적인 라벨링의 의미를 그들이 이해하기 시작하면서 시작된다. 즉 우리나라 또는 민족의 개념이 서서히 자리 잡게 됨으로써 아이들은 '다름'이 곧 '싫음'이라는 인식의 공식을 만들어가기 시작한다.

이러한 맥락 속에서 다문화 가정 아동은 초등학교 입학이라는 새로운 전이를 경험하게 된다. 물론 다문화 가정 아동의 경우에도 이러한 현상은 동일하게 나타난다. 자신의 모습과 출생에서 나타난 '스스로 알게 된 다름'과 사회에서 다문화 가정이라는 라벨링이 낳는 '전달된 차이의 편견'은 또래와의 관계 형성에서 스스로를 위축하게 만들거나 공격적인 패턴으로 만든다. 다문화 가정 아동은 초등학교에서 이러한 '다름'으로 인해 또래 관계의 충격을 경험한다. 다문화 가정이라는 특수성으로 인해 어릴 때부터 편견을 경험한다(한미숙, 2009). 이러한 것은 다문화 가정 아동의 정서적 발달에 영향을 미치게 된다. 실제 2006년 한국청소년 상담원의 보고에 따르면 이러한 편견은 자신의 존재가 불쌍하고 허약한 존재로 인식되고, 이러한 고정관념과 편견은 인간관계를 맺을 때 편파적 사고와 왜곡된 사고로 대하게 된다.

다문화 가정 자녀들은 학교에서 겪는 타인과 다름에 대한 이질감과 불안감을 자신에 대한 막연한 분노로 표출하게 되고 이 분노는 학교 적응에도 영향을 미친다. 이것들은 우울, 불안, 분노 등을 일으켜 긴장, 초조, 걱정과 관련되는 행동으로 나타나 또래 집단과 잘 어울리지 못하게 하고, 거부당할 가능성을 제공하며, 외로움을 느끼고 부적응 상태를 나타내도록 한다.

둘째, 다문화 가정 아동은 교사와의 관계에서 경험하는 충격이 있다. 다문화 가정 아동은 교사와의 관계에서 많은 어려움을 경험하고 있다. 유아교육기관 교사와 초등학교 교사는 언어유형 및 전달 방식 등에서 상당 부분 다르다(정대현, 2006). 또한 초등학교의 경우 유아교육기관에 비해 해야 하는 과업의 양이 많아진다. 특히 초등학교 1학년 입학 시기에는 그 과업을 수행하는 데 부모의 도움이 많이 필요하다. 그러나 다문화 가정 부모들은 교사와의 소통 곤란(예, 알림장 쓰는 것 등)으로 교사와의 교류에 어려움을 겪고 있다. 이러한 어려움은 다문화 가정 아동에게 그대로 전이됨을 엿볼 수 있다.

셋째, 다문화 가정 아동의 학업수행에 대한 충격이다. 다문화 가정 아동은 초등학교에 입학해 우선 학업 면에서 많은 충격을 경험하게 된다. 학업의 충격은 과제수행이나 언어적인 면에서 비롯되는 것으로 기초학력과 많은 관련이 있으며, 이는 가정에서 다문화 가정 어머니의 학업에 관한 지원의 부족에서 기인하는 경우가 많다. 물론 교사의 경우 다문화 가정 아동에게는 그다지 많은 요구를 하지 않는 편이지만, 교육과정상에서의 누적된 학습 부족은 향후 다문화 가정 아동으로 하여금 학업에 대한 부정적인 견해를 가지게 한다.

> 네, 숙제를 잘 못해 오죠. 어쩔 수 없죠. 엄마가 많이 도와주어야 되는데 그렇지 못하고, 아빠도 직장에서 늦게 와서 피곤하실 테고... 그래서 숙제 검사 때 많이 배려해주긴 하는데, 이러다가 나중에 수업을 못 따라갈 것 같아 걱정이 되어요...
>
> (초등학교 1학년 담임교사)

다문화 가정 자녀의 학습 상의 어려움은 의사소통 문제와 연관되어 나타난다. 학습을 하는 데 기본이 되는 언어를 이해하지 못해 학교 공부에 많은 어려움을 느끼게 되는데, 특히 외국인 노동자의 경우 부모가 모두 외국인이다 보니 언어 사용능력에 많은 어려움을 가지고 있다. 이주노동자 자녀들의 수업 적응의 실태를 어린이집 원장, 초등학교 교사, 중학교 교사, 몽골학교 교사와의 면담을 통해 알아 본 오성배(2009)의 연구에 의하면, 유아기 교육 단계에서는 한국에서 출생하고 한국어와 문화를 배우며 자랐기 때문에 수업에 적응하는 데 큰 문제를 보이지 않았다. 그러나 초등학교 단계에서는 대부분 유년기를 모국에서 지낸 후 부모를 따라 입국하여 초등학교에 입학한 경우가 많아 한국의 언어와 문화를 이해하고 수업에 적응하는 데 있어서 여러 가지 어려움을 겪고 있었다. 또한 중학교 단계에서는 학습능력의 격차가 누적됨으로 인하여 수업적응에 더 큰 어려움을 겪고 있었다.

이주노동자 자녀들은 학업성취 수준이 매우 낮은 것으로 확인되었는데, 특히 수학이나 영어 과목에 비하여 국어, 사회, 국사 등의 언어와 문화에 관련된 과목의 성취 수준이 낮았음을 밝히고 있다. 또한 오성배의 또 다른 연구(2007)에 의하면 다문화 가정 자녀의 교과 학습에서 나타나는 공통적인 특징은 국어, 수학, 사회, 과학 등 4대 과목에 대해서 어려움을 갖고 있다는 것이다. 특히 국어과목이 언어문제로 인해 매우 뒤떨어짐을 보인다고 하였다. 저학년은 문장 읽기, 받침이 있는 어려운 글자이해, 받아쓰기 능력이 아주 떨어지며 웃어른에 대한 경어체를 잘 하지 못했다(황상심, 2008). 실제로 다문화 가정 자녀의 62.7%가 학교생활이 어렵다고 응답하였고, 그 내용으로는 '학교 공부를 따라가기가 힘들다(85%)', '숙제하는 데 어려움이 많다(20.8%)'는 것 등이었다(전경숙, 2008).

외국인 부모의 한국 교육에 대한 지식이나 이해 부족으로 자녀에 대한 교육부재현상이 일어나고, 부모의 언어적 능력의 한계로 자녀들이 교육적 도움을 받을 수 없는 실정이다. 이처럼 입학 전 가정에서 언어를 배우지 못하는 학습부재로 기초학력이 낮다. 이는 학교 부적응의 원인이 된다. 또한, 외국인 가정 자녀들이 안고 있는 다양한 문제들로 정상적인 학교생활 또는 사회 적응에 어려움을 겪을 우려를 안고 있다.

결혼이민자 자녀의 경우에는 일상적인 언어사용 능력 등에는 전혀 지장이 없으나 독서량의 부족으로 미묘한 언어적 능력의 차이는 존재한다. 이러한 다문화 가족의 국어사용의 능력부족은 전반적인 학습에 결손을 가져오게 되고 학년에 진급할수록 학업 성취가 낮아 일반 가정 아동들과 더욱 격차가 벌어질 수 있다.

3) 적응과 안정화

다문화 가정 아동의 초등학교 입학과 그에 따른 적응은 충격과 적응의 단계를 거쳐 안정화의 단계에 이른다. 이는 초등학교에 입학하는 다문화 가정의 아동뿐만 아니라 그 가정 구성원 모두에게 초등학교로의 전이가 이루어지고 있음을 뜻한다. 김연수(2007)는 서울 지역에 거주하는 여성결혼이민자를 대상으로 결혼행복감에 관해 연구하였는데, 여기서 여성결혼이민자들의 결혼만족도는 일반 한국인 기혼 여성의 결혼만족도(최규련, 1995)와 비슷한 수준으로 나타났다. 이러한 결과는 여성결혼이민자가 결혼생활 가운데 다양한 어려움과 갈등을 많이 경험하고 있는 것으로 나타난 기존의 연구와 비교할 때 예상보다 낮은 수준이다. 결혼이민자를 중심으로 하는 다문화 가정 어머니의 생활에 대한 긍정적인 측면들은 그들의 가족 및 사회 체계 내에서의 지지를 통해 더욱 향상되어 간다.

결혼이주여성을 중심으로 한 다문화 가정 어머니에 대한 긍정적 측면들은 그들의 한국사회로의 적응 과정에 대한 연구들을 통해 발견할 수 있다. 결혼이주여성을 대상으로 한국에서의 재사회화 과정을 탐색한 김옥남(2009)의 연구에서는 결혼 초기에 결혼이주여성들은 불안과 고립, 혼돈과 갈등을 경험하기도 하지만 점차 사회문화적 차이를 극복하고자 노력한다고 하였다. 한국어로의 의사소통이 수월해지면서 남편을 이해하고 사랑하게 되며, 부부 간에 신뢰를 형성하기도 하였다. 또한, 남편과의 관계가 좋아짐에 따라 자연스럽게 자신에 대한 자긍심을 갖게 되고 이는 친척이나 이웃과의 긍정적 관계 형성, 한국사회에 대한 신뢰로 확대되었다. 더 나아가 이들은 한국사회에 익숙해짐에 따라 한국에서 어떠한 삶을 살 것인가에 대해 관심을 갖기 시작하였고, 이에 따라 자신의 능력을 개발하고 그 능력에 맞는 일을 찾아서 하거나 자원봉사를 하는 모습도 나타났다.

이와 같은 다문화 가정 어머니의 재사회화 과정은 결혼 기간이 길어짐에 따라 나타나게 되는 일련의 특성들이 아니라 남편과 사회로부터 얼마나 긍정적인 지지를 받는가, 그리고 그들의 교육 수준이 어떠한가에 따라 보다 적극적 또는 소극적인 반응으로 나타났다.

제 2 부

유초연계 다문화교육 정책지원 방안

제5장 전이 모델

다문화 가정 유아의 초등학교로의 성공적 전이를 위해서는 먼저 전이와 관련된 기본적인 이론적 배경이 필요하다. 이론적 배경은 이 프로그램을 제대로 볼 수 있는 렌즈의 역할을 하며, 이를 통해 이론이 어떻게 발전되어 왔고, 앞으로 어떻게 발전해 나아갈 것인지 이해할 수 있는 단초가 될 것이다.

이 프로그램은 고정되어 있는 것이 아니라 지역과 상황 그리고 시간 등 맥락에 따라 변하기에 그 이론적 배경이 더욱 중요하다. 이러한 이론들이 어떻게 변화되어 왔는지 과정을 살펴보면서, 이론적 위치를 가늠해 볼 수도 있다. 더 나아가 대부분의 이론들은 일반 정주민 유아나, 저소득층 유아, 또는 장애를 가진 유아의 초등학교 전이 프로그램에서 공통으로 적용이 가능하다.

우선 프로그램과 직접적 관련이 있는 전이 프로그램의 모델들을 살펴볼 것이다. 다문화 가정 유아의 초등학교 전이 프로그램은 발달적 전이 모델에 기초를 두고 있다. 발달적 전이 모델은 Bronfenbrenner와 Morris의 생물 생태학적 모델, Pianta와 Walsh(1996)의 모델을 기초로 Pianta에 의해서 사용된 교육기관 전이 프로그램 모형이다. 실제 Pianta는 미국에서 발달적 전이 모델을 활용하여 보육원에서 유치원으로, 유치원에서 초등학교로의 성공적 전이를 이끌어 냈다. 이 책에서는 한국적 상황에 맞게 발달적 전이 모델을 기초로 한 프로그램을 구안하였다.

전이 모델은 준비도의 개념에 따라 그 모형의 체계가 바뀌어 왔다. 따라서 준비도를 이해하는 것이 본 프로그램을 이해하는 데 많은 도움이 될 것이다. 특히 본 프로그램의 이론적 배경이 된 발달적 전이 모델은 사회적 상호주의적 입장의 준비도와 생태체계이론에 따른 환경적 영향을 중시하였으며, 가족 중심 지원 체계를 가지고 있다. 그리고 마지막으로 이러한 과정에서 코칭의 기법으로 중재하고 있다.

유아들의 초등학교로의 전이는 다양한 방법으로 고려될 수 있다. 다문화 가정 유아의 초등학교 전이 프로그램은 발달적 전이 프로그램으로 상황(환경)이 만들어낸 관계들 속에서 구조가 형성되며, 이러한 구조들이 프로그램의 내용 및 방법을 만들어 낸다. 전이는 준비도의 개념과 연관 지어 볼 수 있다. 발달적 전이 모델의 개념을 이해하기 위해서는 이와 유사한 전이 모델과의 비교를 통해 설명하는 것이 유용하다. 그 유사한 전이 모델은 첫째, 아이들의 기술을 학교 적응에 미치는 주요 요소로 보는 기술 위주의 모델, 둘째, 아동의 기술은 주요 환경과의 관계에 의해 영향을 받는다는 환경 입력 모델, 셋째, 개별적인 상황(환경)에 영향을 받는다는 환경 연계 모델, 넷째, 이전 모델들의 각 요소들을 통합하고, 시간이 지남에 따라 환경들 사이의 관계와 연결을 강조하는 발달적 전이 모델 등이다.

전이 모델은 지극히 실용적이고 실천적이며 유용하다. 각 모델은 부모, 교사, 학교 관리자 그리고 변화 계획과 관련된 다른 전문가들을 대상으로 실시한 인터뷰의 내용을 중심으로 설명된다. 이는 유치원과 초등학교 연계교육 실행 시 추구해야 할 일정한 모델 구축 등이 없었던 국내 현실을 감안할 때 꽤 유용한 분류라 여겨진다.

유아교육기관에서 초등학교로의 연계교육에 관한 기본 모델은 다음 〈표 5-1〉과 같다.

〈표 5-1〉 유치원 - 초등학교 연계교육의 기본 모델

* 기술 위주의 모델(skills only model)
연계교육을 유아들이 초등학교에서 보여주는 능력과 기술의 관점에서 바라보는 모델. 학교 적응을 준비도나 성숙도와 같은 특성으로 판단.
* 환경적 투입 모델(environmental input model)
사회적 배경(social context)이 학교 적응에 영향을 끼친다고 보지만 사회적 배경 간의 상호작용은 고려하지 않음.
* 연계적 환경 모델(linking environments model)
유아와 유아가 상호작용하는 다양한 시스템을 고려하는 모델. 유아와 가정, 또래, 학교 및 지역사회는 모두 학교 적응에 영향을 미친다고 간주하나, 이러한 관계들을 시간이 지나도 발전하지 않는 정적인 것으로 간주함.
* 발달적 역동 모델(developmental model)
앞의 세 가지 관점을 모두 종합한 것으로서 시간이 지남에 따라 이러한 관계들이 발전한다고 보는 모델. 연계교육을 하나의 통합적이고 동적인 과정으로 간주함.

1. 기술 위주의 모델(skills only model)

기술 위주의 모델은 유아들이 초등학교에서 보여주는 능력과 기술에 중점을 둔다. 따라서 이 모델은 전이를 준비도나 성숙도와 같은 특성으로 판단한다. 기술 중심 모델에서는 학업적 적응에 많은 부분이 할애되어 있다. 하지만 초등학교 적응은 유아교육기관의 삶이 그대로 전이 되는 것(정대현, 2006)으로 학업적 적응뿐만 아니라 생활 적응, 또래 적응, 교사 적응 등 다양한 유형의 적응이 요구된다. 이에 대해 초등학교 1학년 담임교사는 다음과 같이 진술한다.

"하지만 이러한 모델은 초등학교에서 문제 행동이 성숙이 되는 시기인 초등학교 1학년 후반기에는 극복이 되어 있어야 하겠죠. 그런데 그렇지 못하는 경우가 다수인 듯해요. 학년 초에 학교에 부적응한 아이들은 학년 말에 가서도 여전히 부적응하는 경우가 대부분이죠."

초등학교 1학년 담임교사의 이야기에서 살펴볼 수 있듯이 기술 위주의 모델은 초등학교에서 나타나는 여러 가지 문제들이 유아교육기관에서 나타나는 유아들의 삶과 관련이 없다는 한계를 갖는다. 오직 아이가 지금(now) 즉, 초등학교에서 무엇을 할 수 있는가에만 관심을 두기 때문이다. 이 모델은 아동의 기술과 능력이 학교적응에 있어 중요한 역할을 하지만, 전이에 있어 발생하는 다양한 개인적 차이는 밝혀내지 못한다는 한계를 갖는다. 현재 한국의 다문화 가정을 위한 교육 정책은 기술 위주의 모델로 이해될 수 있다. 다문화 가정 유아들이 초등학교 진학 시에 무엇을 할 수 있는가에 대한 변수 중심(variable- centered) 접근에 많은 부분 치우쳐 있다는 것이다.

2. 환경적 투입 모델(environmental input model)

환경적 투입 모델은 다양한 사회적 환경에서의 경험이 아동의 학교 전이 기술에 기여하는 것으로 본다. 유아(아동)의 학교 전이 기술에 영향을 미치는 것은 가족, 또래, 학교 그리고 지역사회 환경과 같은 경험이다. 그러나 이 모델에서는 시간의 경과에 따른 경험 부분과 서로 다른 환경(상황)과 상황들 간의 관련성 등이 빠져있다. 따라서 교사들은 전이를 유아를 둘러싼 환경 속에서만 발생하는 것으로 이해하며, 가정이나 유아교육기관의 경험 등과 같은 다른 상황들과 연결

짓지 못하고, 시간의 경과에 따라 상호작용하는 것으로 간주하지도 않는다.

3. 연계적 환경 모델(linking environments model)

연계적 환경 모델은 유아를 둘러싸고 있는 상황(시스템)과 그 상황(시스템)들 간의 관계가 전이에 영향을 미친다고 보는 것이다. 상황(시스템)은 가족, 또래 교사 등 인적 상황일 수도 있고, 학교, 지역사회 등 제도적 상황일 수도 있다. 이 모델에서는 가족, 또래, 학교 그리고 지역사회들 간의 관계가 유아기에서 초등학교로 전이에 많은 영향을 미친다.

가족 관계 등, 상황이 유아(아동)의 초등학교 전이에 영향을 미친다는 것이 환경적 투입 모델이었다면, 연계적 환경 모델에서는 가족과 학교 간의 관계도 상당 부분 유아의 초등학교 전이와 관련이 있다는 것을 의미한다. 유아를 둘러싼 다양한 관계들의 상호작용을 고려하지만 이러한 관계는 시간의 경과에 따라 발달하는 것이기보다 정적인 것으로 간주한다.

> "학교에서 내가 다루기 어려운 아이들은 집에서도 다루기 어려운 아이들이었던 같아요. 부모들도 통제를 전혀 못한 애들이죠."
>
> (초등학교 교사)

교사들은 유아의 초등학교 전이에 있어서 부모의 참여를 중요하게 여긴다. 더 나아가 학교와 부모의 관계는 아이의 학교생활에 많은 영향을 미치게 된다.

"부모들이 학교를 좋아한다면 아이들도 학교를 좋아하죠. 학교에 대한 부모의 인식은 아이의 학교생활에 아주 중요합니다."

(초등학교 교사)

4. 발달적 모델(developmental model)

발달적 모델은 이러한 세 가지 관점의 모든 구성 요소에 시간의 개념을 결합해 변화의 과정을 추가한 것이다. 이 전이 모델은 유아, 가족, 학교, 또래 그리고 지역사회 등의 모든 요소들이 변화 과정 전반에 걸쳐 서로와 관련이 있고 서로 의존적이라고 본다.

발달적 모델은 Bronfenbrenner과 Morris의 생물 생태학적 모델과 Pianta와 Walsh(1996)의 모델을 기초로 한다. 이는 유아교육기관 이전 및 유아교육기관의 경험에서 공식적인 학교 교육(초등교육)까지 유아, 학교, 가족 그리고 지역 공동체 사이의 관계의 변화를 고려한다. 유아가 무엇을 할 수 있느냐(기술; Skill)의 성과적 측면(기술 중심 모델), 또는 그러한 기술에 영향을 미친 것이 무엇이었는가(환경 투입 모델), 영향을 미치는 것들 간의 관계가 어떻게 형성되었는가(환경 연계 모델)보다는 유아가 시간의 경과에 따라 어떻게 발달하는가와 그 변화의 과정은 어떻게 진행되는가가 중요하다.

이 모델은 상황(환경)이 만들어낸 관계들 속에서 구조가 형성되며, 이러한 구조들을 통하여 프로그램을 구안한다. 발달 모델은 학교가 가족의 전이를 돕고, 사회복지사 등의 지역사회가 유아교육기관에서 초등학교 사이의 관계를 촉진하며 이를 통해 원만한 전이가 이루어지도록 돕는다. 실제 이 모델은 Pianta와 Kraft-Sayre(2003)이 유치원에서 초등학교로 전이 프로그램으로 활용된 바 있다.

제6장 전이 모델과 준비도

일반적으로 학교 준비도(School readiness)란 학교생활 전반에 걸쳐 적응과 수행에 필요한 인지적, 정서 · 사회적, 신체적 영역의 선수 요인을 갖추고 있는 정도(김윤수, 2003)로 정의할 수 있는데, 성공적인 초등학교로의 전이는 바로 이 학교 준비도와 밀접하게 연관되어 있으며 유아가 정서적, 정신적, 신체적, 지적으로 초등학교에 정착할 수 있을 때 비로소 성공적인 전이가 일어났다고 할 수 있다. 전이 기간 동안의 경험은 유아의 미래 발달과 학습에 장기간 영향을 미치고, 초등학교뿐 아니라 그 이후의 연속적인 교육의 단계에 영향을 미치므로(Ramey & Ramey, 1998) 학교로의 성공적인 전이의 중요성은 아무리 강조해도 지나침이 없다.

다문화 가정 유아의 초등학교 전이 프로그램을 위해서는 앞서 언급한 다양한 프로그램 모델의 유형을 통해 본 프로그램의 모델의 현주소를 살펴볼 수 있다.

이러한 모델과 함께 초등학교로 전이하는 유아의 변수 중심(variable-centered) 접근과 관련하여 준비도 개념을 생각해 볼 수 있다. 준비도의 개념은 5장에서 언급한 기술 위주 모델의 정의에서 '연계교육을 유아들이 초등학교에서 보여주는 능력과 기술의 관점에서 바라보는 모델로 학교 적응을 준비도나 성숙도와 같은 특성으로 판단한다.'라고 명시되어 있어 기술 위주에 대한 지엽적인 설명에 국한된다고 혼동할 수 있다. 하지만 전이 프로그램이 지속적으로 발전해 왔듯이 준비도의 개념도 끊임없이 발전해 오고 있다. 여기에서 소개하는 준비도의 개념은 오히려 발달적이며 역동적인 것으로 본 프로그램을 이해하는 데 기초 자료가 될 것이다.

이러한 준비도 개념은 아이들의 발달과 학습에 관한 이론이 동원되어 다양한 입장에서의 정의를 가진다.

1. 성숙주의

성숙주의 관점에서 준비도를 주장한 사람은 Gesell, Weber 등으로, 이들은 발달을 시간이 경과함에 따라 자동적으로 이루어지는 생물학적 과정으로 본다. 성숙주의에서 바라본 발달은 부모의 양육, 가정의 경제적 환경, 교육에의 투입, 그리고 사회적 요인과 같은 외부요인에 의한 원인이 아닌 아이의 내적 역동성을 통해 본다.

성숙주의에서 아이의 발달은 내적 요인이다. 내적 요인에 의해서 행동과 학습이 이루어진다. 이러한 견해에 따르면 아이들이 나이가 들어 신체적으로 성장해감에 따라 자연스럽게 초등학교에서 생활할 수 있도록 준비되는 능력을 준비도로 여긴다. 이들이 생각하는 초등학교에서 생활할 수 있는 능력 즉 준비도는 일정 시간동안 유아가 학습에 집중할 수 있느냐, 그리고 교사의 지시에 잘 따르는가, 또래들과 좋은 관계를 맺을 수 있는가, 초등학교 규칙을 잘 이해하는가를 근거로 삼는다. 그리고 그것을 성숙이라고 여기며, 이 성숙을 준비도와 동일한 개념으로 이해한다.

이 같은 입장에서 준비도가 결핍되었다는 것은 아이의 발달이 아직 덜 되었다는 것을 의미하는 것으로, 초등학교에서 경험한 과제가 아이의 발달 수준보다 더 높은 수준의 과제가 주어진 것을 의미한다. 그러므로 성숙주의에서는 아이들에게 일찍 너무 많은 것을 가르치려 하는 것은 위험한 것이 된다. 그러므로 준비가 안 된 아이들은 학교 환경에 너무 일찍 접하게 하는 대신 성숙할 때까지 학교 입학을 보류해야 한다고 주장한다. 즉 교사와 부모들은 준비도와 관련하여 기다려야 된다. 아이들은 시간이 되면 다 하게 되어 있다는 신념이다.

요약하면, 성숙주의에서 준비도는 아이들이 준비되었을 때 비로소 학습할 수 있음을 의미한다. 이것은 아동의 개인차를 수용하고 아이의 생물학적 발달 단계를 중시한 점에 있어서 한때 호응을 받았다.

다문화 가정 유아의 초등학교 전이 프로그램 입장은 아이의 환경적 측면, 즉 가정, 사회적 지원 등의 준비가 되어야 한다는 것이 기본 전제이므로 이러한 성숙주의 관점은 고려되지 못한다. 하지만 아이의 발달 자체에 대한 성숙은 충분히 고려되어야 할 것이다.

2. 환경주의

환경주의 관점에서의 준비도는 Watson과 Skinner, Bandura 등의 발달에 대한 행동주의 관점에 기초하고 있다. 성숙주의에서는 준비도를 발달에 있어서 내부의 입장에 관심을 가진다면 이들은 발달에 있어 외부에서 제시되는 자극이나 강화, 모방 등의 경험에 의한 행동상의 변화를 강조하여 인간을 외부의 자극에 반응하는 수동적인 존재로 본다. 결국 아동의 환경이 학습과 행동을 형성하는 것이라고 본다(허혜경, 2007). 이러한 행동 형성의 원리 때문에 환경주의 관점에서 준비도는 정신적(내적)인 측면보다는 학습과 같은 아동이 할 수 있는 것, 즉 외부적 측면에 관심을 갖는다. 결국 준비도는 학교생활 경험을 예측할 수 있게 하는 구체적인 능력이나 경험을 강조하는 것으로 초등학교에서 필요로 하는 색이나 모양을 분류하고, 자기 이름을 쓸 수 있고, 자기 집을 이야기할 수 있어야 하고, 교사의 지시와 가르침 등에 적절히 반응하는 등 초등학교 1학년 입학기에 할 수 있는 사회적 통념에 따라 행동을 할 수 있다는 것을 의미한다.

반면 아동의 경험과 학교생활에 필요한 경험이 일치하지 않을 때(물론 이때는 학교에서 필요로 하는 학습 관련 경험이 주가 될 것이다) 준비도의 문제가 발생할 수 있다. 이럴 때는 아직 학교를 갈 준비가 되지 않은 것이라고 본다.

다문화 가정의 유아의 경우 초등학교로의 전이의 어려움을 이야기할 때 흔히 이런 학습경험의 부족을 이야기한다. 이는 아버지나 어머니로부터 교육적 환경에의 노출이 적기 때문으로, 한국 부모의 교육열을 볼 때 선수학습이 많이 이루어져 다른 아이들과 격차가 벌어져 있다. 반면 환경주의 관점에서 준비도를 인식한 초등교사의 경우 학습기술의 차이에서 오는 낙인을 우려한다(정대현, 2011).

환경주의 관점에서 준비도는 앞선 목표를 성취하지 않으면 중간과제를 숙달할 수 없다는 것이 전제가 되어 선수 학습을 중요시 여긴다. 이러한 것을 Gagne는 누적학습모형(The Cumulative-skills Model)으로 설명하고 있으며 준비도를 필수적으로 달성해야 하는 선수학습으로 보았다. 이를 위해 교수 내용을 분석하여 학습위계를 설정하는 등 풍부한 환경과 정교한 교수학습 방법으로 보완해야 한다. 여기에는 학교, 특히 교사가 중심이 되어 학습 능력을 증대시켜야 한다. 결국 환경주의적 입장에서 준비도는 교사나 또래들과 학교 환경에서 문제를 해결하는 능력이므로 교사의 교수방법, 진단기술, 민감성에 의해 좌우된다.

3. 사회적 구성주의

사회적 구성주의 관점에서 준비도는 Piaget, Montessori, Vygotsky 등의 이론에 토대를 두고 있다. 이들은 아동을 바라볼 때 성숙주의에서와 같이 내적인 발달 시간표를 가지고 있다는 것과 환경주의에서와 같이 외부의 환경적 요인들로 아동의 발달을 이룰 수 있다는 주장에서 한 걸음 더 나아간다.

사회적 구성주의 관점에서 아동은 학습 과정의 적극적인 참여자로서 그들을 둘러싸고 있는 환경과의 역동적인 상호작용을 통해 학습과 발달을 이룬다고 본다. 다시 말하면 준비도에 대한 사회 구성주의 관점은 아동이 무엇을 할 수 있는가 없는가 하는 절대적인 정의를 피하고, 다만 사회문화적 관점에서 아동이 속한 공동체가 요구하는 발달의 지표가 무엇인지에 관심을 갖는다.

사회적 구성주의 관점에서 준비도는 아이가 양육되고 교육받는 배경이다. 즉 아동을 둘러싸고 있는 사회문화적인 요인이 '준비도'다. 환경이나 사람들과의 적극적인 상호작용은 아동의 학습과 발달에 필요한 것이기 때문에 아동들이 그들을 둘러싼 환경이나 사람들과의 상호작용을 주도할 수 있게 되었을 때 준비도가 형성되었다고 생각한다 (허혜경, 2007).

결국, 사회적 구성주의의 실제적 사례를 보면 준비도란 유치원의 경험에 참여할 때 공동체, 가족, 학교에서 구조화한 생각들이나 의미들이다. 이러한 생각들은 공동체 가치와 기대치에서 나오는 것으로써,

유아의 연령대, 성별, 유치원 경험과 같은 속성들과 관련된 아이 개개인과 관련된다. 공동체에 따라서 아이가 잘하고 못하고의 기준이 된다. 특히 교사, 부모, 아이의 준비도와 관련된 다른 사람들의 기대치가 그 기준이 된다. 사회적 구성주의 관점에 따르면 한 공동체 또는 같은 공동체 내의 한 학교에 들어갈 준비가 된 유아는 다른 학교나 다른 공동체에서는 준비된 상태가 아닐 수도 있다(Pianta & Cox, 1999). 이와 관련하여서는 정대현(2017)의 『학습본능 숲에서 놀다』에서 '상호주관주의'라고 명시하고 있다. 이 입장에서 준비도란 보는 사람의 관점에 따라 다르게 정의되기 때문이다.

다시 말하자면, 준비도에 대한 사회적 구성주의 관점은 절대적 정의는 회피하고, 준비도의 정의를 위해 아이의 배경을 바라본다. 여기에서는 아동발달에 있어 보편적인 목표란 없으며 이상적인 사고나 행동은 각 문화권마다 다르다고 봄으로써 문화적 상대성을 인정한다.

4. 상호작용주의

이 관점에서 준비도는 양방향적인 개념이다. 즉 초등학교에 입학하게 되는 유아 개인에 대한 정보뿐만 아니라 양육되고 교육받는 환경에 대한 정보를 모두 포함하여 준비도의 개념에 반영한다. 여기에서는 유아의 학습과 개개인의 요구에 맞춰줄 학교의 능력에 중점을 두며(Pianta & Cox, 1999), 유아와 유아를 가르치는 환경 모두를 중시한다는 점에서 사회문화적 요구만을 준비도의 기준으로 하는 사회적 구성주의와는 다른 입장을 가진다.

이러한 입장에서의 준비도는 사람들이 유아에 대하여 기다리거나 압력을 가할 수 있는 것이 아니며, 유아의 내부 현상이나 유아의 외부에서 특별히 일어나는 것도 아니다. 유아는 각자가 가지고 있는 경험도 다르며, 유사한 환경적 요인을 투입한다고 하더라도 각자가 다르게 반응하기 때문에 결국 상호작용주의 입장에서의 준비도는 상대적인 개념이다.

이러한 관점에서 보면 유아의 활동은 부모나 교사 등을 포함한 환경의 기대에 영향을 미치고, 반대로 환경은 유아의 성취에 영향을 미친다(Pianta & Cox, 1999). 유아의 능력은 전적으로 타고나거나 전적으로 외부적인 요인에 따라 발달하는 것이 아니며, 선천적인 것과 환경에 의한 경험 모두가 결합되어 나타나는 것이다.

이에 따라 상호작용주의에서는 교육적 개입을 오직 유아 개개인의 특성, 능력, 경험 등에 맞추거나 모든 유아에게 일괄적으로 적용하는 것으로 간주하지 않는다. 오히려 상호작용주의 입장에서 교사들은 아동의 학교에서의 수행을 기록하고, 외부적 기준들과 관련하여 아동의 수행을 평가하며, 이러한 정보를 바탕으로 아동에 대한 학습 계획을 수립함으로써 아동들이 실현할 수 있는 연속성의 범위를 인정하는 기준을 적용시킨다. 아이들의 현실 속에 연속적인 범위를 인정하는 명확하고 뚜렷한 기준들을 가정으로 한다. 교사들은 학교에서 아이들의 성과를 기록하고, 외부 기준에 대한 관계에서 성과를 평가하며, 이 정보를 바탕으로 아이들의 성과를 기록하고, 외부 기준에 대한 관계에서 성과를 평가하며, 이 정보를 바탕으로 아이들과 작업하기 위한 계획을 만들며, 시간이 지나면서 누적된 경험을 기반으로 기록과 평가 과정을 반복함으로써 위의 기준들을 적용시킨다. 이런 방법으로 준비도 질문의 핵심축들—아이들, 그리고 교육환경—이 서로 바뀌고 변화한다(Pianta & Kraft-Sayre, 2003).

미국 North Carolina주는 학교 준비도를 '유아들이 학교에 들어갈 수 있는 상태'와 '모든 유아들을 교육할 수 있는 학교의 역량'이라는 두 가지 면에 초점을 맞추었다. '모든 유아들을 교육할 수 있는 학교의 역량'은 유아의 성장과 발달에 대한 지식, 개별 유아의 장점·흥미·욕구에 대한 지식, 개별 유아가 속한 사회·문화적 상황에 대한 지식, 지식을 발달적으로 적절하게 적용할 수 있는 것을 포함한다. 이에 따라 지성애 외(2006)는 가족, 또래, 교사 및 학교와 지역사회 간의 역동적인 상호작용을 유아의 삶에 영향을 미치는 요소로 보았다. 또한 Pianta & Cox(1999)는 초등학교 준비도에는 유아의 초기 학교생활의 적응을 위한 신체적·인지적·정서적·사회적 측면이 균형 있게 포함될 뿐만 아니라 유아를 둘러싼 문화적 환경까지도 고려되어야 하는 것을 시사하는 것이라고 하였다.

또한 미국의 National Educational Goals Panel(1997)은 유아교육기관에서 초등학교로의 전이와 관련하여 "성취 수준을 강화하기 위해서는 아이들로 하여금 학교 학습 준비도를 갖추도록 할 뿐만 아니라 학교로 하여금 개개의 아이들을 위하여 도와줄 준비를 하게 해야 한다."고 하였다. 이러한 목표를 위해서 학교가 준비를 갖추어야 할 것들의 윤곽을 정하였는데, 1)아이들이 가정이나 유아교육기관에서 학교로 전이하는 것을 돕는 것, 2)공동체적 상황에 관심을 갖는 것, 3)모든 아이들의 성공적인 전이를 보장하는 것, 4)학교에서 유지하고 있는 관행과 프로그램이 아이들에게 유익하지 않으면 학교가 곧바로 그것을 변경하는 것 등이다.

이상에서 볼 때 준비도가 학습 준비도뿐만 아니라 학교 준비도의 개념으로 바뀌어야 하며, '공동체적 상황', '모든 아이들의 성공적인 전이'에서 생태 체계적 입장에서 준비도 개념이 고려되고 있다는 것과 '관행과 프로그램이 아이들에게 유익하지 않으면 학교가 곧바로 그것을 변경하는 것'에서 발달적 프로그램이 고려되고 있다는 것을 엿볼 수 있다.

제7장 생태체계이론에서 살펴본 전이

다문화 가정 유아의 초등학교 전이 프로그램은 발달적 전이 모형에 이론적 기반을 두고 있다. 유아들의 초등학교로의 전이에 있어서 기술 위주의 모델(skills only model)에서는 사회적 배경(social context)의 역할이 중요한 요인으로 고려되었다. 이어서 사회적 맥락이 고려된 환경적 투입 모델(environmental input model)이 유아의 초등학교 전이 모델이 되었다. 하지만 환경적 투입모델은 사회적 배경 간의 상호작용을 고려하지 않아 유아의 사회적 맥락들 간의 상호작용이 고려된 연계적 환경 모델(linking environments model)이 등장한다. 이 모델은 유아와 가정, 또래, 학교 및 지역사회 모두가 초등학교 전이에 영향을 미친다고 본다. 하지만 이러한 영향은 정적인 것으로 시간의 개념이 포함되어 있지 않으며, 모든 시스템은 시간의 흐름 속에서 맥락이 변할 수 있다는 것을 고려하지 않았다. 따라서 앞의 세 가지 관점을 모두 종합한 발달적 역동 모델(developmental model)이 등장하였는데, 이것은 시간이 지남에 따라 이러한 관계들이 발전한다고 보는 모델이다. 이 모델은 체계들 간의 관계를 통해서 할 수 있는 것들이 계획되어야 한다. 즉, 가족 - 학교 관계, 다문화 가정 유아와 학교와의 관계, 또래 관계, 공동체와의 관계들이 다문화 가정 유아의 초등학교 전이를 돕는 프로그램의 내용이 된다.

또한 이 모델은 유아의 초등학교 전이 프로그램을 하나의 통합적이고 동적인 과정으로 간주한 모형이다. 결국 발달적 모형에 입각한 다문화 가정 유아의 초등학교 전이 프로그램은 이러한 맥락적 입장이 고려되어야 한다. 맥락적 입장은 아동의 발달이 가족, 지역사회, 문화 등 인간이 생활하고 있는 생태 환경과 밀접한 관련이 있다고 본 생태 체계적 입장에서 고려된 것이 가장 바람직하다. 생태 체계적 환경은 미시체계, 중간체계, 외체계, 거시체계 등 네 개의 동심원적 구조로 정의된다(Bronrenbrenner, 1979).

다문화 가정 유아의 초등학교 전이 과정에서도 이러한 생태 체계적 맥락에 따라 그 역할을 고려해 볼 필요가 있다.

1. 미시체계(microsystem)

미시체계는 가정, 놀이터, 유치원, 학교, 또래 집단 등과 같이 유아가 대면하는 가장 직접적인 환경으로 근접한 생활 공간에서 밀접한 상호작용을 한다. 그리고 이러한 미시체계는 개인의 성장단계에 따라 달라지게 된다. 유아기와 초등학교 저학년 시기에는 유아, 가족, 집, 놀이터, 유아교육기관이나 초등학교, 또래, 교회, 이웃 사람들이다. 이 시기에 유아들은 지속적으로 의미 있는 개인적, 사회적 상호작용 및 상호교류를 가지게 된다.

다문화 가정 유아의 경우, 특히 결혼이주민의 경우에는 가정 내에 모국이 다른 부와 모를 두고 있는 경우가 있다. 이뿐만 아니라 교회나 이웃에서도 그들이 경험하는 미시체계는 분명 정주민 유아와는 이질적인 집단을 경험하게 된다. 미시체계는 유아에게 직접적인 영향을 미치므로 프로그램에서 반드시 고려되어야 한다. 이를 고려한 선행연구를 바탕으로 유아교육기관과 초등학교의 전이를 위한 미시체계의 역할을 가정의 역할, 유아교육기관에서의 역할로 분류하였다.

1) 가정의 역할

많은 연구(오성숙, 2009)들이 가정은 다문화 가정 유아에게 많은 영향을 미친다고 보고하고 있다. 유아교육기관에서 초등학교로의 전이와 관련한 '학교학습 준비도 개념의 변화와 효과적인 유아－초등교육 전이'를 연구한 허혜경(2007)은 '가정'이 아이들의 발달 궤도에 가장 중요하게 작용한다는 점을 밝히고 있다. 연구에서는 부모의 교육 수준과 태도, 부모의 정신 건강, 부모와의 상호작용의 질이 보육시설과 유아교육시설에서의 경험보다 더욱 아이들의 학교학습 준비도 능력에 차이를 가져온다고 하였다. 예를 들면 생후 4세까지 민감하고 적절한 부모 역할은 문해에 대한 주의력, 과제 집중력, 지구력, 또래와의 사회적 능력, 자기통제, 감정조절, 언어와 의사소통 능력 등의 능력을 예측케 하고, 이러한 발견은 많은 점에서 성인과의 상호작용이 발달적 성장의 동력이라는 사실을 보여준다.

이러한 결과로 유아의 초등학교 전이를 위한 학부모의 역할은 그 중요성을 더 하고 있다. 학부모의 역할에 대해 이경민(2008)은 학부모의 협력 없이 학교 단독으로 소기의 교육성과를 거둘 수 없으며, 부모는 올바른 교육관을 정립하고 이를 기초로 학교 교육에 적극적으로 참여하고 협력하는 동반자의 역할을 해야 한다고 주장했다. 또한 교육은 학교와 가정이 연계하여 이루어질 때 가장 효과적이므로 학부모는 학교 교육을 신뢰하고 함께 학교 교육에 맞추어 적절한 지원과 협력을 하는 학교 교육 지원관을 가지고 있어야 한다고 하였다. 이러한 연구결과들을 볼 때 교육기관은 다음과 같이 학부모의 역할을 지원해야 한다.

첫째, 학부모들이 유아기의 발달에 대한 정확한 이해와 지식을 가질 수 있도록 지원하는 것이다. 부모들이 조기교육을 초등학교로 전이에 있어서 필요조건으로 인식하고 자녀에게 선행학습을 강행하는 것은 교육에 대한 관심과 인식 외에 유아기 발달과 학습에 대한 정확한 이해가 부족하기 때문이다. 조기에 자극을 많이 준다고 해서 유아의 지능이 올라가거나 학습능력이 향상되는 것은 아니며, 오히려 이로 인해 인지적·정서적 역효과가 발생할 수 있다(이기숙, 장영희, 정미라, 홍용희, 2002)는 것을 학부모들은 간과하고 있다. 따라서 부모들이 유아기의 발달에 대한 정확한 이해와 지식을 가질 수 있도록, 나아가서는 바람직한 교육관을 정립할 수 있도록 다양한 매체와 방법으로 교육 프로그램이 지원되어야 할 것이다.

둘째, 학부모들이 유치원 교육과정과 초등학교 교육과정에 대한 올바른 이해를 하도록 지원하는 것이다. 자녀의 초등학교 전이를 앞둔 학부모들은 양쪽 교육과정을 함께 이해하고 있어야 한다. 교육과정의 이해 부족은 부모들이 유아에게 교육과정에 맞지 않는 조기교육, 선행학습을 시키는 요인이 되며, 이는 유아들에게 매우 과중한 부담으로 작용할 수 있다. 입학 전 학부모들이 오리엔테이션 등을 통해 교육의 출발선에서 양쪽 교육과정에 대한 이해를 높이고 정상적인 교육과정 운영의 협력자로서의 역할을 제대로 하도록 도와주어야 한다. 또한 부모교육도 강연이나 가정통신문 위주에서 집단토론 모임 등의 형태를 좀 더 도입하여 부모들의 적극적인 참여를 유도하여야 한다. 특히 다문화 가정 부모의 초등학교 전이와 관련된 이해를 증진시키기 위해서는 다양한 프로그램들이 전달식이 아닌, 초등학교로의 전이 과정에서 다문화 가정 부모가 겪게 되는 어려움과 궁금증을 시작으로 하여 교사·학교와의 유기적인 관계를 통해 진행해 나가야 한다. 이러한 관계 형성을 위해 다문화 가정 부모는 다문화 가정 유아의 초등학교 전이 프로그램의 대상이 아니라 동반자 즉 주체로서 참여해야 한다.

2) 교육기관의 역할

다문화 가정 유아의 초등학교 전이 프로그램은 가정의 역할 못지않게 교육기관의 역할이 중요하다. 교육기관의 역할은 교사의 역할, 프로그램의 역할 그리고 물리적 환경의 구성을 들 수 있다.

우선 교육기관에서 교사의 역할이다. 오재연 외(2010)는 다문화 가정 유아 97명의 생태학적 변인을 중심으로 유아교육기관에 적응을 연구한 바 있다. 그 결과 다문화 가정 유아는 생태학적 변인 중 유아교육기관 환경 변인인 다문화 가정 유아를 담당하는 교사의 효능감에 따라 유아가 유아교육기관의 일과 적응, 자아 적응, 또래 적응, 친사회 적응을 잘하는 것으로 나타나 교사의 교수 효능감을 중요시했다. 유아교육기관과 초등학교 전이를 연구한 Pianta와 Kraft-Sayre(2003)의 연구 결과에서도, 아동의 상급학교 진학을 순조롭게 돕기 위해서는 아동보다는 학교 자체가 준비가 되어 있어야 할 것이며, 이때 교사의 준비도가 중요한 의미를 가지게 됨을 밝히고 있다. 이와 관련하여 초등교사의 유치원 교육과정에 대한 이해는, 보다 효과적인 유·초등학교 연계를 위해 매우 중요한 문제이지만 교사의 효능감(efficacy)의 향상을 위해서도 대단히 중요한 부분이다. 교사의 효능감은 아동의 학습에 긍정적인 영향을 미칠 수 있다고 믿는 교사 자신의 신념이다. 예를 들어 1학년 담임교사가 유치원을 졸업하고 초등학교에 갓 입학하는 어린이들의 발달 특성, 유치원에서 배우는 교육 경험, 놀이 학습, 생활지도 방식, 하루 일과 등에 대한 이해가 높다면 그만큼 교사의 효능감은 높아질 것이다. 반면에 초등학교 교사가 유아교육에 대한 이해가 부족하고 1학년 아동의 발달 특성과 학습 및 생활지도에 대한 지식과 기술이 부족한 경우에는 1학년 담임조차 맡는 것을 기피할 정도로 어려움을 크게 느낄 뿐 아니라 결과적으로 유치원에서의 교수·학습 성과가 초등학교로 전이되지 못하고 비연계적인 결과를 낳게 될 수 있다(김창복, 2007).

이렇듯 유아교육기관에서 초등학교로 전이에서 교사의 역할은 중요하다. 교사는 서로 이질적이고 단절된 체계에서 잘 적응시키는 안내자가 되어야 한다. 여기에는 적절한 훈련을 받은 교사가 아이들의 학습 성과를 높이는 데 더 효율적이므로 유아 교사들이 한편으로는 유치원 단계의 교육을 수행하면서 한편으로는 1학년으로의 전이를 준비시키기 위해 좀 더 자세한 지침과 훈련과 지지를 받아야 한다.

또한 교사가 초등학교 입학 전·후 시기 유아의 발달과 학습, 상대 교육과정에 대한 이론과 실제, 유치원 교육과정과 초등 교육과정 간의 연계 등에 폭넓은 지식과 이해를 가지고 있는 것은 성공적인 유·초 연계 교수활동을 실천하는 데 매우 중요하다(이경민, 2006). 유치원에서 초등학교로의 순조로운 전이를 위해서는 교사의 준비도가 중요하다(Pianta, Cox, Taylor,& Early, 1999)는 점에서 교사가 가지고 있는 유치원과 초등학교의 연계에 대한 충분한 이해와 지식은 교실현장에서 실제로 유·초 연계교육을 위한 교육과정을 운영하고 수업의 효율화를 모색하는 중요한 요소가 되며 실천적 지식을 형성하는 바탕이 된다(이경민, 2006). 그러나 교사들의 유아교육과 초등학교 교육에 관한 이해 부족은 교육과정 정상 운영의 장애가 된다. 보다 효율적이며 올바른 교육을 위해서는 상대 교육과정의 이해가 필수이다. 이는 교육과정의 중복이나 단절을 최소화하고 발달적으로 적합한 교육과정을 운영하는 중요한 요소이기 때문이다. 또한 이러한 상대 교육과정의 이해 부족은 초등학교로 보내려는 교사의 준비와 초등학교에서 유아를 맞이하려는 교사의 기대에 상당한 차이를 가져온다(이유경, 2003). 따라서 유아교육기관의 교사와 초등학교 교사는 상대 교육과정에 대한 이해를 통해 유아교육과 초등학교의 전이를 조력할 수 있도록 해야 한다.

다음으로 유아교육기관과 초등교육기관의 전이 프로그램의 실행을 통해 초등학교로의 전이를 조력할 수 있다. 이를 위해 초등학교로 전이 과정에서 경험하는 어려움과 그 어려움을 해결해 가는 과정을 통한 프로그램이 구축될 수 있을 것이다. 이에 정대현(2006)과 이경민(2006)은 유아교육기관에서의 전이 프로그램의 운영에 대해 다음과 같이 세 가지로 설명하였다.

첫째, '입학 전' 전이 프로그램의 가족 중심의 운영이다. 이경민(2006)은 학습자 중심의 프로그램을 주장했지만 다문화 가족의 특수성은 프로그램을 가족 중심으로 접근해야 함을 보여 준다. 다문화 가정의 부모들은 한국 교육에 대해 낯섦을 가지고 있다. 다문화 가족의 출신국가의 교육상황과 많은 면에서 차이가 있어서 그에 대한 문화적 충격을 고려해야 한다. 또한 기존 한국 유아교육기관이나 다문화 가족의 한국 가족, 이웃 등에서 시작되는 초등학교에 대한 불안한 출발은 원만한 전이를 방해한다. 일반 정주민 유아의 경우도 학업에 대한 충격, 생활 적응에 대한 충격, 교사에 대한 충격, 또래 적응에 대한 충격을 경험한다(정대현, 2006).

가족 중심의 프로그램은 유아뿐만 아니라 다문화 가족이 초등학교에 대한 궁금증을 주체적으로 풀어가면서 초등학교에 대해 보다 구체적이고 정확한 정보를 수집할 수 있고 그를 바탕으로 초등학교에 대한 긍정적 이미지와 초등학생으로서의 출발에 대한 자신감을 가지도록 도울 수 있다. 따라서 유아의 관점에서 바라보는 불안 정도와 관심사를 반영하여 학습자 중심의 활동을 전개하도록 지원해야 한다. 이를 위해 유아들이 초등학교에 대해 궁금해 하는 것들을 주제로 전개하도록 지원하기, 2월에 한정하여 진행하기보다는 연중 수시로 유아들의 흥미에 따라 진행하기, 초등학교에 대한 오리엔테이션 형식이나 선행학습의 성격 지양하기 등을 기본으로 하여 초등학교 입학기 아동들이 능동적으로 적응하여 즐거운 학교생활을 할 수 있도록 지원하기 위한 체계적이고 의도적이며 유아들의 상황에 적절한 전이 프로그램을 운영하여야 할 것이다(이경민, 2006).

둘째는 '입학 초기' 전이 프로그램의 가족 중심 운영이다. 초등학교 입학 초기 프로그램 역시 가족 중심으로 운영되어야 한다. 예를 들어, 현재 국내 초등학교 입학에는 입학 초기 알림장 쓰기 등을 통해 부모와 초등학교 간의 연계를 꾀하고 있다. 하지만 한국어에 익숙지 못한 다문화 가정의 경우 그 가정과 학교의 연결이 어렵다. 준비물을 챙기지 못하거나, 숙제를 해 오지 못하는 등 그 어려움은 아이의 학교생활에 다시 영향을 미치게 된다. 이러한 현상이 계속 반복되면 향후 다문화 가정 유아가 초등학교로 원활한 전이를 방해받게 되고, 더 나아가 향후 상급학교로 진학에까지 영향을 미치게 된다. 결국 입학 초기 프로그램에서도 가족을 중심으로 전이 프로그램이 운영되어야 한다.

셋째는 유치원과 초등학교 간 다양한 연계 프로그램 운영이다. 초등학교의 교육 환경과 지도 방법이 유치원과 달라서 유아들이 입학 전·후 이루어지는 짧은 기간의 전이 프로그램만으로는 연계 교육이 충분하지 않다(문영욱, 2003). 따라서 유치원과 초등학교에서 지속적이며 폭넓은 교류가 필요하며 그중에서도 아동 간의 교류 활동이 이루어질 필요가 있다. 유치원과 초등학교 아동 간 교류를 위해 버디 프로그램(Buddy Program)을 활용해 볼 필요가 있다.

버디 프로그램은 협동 학습에 대한 접근으로 상급학년과 저학년이 정규적으로 나누는 활동으로서 아동 상호 간에 관계를 형성하고 중요한 사회·정서적 기술을 연습하는 등의 목표로 구성되어 있다. 학년 간, 학급 간 교류 그 자체를 중요시하는 버디 프로그램은 유아 스스로 연계 경험을 통해 단절감으로 인한 부적응에 힘들어하지 않고 초등학교의 적응력과 자생력을 키워나가도록 도와준다. 우리나라 유아교육과 초등교육 전문가들은 유치원과 초등학교 교류 활동의 실행 가능한 효과적인 방법으로 놀이 중심 교육 접근을 꼽았으며 유아와 초등학생이 함께 사회적 상호작용을 하거나 짝을 이루어 할 수 있는 신체활동, 동화 듣기나 읽기, 교실 체험활동, 게임 견학이나 소풍 등을 실천 가능한 활동으로 제안하였다(박경희, 이진희, 2007).

마지막으로 유·초 연계를 위한 유아교육기관에서의 역할에서 논의할 점은 물리적 환경에 대한 것이다. 여러 가지 변화 중에서 가장 먼저 경험하는 것이 아동들이 대부분의 시간을 보내는 물리적 교실 환경이다(김창복, 2006). 유치원 교실은 자유선택활동을 위한 흥미 영역 중심으로 구성되어 있으나 초등학교 교실에서는 이러한 영역들을 찾아보기 힘들어 유아들이 낯설고 당황스러움을 경험하게 된다(정대현, 2006).

초등학교 저학년 아동 역시 유치원 아동과 마찬가지로 환경을 계획적으로 통제하고 변화시킬 능력이 미숙하여 환경의 영향을 가장 많이 받는 시기인 유아기에 속한다. 따라서 초등학교 저학년 아동을 위한 교실 공간은 자발적 참여와 구체적 조작 경험을 가능하게 하는 흥미 영역, 흥미 영역 활동 시에 주의 집중과 심리적 안정감을 제공하는 분리대 사용, 놀이 활동을 지원할 수 있는 다양한 놀이도구 및 휴식 공간으로 활용될 수 있는 자리 등을 중심으로 구성됨이 바람직하다(이대균, 2009).

2. 중간체계(mesosystem)

중간체계는 가정, 유치원, 이웃, 또래 집단 간의 관계들로써 미시체계들 간의 연결이나 상호 관계들을 의미한다. 미시체계들 간의 연계로 체계들 간의 대표성 있는 의견 나눔이 있을 수 있다. 다문화 가정 유아가 초등학교로 전이하는 초기 과정에서 유아, 가족, 전문가들은 각자의 입장에서 도전적인 요구들에 직면하게 된다. 이에 전이 기관 간의 원활한 의사소통과 협조 관계가 이루어지지 못하면, 전문가들은 전이 과정에 있는 아동과 가족을 지원하는 데 어려움을 경험하게 된다.

따라서 전이 과정에서 관계자들 상호 간에 의사소통이 매우 중요하다. 지금까지 유치원과 초등학교의 연계를 주장하는 많은 연구들을 통해 유아 교사들과 초등학교 교사들이 서로 의견을 나누는 것이 얼마나 필요한지는 잘 알려져 있지만, 실제로는 그러한 협조가 쉬운 일은 아니다(이경민, 2008). 또한 언어에 익숙하지 못한 다문화 가정의 경우 초등학교로의 전이를 위해 유아교육기관과 초등학교와의 소통의 부재에 많은 어려움을 보이고 있다.

이에 다문화 가정 유아에게 직접적으로 영향을 미치는 미시체계들 간의 상호작용과 의사소통을 조장할 수 있는 방안을 마련하여 서로가 협력적인 관계 속에서 각자의 역할을 수행하고 서로에 대한 기대를 수용하거나 조정하는 작업이 필요하다.

3. 외체계(exosystem)

Bronrenbrenner(1979)의 생태 체계적 모형에서 외체계는 지역사회, 매스미디어, 사회복지 서비스 및 법적 서비스를 포함한다. 이에 따라 다문화 가정 유아의 초등학교로 전이를 위한 외체계의 역할은 지역사회의 역할과 정책 수립 면에서 살펴볼 수 있다. 그 실례로 다음과 같이 Pianta와 Cox(2002)의 효율적인 전이를 위한 정책 방향을 살펴볼 수 있다.

첫째, 유치원과 초등학교 사이의 유대 관계 강화이다. 유치원과 초등학교 사이에 의사소통을 강화할 정책이 필요하다. 기대 수준과 교과과정의 일관성도 논의할 주제이다. 이러한 유대의 강화는 교실의 질과 경험, 아이들에 대한 기대 수준에 있어서 유치원과 초등학교 사이의 간격을 줄여준다.

둘째, 지역단위로 전이계획팀 형성이다. 초등학교관계자, 유치원 교사, 가족들, 지역 지도자로 구성된 전이계획팀을 의무적으로 구성한다. 이러한 협조 체제는 대중들로 하여금 유치원과 조기교육에 관한 정보를 갖게 하고 아이들의 학습 경험을 개선하고 유치원과 가정과 학교 사이에서 전이가 자연스럽게 이루어지도록 전이 관행을 개선하는 것을 목표로 한다.

셋째, 가족과 초등학교 사이의 유대 강화이다. 가족과 협조 체제를 구축하기 위해서는 교사 연수가 필요하다. 이 훈련은 성인교육의 원리에 입각하여 이루어져야 하며 아이들의 발달과 학습에 관한 정확한 연구결과에 기하여야 한다.

넷째, 초등 일학년 교실에서 높은 품질의 교육 실행이다. 초등 일학년 교육의 질을 높이기 위하여 교사–학생의 비율을 낮추고, 교사와 학생 간의 관계를 강화하고 아이들에게 가장 좋은 교육적 효과를 산출할 수 있도록 시간을 효율적으로 관리하며, 아이들에게 잘 교육되고 훈련된 교사들로부터 배울 수 있는 기회를 제공하는 데 정책의 초점을 맞추어야 한다.

또한 다문화 가정 유아의 초등학교 전이를 활성화시키기 위한 방안으로 지역사회 중심의 다문화 가정 유아의 초등학교 전이가 일어날 수 있도록 정책적 방안을 마련해야 한다. 초등학교에 입학하게 될 다문화 가정 유아들은 경제적 문제에 봉착할 수도 있고, 법리적 문제에 직면할 수도 있다. 이에 다문화 가정 유아의 초등학교 전이는 교육지원청이나 각 시군구 지방자치단체가 주도할 필요가 있다. 지역사회 내 다문화 가정 학부모들을 대상으로 한 초등학교 전이를 위한 부모교육 프로그램이 개발되고 시행된다면, 지자체의 다문화 가정 프로그램과 연계하여 운영될 수도 있을 것이다. 또한 지역사회 내 이미 초등학교 전이의 경험이 있는 다문화 가정과 멘토링 제도 등을 제안할 수도 있다. 여기에는 부모의 출신 국가가 동일하거나, 다문화 가정 형성 배경이 동일 한 사람들끼리 그룹핑화 하는 것, 등이 문제를 해결하는 데 용이하게 할 것이다. 지역 단위 프로그램은 한 (초등)학교 내에서 찾을 수 있는 동일한 다문화 배경을 찾는 데에도 훨씬 유익한 결과를 가져올 것이다.

또한 다문화 가정 유아의 원활한 초등학교 전이를 위해 교사를 양성하는 대학에서 다문화교육론뿐만 아니라 다문화 가정 부모교육 등 교과목을 운영하는 것이다. 유아교사 양성 과정에서는 부모교육 과목이 매우 중요한 과목으로 개설되어 있으나 초등교사 양성과정인 교육대학교에는 부모교육 교과목이 개설된 곳이 부족한 형편이다. 이것은 초등학생 자녀를 위한 바람직한 부모 역할에 대한 부모지원 프로그램이 초등학교에서 공식적으로 다루어지거나 활성화되지 못함을 보여준다. 다문화 가정 유아의 초등학교 전이 프로그램은 예비유아교사, 유아교사, 예비초등교사, 초등교사를 대상으로 하여 다문화 관련 교육과정 계발과 연수 프로그램의 계발이 이루어져야 한다. 더 나아가 행정 공무원에게까지 거시적 차원에서 다문화교육 관련 프로그램이 기획, 실행되어야 한다.

4. 거시체계(macrosystem)

거시체계는 아동으로부터 가장 먼 생태 환경으로서 아동이 속한 집단의 문화 수준에서 나타나는 각 문화권 특유의 가치관, 태도, 신념, 관습, 일상생활 습관, 이념 등을 의미한다. 한국사회에서 부모들의 교육열, 초등학교 선수학습에 관한 인식 등이 거시체계에 속할 수 있을 것이다.

유아교육기관에서 초등학교로의 전이는 발달의 계속성, 계열성, 연속성을 고려해야 한다. 또한 유아를 둘러싼 부모, 교사, 지역사회, 정책적 차원에서 초등학교 전이를 위한 각자의 영역에서의 역할 수행과 협력이 반드시 수행되어야 한다.

종합하면, 유아는 초등학교에 입학함에 따라 부모의 달라진 기대, 낯선 친구, 유아교육기관의 교사와는 다른 분위기의 교사, 지역사회에서의 달라진 지위 등 사회적 변화에 적응할 뿐 아니라, 학교 운동장, 구조화된 교실 환경, 집과 학교 간의 거리와 같은 물리적 인자로 구성되어 있는 미시체계의 변화에 적응해야한다(이경민, 2008). 더 나아가 입학으로 인해 미시체계들 간의 상호 관계에 변화가 생긴다. 부모와 교사 간의 관계가 변하고, 또래와의 관계도 변한다. 가정 미시체계와 학교 미시체계 간의 관계인 중간체계의 변화는 아이들의 적응에 새로운 이슈를 가져온다. 미시체계들 간의 관계가 밀접하여 중간체계가 건실하면 할수록 유아의 발달은 순조롭게 진행될 수 있다. 하지만 각 미시체계 간의 유의미한 연결이 빈약해지거나 중간체계가 부실해질 때 아이들에게 문제가 발생할 가능성이 크다.

그러므로 전이가 의미 있는 과정이 되기 위해서는 유아들의 가정, 교실, 지역사회 등과 같은 여러 맥락들의 영향을 고려해야 한다. 또한 과거와 현재, 미래의 시간들 간의 관계 속에서도 다뤄져야 한다(Kraft-Sayre & Pianta, 2000). 효율적인 전이 프로그램은 구성원의 다양한 기대를 반영하여 각자에게 의미가 있어야 하며 생태학적 체계에 존재하는 다양한 관점을 존중해야 한다. 또한 핵심적인 관계를 형성하는 구성원 간(가정, 학교, 또래)의 연계를 고려한 방향으로 진행되어야 한다.

제 3 부

유초연계 다문화교육 프로그램

제8장 유초연계 다문화교육 프로그램의 대상

다문화 가정 유아의 초등학교 전이 프로그램의 대상은 다문화 가정 유아만이 아니다. 다문화 가정 유아를 둘러싼 다문화 가족, 그리고 정주민 유아, 초등학교 입학하기 전 유아교육기관, 입학하게 될 초등학교, 그리고 지역사회가 전이 프로그램의 대상이 되기도 하며, 주체가 되기도 한다.

반면, 다문화 가정에 대한 정의와 관련하여 본 프로그램의 대상 선정이 달라질 수 있다. 국내에서는 이주자와 그 자녀의 유형을 외국인 근로자, 국제결혼자, 탈북자 등으로 구분하고 있으며, 대상별로 교육을 시행하고 있다.

하지만 국제결혼 가정의 자녀와 외국인 이주 노동자 가정의 자녀를 하나의 범주로 묶어서 프로그램을 적용하는 것에는 무리가 있다. 그 이유는 국제결혼 가정의 자녀와 외국인 이주 노동자 자녀는 다문화 가정의 자녀라는 공통점은 있지만, 법적 지위와 성장 과정이 여러 측면에서 다르기 때문이다. 우선 법적 지위 측면에서 보면, 다문화 가정의 형태에 따른 국내 체류 자체의 가능 여부, 학교 입학 기회(공교육 진입 기회)가 다르다.

그리고 성장 과정 면에서 보면, 성장 후 한국에 계속 거주할 가능성의 정도가 다르다. 결혼이주자의 가정과 탈북자의 가정은 성장 후 한국에 계속 거주할 가능성이 큰 반면 이주노동자의 경우 본국으로 돌아갈 가능성이 크기 때문이다.

성장 환경 또한 다르다. 대부분 아버지가 한국인이고 친가가 한국에 있는 국제결혼 가정의 자녀와 달리 외국인 이주 노동자의 자녀는 부모가 모두 외국 출신이거나 친지의 대부분이 외국에 거주하고 있기 때문에 성장 과정의 인적 환경이 매우 다르다. 따라서 언어와 문화의 적응 속도와 적응 상태부터 다르다. 따라서 국제결혼 가정의 자녀와 이주 노동자 가정의 자녀를 같은 분석 준거로 접근하는 것은 한계가 있다.

1. 다문화 가정 유아

국내에 거주하는 다문화 가정 유아로서 초등학교 진학을 앞둔 유아나, 초등학교 1학년에 재학 중인 유아이다. 여기에서 의미하는 다문화 가정은 탈북자 가정, 이주노동자 가정, 결혼이민자 가정을 들 수 있으나, 넓게는 한국에 거주하는 외국인까지 포함되어야 한다.

2. 다문화 가정 부모

다문화 가정의 초등학교 진학을 앞두거나 초등학교 1학년에 재학 중인 유아의 부모다. 다문화 가정의 부모는 전이 프로그램의 주체가 되기도 하며, 전이 프로그램의 대상이 되기도 한다. 실제 부모와의 의사소통 및 사회적 지지가 다문화 가정 자녀들의 학교생활 적응에 영향을 미친다는 연구 결과(이진영, 2017; 정지민, 2015; 최성보 외, 2011; 최효식, 2017)도 있다.

3. 지역 공동체

초등학교 진학을 앞두거나 초등학교 1학년에 재학 중인 다문화 가정 유아가 속해 있는 지역 공동체(학교나 지방 자치 단체 등)이다. 지역 공동체는 프로그램을 진행하는 데 있어서 중요한 역할을 한다. 지역 공동체 역시 다문화 가정 유아의 초등학교 전이 프로그램에서 주체가 되기도 하고 변해야 하는 대상이 되기도 한다.

제9장 유초연계 다문화교육 프로그램의 구성과 진행 원리

1. 프로그램의 구성 원리

지금까지 유초연계 다문화교육은 다문화 가정 유아의 초등학교로 전이를 지원함에 있어서 다문화 가정 유아의 생애 주기를 중요한 요인으로 다루지 않고 있다. 그 결과, 다문화 가정 아동은 자신만의 문화적 특수성에 입각한 발달과업을 지니고 있으며 이를 이루고자 하는 개별성을 가진 개인이라는 점을 간과하게 되었다. 이로 인해 다문화 가정(유아와 가족 구성원 모두)에게 필요한 지원은 연령에 상관없이 동일한 것으로 취급되었는데, 이처럼 다문화 가정이라는 하나의 그룹으로 지원을 하는 것은 무리가 있다. 그것은 다문화 가정의 성립 배경 즉 결혼이민자, 탈북자 그리고 이주노동자인지와 또한 그들의 출신 나라들마다 각각 다른 배경을 가지고 있기 때문이다. 다문화 가정의 유아의 가족이 갖는 욕구와 다문화 가정 유아의 발달 과업 등이 다양하며, 시간의 흐름에 따라 변화할 수 있기 때문에 이러한 서비스의 분절성을 해결해야 할 필요가 있다. 본 프로그램은 사회적 네트워크를 통한 서비스 제공을 통해 다문화 가족 유아가 초등학교 생활, 학업, 또래, 교사 등 초등학교로의 원활한 전이를 할 수 있도록 하는 데 있다.

본 프로그램은 정형화된 프로그램이 아닌 개별적이고 동적인 프로그램이다. 정해져 있는 매뉴얼 보다는 상황과 맥락에 따라 구성되어야 하는 지침적 성격이 강하다. 이 모델은 지극히 발달적 모형의 특성을 띠고 있다. 다문화 가정 유아의 초등학교 전이 프로그램의 구성원리는 다문화 가정 유아와 그 가족을 위한 개별화 교육 프로그램, 가족 중심 접근법, 유아의 교육에 있어 발달적이고 기능적인 접근을 강조하는 교육과정 접근법, 초학문적 모델 접근법, 다 학문적 협력 및 협조를 들 수 있다.

1) 개별화 교육 프로그램

다문화 가정 유아의 맥락적 상황의 다양성으로 인해 어떤 한 종류의 교육과정 및 목적이 모든 대상에게 적절할 수는 없다. 특히 지능 등의 능력 면에서의 차이가 아닌 문화적 배경의 차이로 인한 초등학교 적응에 곤란을 겪게 되는 다문화 가정 유아의 경우 더욱더 그러하다. 다문화 가정 유아와 가족의 욕구 및 필요성은 무엇인지 개별적으로 측정 · 평가되어야 하며, 이렇게 개별화된 평가로부터 나온 결과에 의해 해당 유아와 가족에 맞는 개별화된 프로그램이 제공되어야 한다. 이는 실천적인 측면에서 서비스 내용의 전문화와 질적 수준의 향상을 의미하는 것으로 다문화 가정의 독특한 특성과 욕구를 최대한 반영하기 위함이다. 이러한 각각의 특성(의료적 요구, 교육적 · 사회적 요구, 기본적 보살핌)과 그들의 상황과 요구에 따른 적절한 프로그램 제공을 위해서 개별화된 접근법은 필수적이다.

특히 외모, 가정환경, 이중 언어 등 다문화 가정이 갖는 특수성으로 인해 유아교육기관에서 초등학교로 전이에 어려움을 갖는 아동이 그 대상이 되어야 한다. 혹은 그 어려움이 표출되지 않고 내재되어 있는 아동일 수도 있다. 하지만 실제 정주민의 자녀들도 그러하듯이 거의 모든 다문화 가정 자녀들이 초등학교로 전이가 이슈화 되고 있으므로, 국가적 차원과 교육적 차원에서 좀 더 특수한 환경을 경험하고 있는 다문화 가정의 자녀들이 대상이 되어야 한다.

실제 오선희(2010)는 어머니가 필리핀계인 결혼이민자의 자녀에게 개별화 교육계획을 통해 초등학교 적응 프로그램을 실시하였다. 그 결과 친구들에게 외모와 관련하여 놀림을 받고 외톨이로 지내고 매사 소극적으로 행동하며, 학교 부적응과 학습 부진을 보이던 문제들을 극복하였다. 일반적인 학교 부적응이나 학습 부진과는 다른 다문화 가정이 배경이 된 유아의 경우에 특별한 교육적 요구를 필요로 한다는 점에서 기존 특수교육에서 주로 활용된 개별화 교육 프로그램이 다문화 가정 유아에게도 필요하다는 것을 보여준다.

또한 다문화 가정 유아가 갖는 전이의 문제는 개인의 문제인 동시에 학급에서 함께 생활함에 있어서 발생하는 여러 요인들임을 고려하여 계획해야 한다. 그것은 다문화 가정 유아의 전이 프로그램의 주된 대상이 다문화 가정 유아일 뿐만 아니라 다문화 가정 유아를 포함한 유아교육기관과 초등학교 또래 및 교사 그리고 그 또래의 부모이기 때문이다. 따라서 이러한 것들이 포함된 개별화 교육계획안이 구성되어야 하며 더 나아가 다문화 가정 유아에게 가장 중요한 변인인 자신의 가정이 중재 대상에 포함되어야 한다.

2) 가족중심 접근법

다문화 가정 유아들의 초등학교로의 원활한 전이에서는 다문화 가정 유아에게 의미 있는 타인인 성인들의 적응이 중요한 요소이다. 결국 다문화 가정 유아의 초등학교 전이를 위해서는 다문화 가정의 유아 및 가족 기능을 강화하고, 가족 구성원과 가족 전체의 성장과 발달을 향상시키는 방법으로 가족들에 대한 자원과 지원을 촉진하는 방향으로 진행되어야 함을 의미한다. 다문화 가정 유아뿐 아니라 다문화 가정을 지원하는 것이 가족의 기능 및 다문화 가정 유아의 초등학교로의 전이에 훨씬 긍정적인 영향을 미치게 된다. 가족 중심 접근법은 가족에게 직접적인 서비스를 제공하는 것이 아니라, 가족이 원하는 것을 얻을 수 있도록 능력을 강화(empowerment)시키는 것으로 가족이 그들 자신과 자녀를 도울 수 있는 능력을 갖추는 데 목적이 있다(Zigler & Berman, 1983). 또한 개인 중심의 치료적 지원이라기보다 가족의 전체의 건강한 발달을 지원하고 위기를 예방하고 대처하기 위한 가족 중심의 보편적이고 예방적인 서비스 제공에 초점을 두고 있다. 본 프로그램은 다문화 가정의 유아와 가족이 그 기능을 제대로 수행하면서 성장, 발달할 수 있도록 가족의 요구를 반영하여 유아와 가족을 지지해 주는 포괄적인 서비스이다.

3) 기능적인 교육과정 접근법

초등학교에 입학할 즈음의 유아는 빠른 성장과 발달을 한다. 또한 다문화 가정 유아의 경우는 문화적 차이에서 오는 후천적인 요인에 의해서 발생하는 문제를 가지고 있다. 그러므로 다문화 가정과 그 자녀들의 지역사회에 적응을 위해서는 프로그램의 교육목표와 목적 설정이 유아에게 적합해야 할 뿐 아니라 유아와 그 가족에게 기능적이어야 하며 가족의 요구를 지향하여야 한다. 이는 다문화 가정 유아의 초등학교 전이를 위한 프로그램은 실제적이어야 함을 의미한다. 또한 다문화 가정 유아가 초등학교로 전이에 필요로 하는 현실적인 기술이 다문화 가정 유아와 그 가정, 그들과 함께 하는 교사, 또래, 그리고 또래의 부모 및 공동체에게 제공되어야 한다.

4) 초학문적 모델

급격한 발달과 변화로 인하여 초등학교에 입학하는 시기의 다문화 가정의 유아는 다른 시기나 다른 유아와 비교해 볼 때 특히 다양한 의학적·교육적 요구를 지닐 수 있다. 그래서 더욱 다양한 전문인의 참여를 요구한다. 더욱이 다문화 가정 유아와 그 가족은 그 요구가 매우 개별화되어 그들의 효율적인 교육을 위해서는 많은 분야의 전문인과의 접촉이 필수적이다.

초학문적 모델은 여러 분야의 전문가가 한 팀을 형성하여 가족과 함께 계획서를 작성하고 평가하며 프로그램을 수행한다. 동시에 지속적인 직원의 능력개발, 역할분담, 협력이 요구되어 전문인의 실력을 신장시켜 주는 동시에 가족을 위해서는 진정으로 조정된 체계를 제공하므로 효율적인 서비스를 제공하는 방식이다.

5) 사회적 네트워크 강화

다문화 가정의 사회적 네트워크를 강화하는 것은 우선 다문화 가정과 관련 있는 각 기관과의 협력을 의미하는 것으로 다문화 가정 유아를 둘러싸고 있는 여러 기관들 간의 관계가 나아가야 할 방향이다. 또한 사회적 네트워크 형성은 반드시 행정기관들 뿐만을 의미하지는 않는다. 다문화 가족의 이웃 등 공동체와의 네트워크를 강화시켜 주는 것이 바람직하다.

다문화 가족 유아의 초등학교 전이를 위한 본 프로그램은 사회적 네트워크를 통해 원활한 전이를 돕는 데 목적이 있다. 이러한 목적을 달성하기 위해 다문화 가정 유아의 초등학교로 전이하는 초기 과정에서 다문화 가정 유아, 다문화 가족, 다문화 가족의 이웃, 다문화 전문가들은 각자의 입장에서 서로 다른 요구들과 과업을 가지고 있다. 그 결과 다문화 가족과 함께 하는 사회적 네트워크 간의 원활한 의사소통과 협조 관계가 이루어지지 못하면, 전이 과정에 있는 다문화 유아와 가족을 지원하는 데 어려움을 경험하게 된다. 다문화 가정에게도 중복된 서비스의 제공은 물론이고, 서비스의 누락까지 야기하게 된다. 또한 네트워크 중심이 아닌 과업 중심이다 보니 그 과업에 해당되는 것은 달성될 수 있어도, 사회적 네트워크를 통해 얻을 수 있는 사회 속의 한 개체로서의 의미는 퇴색될 수 있는 여지가 있다.

전이 과정에서 유아교육기관과 초등학교 관계자들 상호 간에 의사소통은 매우 중요하다. 그럼에도 불구하고 유아 교사들과 초등학교 교사, 뿐만 아니라 다문화 가정들을 지원하는 사회복지사들 간의 협력이 현실적으로 원활한 편이 아니다.

하지만 유아에게 직접적으로 영향을 미치는 미시체계에 속한 변인들의 전이에 대한 인식 및 관점이 서로 다르게 나타나는 점을 고려할 때 이들 간의 상호작용과 의사소통을 조장할 수 있는 방안을 마련하여 서로가 협력적인 관계 속에서 전이를 위한 각자의 역할을 수행하고 서로에 대한 기대를 수용하거나 조정하는 작업이 필요하다.

다문화 가족을 위한 프로그램의 참여에서 다문화 가족 구성원들은 많은 분야의 전문인과 만난다. 때로 여러 종류의 평가와 검사를 할 때도 있고, 많은 약속을 해야만 할 때도 있다. 다문화 가족의 부모는 이러한 상황 안에서 혼란을 경험하기 쉽다.

그러나 한 지역사회에서의 학문 간, 기관 간의 조절된 협력은 혼란이 야기되는 부분을 줄여 가족에게 적절하고 수용 가능한 체계를 확립하는 데에 도움이 된다. 또한 이러한 전문인 간의 협력은 효율적이고 비용에서도 경제적이다.

2. 프로그램의 진행 원리

다문화 가정 유아의 초등학교 전이 프로그램과 관련한 7가지 원리를 제시하고자 한다. '원리'라는 용어는 프로그램 진행 시 단계를 결정하거나 진행의 방향을 결정지을 때 활용할 수 있는 개별적인 상황들을 일반화한 것이다. 본 프로그램에 대한 해석의 방향이기도 하다. 이는 이론적 법칙이라기보다는 오히려 다문화 가정 유아의 초등학교 전이 프로그램의 중요성과 관련하여 개별 주체들이 일상적으로 하게 되는 많은 선택과 결정의 경험 법칙이 될 수 있다.

7가지 진행 원리가 변화 계획과 실천의 핵심 요소들을 형성하며, 성공적인 초등학교로 전이가 될 수 있도록 유아, 가족, 학교 그리고 지역사회에 적용될 수 있다. 이것들은 유아를 대상으로 권장된 실행에 관한 광범위한 분석과 건강한 유아 및 가족 발달을 지지하는 것에 대한 지식을 토대로 한다.

〈표 9-1〉 다문화 가정 유아의 초등학교 전이 프로그램 진행 원리

진행 원리	진행 원리의 예
1. 수평적 연속성을 고려한다.	–유아교육기관, 초등학교, 사회복지기관, 지역 공동체 및 기타 관련 요소의 연속성을 고려한다.
2. 수직적 연속성을 고려한다.	–유아교육기관에서 초등학교로의 전이를 활용한 시간적 연속성을 고려한다.
3. 대상의 확대를 고려한다.	–개인에서 가족으로, 가족에서 지역 공동체로의 대상을 확대하여 프로그램을 구안한다.
4. 가족 구성원의 장점에 초점을 둔다.	–가족 구성원들이 가장 잘할 수 있는 것을 중심으로 프로그램을 구성한다.
5. 개개의 요구를 중요시한다.	–협의체의 개개 요구에 맞는 개별화된 프로그램을 구안한다.
6. 관계 간의 연계성(협력적 관계)을 중심으로 프로그램의 실행 계획이 구성된다.	–상호 협력할 수 있는 부분을 최대한 활용한다.
7. 프로그램의 발전을 항상 고려한다.	–프로그램 진행 시 장애 요소 도출과 그에 따른 새로운 목표 산출 등 유연한 변화를 항상 고려해야 된다.

이러한 원칙들은 이 책에서 설명된 변화 방법의 실행을 지도한다. 변화의 발달 모델과 함께 사용될 때, 이것들은 변화 방법과 정책을 형성하도록 도와주며, 주어진 상황에 적응하고, 그것에 실행을 맞추는 방법에 관한 결정을 알려준다.

〈표 9-1〉에서 제시된 다문화 가정 유아의 초등학교 전이 프로그램 진행 원리를 구체적으로 살펴본 내용은 다음과 같다.

1) 수평적 연속성

다문화 가정 유아의 초등학교 전이의 성공을 위해서는 함께 활동하고 거주하는 사람들 간의 협력적인 관계가 형성되어야 하며 다문화 가정 유아의 발달을 돕는 곳을 교육기관으로만 한정하면 안 된다. 유아가 협력적 관계에 참여하고 그러한 환경에 둘러싸여 있을 때, 초등학교로의 전이는 성공을 거둘 수 있기 때문에 유아교육기관, 초등학교, 사회복지기관, 관공서, 지역단체 등 기타 관련 요소의 연속성을 고려해야 된다.

> "저는 ○○의 김 선생님(가정파견원)과 연락을 합니다. 제가 ○○의 학습을 도울 수 있는 방법이 무엇이냐고 물어봅니다. 그 애를 돕기 위해 할 수 있는 어떤 것이든 알게 해 달라고 합니다. 또 아이의 학교생활에서 제가 해결하지 못하면 김 선생님이 학교 선생님께 연락을 해 줍니다."
>
> (다문화 가정의 부모)

다문화 가정 유아(아동)의 발달을 고려할 때는 학교뿐 아니라 모든 요소들을 고려해야 하며 이 프로그램은 이러한 요소들이 연속선상에 있음을 염두에 두어야 한다.

2) 수직적 연속성

다문화 가정 유아의 초등학교 전이 프로그램을 구성할 때에는 반드시 유아교육기관과의 정보 교환이 이루어져야 한다. 이는 가정에서 유아교육기관으로의 전이에도 적용되는 것으로 가정에서 유아의 생활에 관한 정보가 유아교육기관의 교사에게 전달되어야 하는 것과 마찬가지이다.

이를 통해 유아의 경험 등에 일관성이 주어지고, 프로그램의 단절이 없어지게 된다. 또한 프로그램은 유아들이 초등학교에 진학하는 매해마다 일관성을 가지고 제공되어야 한다. 이렇듯 유아교육기관 교사와 초등학교 교사가 협력적으로 일할 경우 일관성을 가지며 또한 상호간 교육기관의 프로그램을 강화할 수 있게 될 것이다.

3) 대상의 확대

프로그램의 대상을 다문화 가정 유아에 한정해서는 안 된다. 프로그램의 대상자는 다문화 가정 유아뿐 아니라, 가족 전체가 될 수도 있고, 지역사회 공동체가 될 수도 있다. 더 나아가 다문화 가정 유아가 소속되어 있는 또래 집단이 프로그램의 대상이 될 수도 있다. 프로그램의 대상 선정에 있어서 유연한 사고가 필요하다고 본다. 실제 노보람, 박새롬, 최나야, 박혜준(2018)은 만 4~7세 유아 및 어머니를 대상으로 한 연구에서 부모의 양육 스트레스와 양육 행동에 따라 적응이 달라진다고 하여, 유아의 적응에 부모가 미치는 영향을 실질적으로 증명한 바 있다. 다문화 가정의 경우 김준범과 박성훈(2018)에 따르면 다문화 가정 어머니의 양육효능감에 따라 자아탄력성에는 영향을 미쳤으나, 어머니의 문화 적응 스트레스는 자아탄력성에 영향을 미치지 않았다. 이러한 자아탄력성은 학습 부적응에 영향을 미쳐 종단적 측면에서 누적적 매개효과를 가졌다. 이러한 연구를 토대로, 오히려 부모의 적응 스트레스 측면보다는 양육효능감 등 어머니로서 존재와 관련된 프로그램 등이 고려되어야 할 것이다. 또한 이러한 연구

결과들에 대해서는 일반화하기보다 프로그램을 구성하는 데 있어 고려의 대상이 되어야 할 것이다. 실제 본 프로그램은 지역전이교육팀과 학교전이위원회를 중심으로 구축을 제안한다.

4) 가족 구성원의 장점에 초점

다문화 가정 유아의 초등학교 전이 프로그램을 구성할 때는 다문화 가정 유아 및 가족이 무엇을 하지 못하는가에 초점을 두는 것이 아니라 무엇을 잘하는가, 무엇을 할 수 있는가에 초점을 두어야 한다.

이는 유아교육기관과 초등학교가 '가족을 어떻게 보아야 하는가?'와 관련이 있다. 즉 본 프로그램은 다문화 가족 및 유아의 장점을 보았을 때 효과적이다. 이를 위해서는 '주어진 프로그램'이 아닌 '함께하는 프로그램'이어야 한다. 실제 가족과 함께하지 않는 '주어진 프로그램'은 다문화 가정 유아의 정주민 사회로 전이하기 위한 것으로 그들이 가지고 있는 결함을 수정하는 것에 초점을 맞추게 된다. 반면 가족과 '함께 한 프로그램'은 부모가 자녀의 프로그램에 개입함으로 유아의 장점을 볼 수 있으며, 단점을 수정하는 것이 아니라 장점을 보완하고 강화시키려는 방향으로 진행될 수 있다. 이러한 장점의 영역은 다양하므로 개별적으로 접근해야 하는 문제라 여겨진다.

이러한 프로그램의 장점은 다문화 가정 부모가 자기 자신의 능력과 가치를 느끼게 한다. 자녀를 양육하는 것은 매우 개인적이며, 이는 결과적으로 부모의 자아개념과 많은 상관이 있다. 다문화 가정의 부모들은 자신이 이국땅에서 살게 됨으로 받게 되는 편견으로 인해 자존감을 위협받게 된다. 아이와 관련하여 자신감 있게 부모 역할을 할 수 있게 해야 한다.

> 아이한테 미안해요. 제가 말을 잘할 수 없어서 유치원에 갈 수 없어요. 아이… 선생님과 이야기 하고 싶어요. 근데 말을 잘할 수 없어요. 내가 엄마를 잘 못 해요.
>
> (다문화 가정의 부모)

또한 다문화 가정 부모들은 프로그램에 적극적으로 참여하는 과정을 통해 자녀의 교육에 대해 더 잘 알게 된다. 더 나아가 자신들의 의견이 프로그램을 계획하고 실행하는 데 직접 반영되고 있으며, 이러한 것들이 전문가들과 함께 논의되고 있다는 것을 인식하도록 하여야 한다. 또한 부모가 양육에 자신감을 가지도록 해야 한다. 다문화 가정 구성원들의 강점에 초점을 맞추는 것은 그들 스스로 프로그램의 주체가 되며, 그들이 주체로 성장할 수 있도록 하는 아주 좋은 방법이다.

5) 개별적 유아들의 요구

이미 기술한 바대로 다문화 가정의 장점에 맞추어 프로그램이 구안되어야 하나, 이에 못지않게 다문화 가정 유아의 요구 또한 간과해서는 안 된다. 이러한 것들을 토대로 개별적으로 프로그램이 구안되었을 때 프로그램이 유연하게 적용되는 것이다. 또한 이러한 요구들을 중심으로 개별적인 프로그램이 전개될 때, 프로그램의 경제성과 효용성이 확보될 수 있다. 실제 프로그램은 각각의 요구를 반영하여 연계를 중심으로 구성된다.

6) 관계 간의 연계성(협력적 관계)

전이 프로그램에서 교사, 교장, 다문화 가족, 지역사회 인사, 사회복지사 사이의 협력은 프로그램 성공의 기본 요소이다. 이 프로그램의 전반에서 파트너십의 중요성이 나열되고 있다. 훌륭한 전이계획과 실천은 효과적인 파트너십의 결과라 보여진다.

물론 훌륭한 협력 관계라고 해서 갈등이나 마찰이 없지는 않다. 하지만 이러한 갈등이나 마찰 등을 해결해 가는 과정 속에서 나름대로의 규칙과 원리 등 프로그램 내부에서 통용되는 사고방식이 형성된다. 또한 이렇게 형성된 원리에 대해 서로가 책임을 명확히 하게 된다.

이렇게 진행되는 협력에는 반드시 서로 다른 견해나 가치 등이 존재하며 이를 조정해야 하는 단계가 필요하다. 서로의 다름을 해결하고 조정하기 위해 협력하는 과정 등이 전이 프로그램의 결과이기도 하다.

이러한 원리는 아이디어 생성 등 실행 계획을 세울 때 기준이 된다. 아이디어 생성 시 계획의 기준은 다문화 가정과 유아교육기관과 초등학교, 다문화 가정 유아와 유아교육기관과 초등학교, 다문화 가정 유아의 또래, 다문화 가정 유아와 지역사회와의 연계를 중심으로 실행 목록이 만들어진다.

7) 프로그램 발전을 고려

다문화 가정 유아와 그 가족들은 새로운 문화에 적응하고자 할 때 스트레스(충격)를 경험하는데 그것은 일상적인 생활 사건에서 경험하는 독특한 경험이다(Thomas & Choi, 2006). 특히 다문화 가정 유아는 초등학교 적응이라는 스트레스(충격)(정대현, 2006)와 맞물려 복합적인 어려움을 경험하는 심리사회적 이중고에 처할 수 있다(전병주, 2012; 전수정, 윤혜미, 2013). 이러한 스트레스는 개인이 처한 상황과 심리사회적 특성에 따라 변화 궤적이 다양하게 나타날 수 있다. 하지만 대부분의 프로그램이 균질적인 집단으로 바라봄으로써 효율적이며 존재론적 접근을 하기 어렵다는 문제를 가지고 있다. 실제 단일 시점에서의 스트레스 수준보다는 시간에 따른 발달 양상이 개인의 특성을 더 정확하게 나타낸다고 볼 수 있다(은선민, 이수현, 이강이, 2019).

이러한 이유로 다문화 가정 유아의 초등학교 전이 프로그램은 항상 변화할 수 있는 가능성이 있다. 협력자들 간의 조정에 의해서도 변화할 수 있으며, 프로그램 진행 시 장애(문제)가 발생했을 때에도 그것의 제거를 위해서 프로그램이 수정될 수 있다. 또한 새로운 상황이 발생했을 때 협력자들 간의 협의에 의해서 새로운 목표 산출 등 유연한 변화가 내재되어 있다. 프로그램을 실행하는 실행자와 프로그램을 구축하는 프로그램 입안자 역시 본 프로그램은 역동적으로 변화 가능함을 숙지하고 있어야 한다.

3. 프로그램 진행 절차

다문화 가정 유아의 초등학교 전이 프로그램은 우선 인적 자원이 정비되어야 한다. 인적 자원은 지역 인사와 유아교육기관과 초등학교 교사와 기관장, 사회복지사, 다문화 가족을 지원하고 있는 공동체 등이 될 수 있다. 이러한 인적 자원을 중심으로 지역교육전이위원과 학교교육전이위원이 구성된다. 그리고 이러한 구성들 간의 효과적인 의사소통을 위해 조정자가 세워진다.

조정자는 다문화 가족과 유아의 요구도와 생태 체계 내에서의 위치 등 변인을 파악하기 위해 생태도나 사회지지망을 분석하고 선별을 거쳐 때에 따라서는 진단의 과정도 거친다. 이렇게 수집된 변수 중심(variable-centered) 접근은 요구도 평가를 거쳐 향후 프로그램 개발의 기초가 된다.

평가된 요구도와 변수 중심(variable-centered) 접근에서 파악한 자료를 기초로 프로그램과 관련한 아이디어를 생성한다. 그리고 일정을 수립한다.

이때에는 현실 상태 인식이라는 절차를 거쳐 현실적인 프로그램인지 재검토하는 과정이 있어야 된다. 또한 예상되는 장애 요소를 미리 예측하여 제거해나가야 한다.

마지막으로 평가 단계를 거쳐 프로그램의 적절성을 평가하고 피드백 과정을 거쳐 각 단계에 적용해야 한다.

제 10 장 인적자원 정비

다문화 가정 유아인 미영이는 이제 막 초등학교에 입학하였다. 미영이는 선천적으로 천식을 앓고 있다. 미영이의 부모는 이주노동자이며, 현재 불법체류자이다. 미영이는 월유일과 화요일엔 건강가족지원센터에서 공부를 한다. 그리고 수요일과 목요일엔 지역아동센터에서 방과 후 공부를 한다. 하지만 미영이 부모의 불확실한 신분 때문에 미영이는 제대로 된 서비스를 받지 못하고 있다. 또한 건강가족지원센터와 지역아동센터에서의 교육적 서비스가 상당 부분 중첩되고 있다. 미영이가 좀 더 효율적으로 지원받을 만한 길은 없는가? 더 나아가 미영이는 제대로 된 의료 서비스를 받지 못하고 있다. 미영이의 건강에 관한 문제는 결코 학교에서만 해결할 수 있는 문제가 아니다. 그럼 미영이의 건강 문제를 해결할 방법은 없는가? 미영이네 가족의 생활에 관여하고 있는 사회복지사와 미영이의 학교생활을 담당하고 있는 학교의 업무 경합이 발생할 때 어떻게 해결할 수 있는가?

이와 같은 질문들은 다문화 가족을 둘러싸고 있는 서비스 유형을 파악하는 데서부터 시작된다. 업무의 경합과 그에 따른 조정, 게다가 프로그램의 전폭적인 지원 등을 가능하게 할 수 있는 방법은 인적 자원을 정비하는 데서 시작된다. 인적 자원은 다문화 가정 유아가 속해 있는 지역사회를 중심으로 한 지역교육 전이팀과 학교를 중심으로 한 학교 교육 전이팀을 들 수 있다. 또한 개별적인 집단 간의 이슈를 해결하기 위한 조정자의 역할이 필요하다.

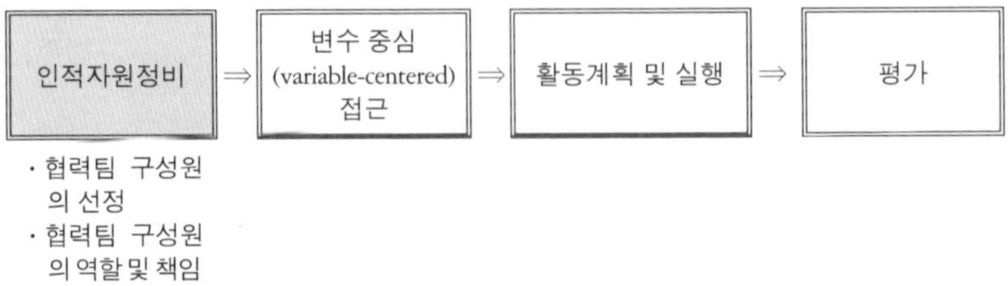

〈그림 10-1〉 다문화 가정 유아의 초등학교 전이 프로그램 세부절차; 인적자원정비

전이 프로그램을 개발하기 위해서는 가장 먼저 다문화 가정 유아의 교육과 관련된 중요한 사람들로 팀이 구성되어야 한다[1]. 그러나 실제 한국사회에서 다문화 가정 관련 사업은 팀(지원)이 중복 배치되어 있는 것이 큰 문제점으로 지적되고 있다. 홍기원(2009)은 정부 부처별 다문화 사회 관련 사업을 분석한 그의 연구에서 한국의 다문화

---

1) Pianta와 Cox(2002)는 효율적인 유아의 초등학교로의 전이를 위한 정책 방향을 아래와 같이 제시하고 있다.

첫째, 유치원과 학교 사이의 유대 관계 강화이다. 유치원과 학교 사이에 의사소통을 강화할 정책이 필요하다. 기대 수준과 교과과정의 일관성도 논의할 주제이다. 이러한 유대의 강화는 교실의 질과 경험과 아이들에 대한 기대 수준에 있어서 유치원과 초등학교 사이의 간격을 줄여준다.

둘째, 지역 단위로 전이계획팀 형성이다. 학교 관계자, 유치원 교사, 가족들, 지역 지도자로 구성된 전이계획팀을 의무적으로 구성한다. 이러한 협조 체제는 대중들로 하여금 유치원과 조기 교육에 관한 정보를 갖게 하고 아이들의 학습 경험을 개선하고 유치원과 가정과 학교 사이에서 전이가 자연스럽게 이루어지도록 전이 관행을 개선하는 것을 목표로 한다.

셋째, 가족과 학교 사이의 유대 강화이다. 가족과 협조 체제를 구축하기 위해서는 교사 연수가 필요하다. 이 훈련은 성인 교육의 원리에 입각하여 이루어져야 하며 아이들의 발달과 학습에 관한 정확한 연구 결과에 기하여야 한다.

넷째, 초등 일학년 교실에서 높은 품질의 교육 실행이다. 초등 일학년 교육의 질을 높이기 위하여 교사 - 학생의 비율을 낮추고, 교사와 학생 간의 관계를 강화하고 아이들에게 가장 좋은 교육적 효과를 산출할 수 있도록 시간을 효율적으로 관리하며, 아이들에게 잘 교육되고 훈련된 교사들로부터 배울 수 있는 기회를 제공하는 데 정책의 초점을 맞추어야 한다.

정책은 외형적으로는 연계성을 가진 것으로 보이지만, 세부 사업으로 들어가 보면 대부분의 분야에서 동일한 내용의 프로그램이 진행되고 있음을 알 수 있다. 특히 한국어 교육은 모든 부처에서 수행되고 있으며, 실제로 대상의 특수성을 고려하여 오랜 기간 거주한 이주민들에 대한 고급 수준의 한국어 교육 수요는 충족되지 못하고 있다고 밝혔다. 이처럼 정책 사업들이 중복적으로 행해지는 원인으로 다문화 정책 초기에 부처 간의 조정 기제가 미비하였다는 점과 다문화 정책의 개념적 특수성과 영역적 특성에 대한 이해가 부족하였다는 점을 들고 있다.

또한 이혜승(2010)의 연구에 의하면 현재 국내 다문화 가족을 대상으로 하는 정책은 안정적인 가족생활과 다문화 가족의 삶의 질 향상을 목적으로 하기 때문에 출입국 관리, 육아 및 교육, 취업, 의료, 취업 정보 및 훈련 등 다양한 분야에서 복합적인 서비스를 부처 간 협력 및 사업 간 연계를 통하여 효율적으로 지원하여야 하나 정책 추진의 체계성이 부족하고 부처 간 협력이나 사업 간 조정이 잘 이루어지지 않아서 사업의 중복이나 충돌이 발생하고, 사업 운영의 비효율 및 예산 낭비가 초래되고 있다. 이처럼 다문화와 관련된 사회적 논의와 합의가 충분치 않은 가운데 정부의 다문화 가족에 대한 정책적 지향성도 명확하지 않아서 정책 추진에서의 혼란은 더해지고 있는 실정이다.

이러한 것은 사업 간 연계 부족 및 비효율적인 전달 체계에서 비롯된 것으로 중앙정부와 지방자치단체, 지역의 서비스 제공 기관들 간에 연계가 잘 이루어지지 않아 사업의 효과성이 떨어질 우려가 크다. 사업 간 연계 측면에서 보면, 다문화 전문 인력의 양성, 교재 개발, 프로그램의 운영은 체계적으로 연계되어야 효과적이나, 실제로는 사업 시행 부처별로 별도 운영되고 있는 실정이다. 또한, 상담, 취업

정보, 훈련, 보조금, 복지 등 주요 서비스의 상호 연계는 아직 이루어지지 않고 있다.

다문화 가정을 위한 법, 제도에서 보건, 복지, 가족영역 간의 연계가 미흡하고 정책 시너지 효과가 미약하다. 또한 다문화 가족 지원 정책의 사업 추진 체계 면에서 다문화 정책과 일부 사업들이 중복 시행되고 단편적으로 집행이 이루어지고 있으며 다문화 가족 지원을 위한 전달 체계가 분산되고 격차가 심해 지역별, 서비스별 사각지대가 상존하고 있다. 그 결과, 외국인 정책과 다문화 가족 지원 정책의 지향점이 통일되지 않고 일관된 체계 없이 시행되어 혼선을 초래하고 있다.

이러한 결과들은 다문화 가족을 지원하는 정책 또한 복합적이고 다차원적이기 때문으로 기관 또는 서비스의 총체적인 지원이 필요하며, 그 대상은 초등학교로 진학하게 되는 다문화 가정 유아를 포함한 다문화 가족, 그리고 지역사회 공동체가 되어야 한다. 또한, 현 국내 다문화 가족 지원 정책 사업의 문제점들을 극복한 프로그램이 구축되어야 한다.

이에 본 전이 프로그램은 가장 먼저 다문화 가정 유아의 초등학교 '전이와 관련된 중요한 사람들'로 팀을 구성하는 것에서부터 시작한다. 여기에서 의미하는 '전이와 관련된 중요한 사람들'은 전문가들 외에도 자신들에게 정서적인 도움과 실제적인 도움을 제공해 주는 서비스 제공자나 친구들, 또는 다른 다문화 가정 유아의 가족 등과 같은 사람들이 될 수 있다. 이러한 사람들이 팀의 구성원이 되며, 그 팀은 가족의 동의하에 서비스 제공 기관이나 지역사회 프로그램의 대표자도 포함시킬 수 있다. 팀 구성원을 선정할 때 가장 중요한 것은 다문화 가정 유아의 교육에 긍정적인 영향을 미칠 수 있고 교육의 성과를 최대화하는 데 도움이 되는 사람들로 구성해야 하며, 팀의 구성은 전적으로 가족의 동의에 의해서 이루어져야 한다.

반면 이러한 협력팀의 주관자가 누가 되어야 하는가의 문제가 대두된다. 실제 본 다문화 가정 유아의 초등학교 전이 프로그램에 대해 전문가들의 견해를 살펴보면, 교육청이 주가 되어야 한다는 의견과 사회복지사가 되어야 한다는 의견이 나뉘는바 이에 대해 심층적인 논의가 이루어져야 할 것이다.

1. 협력팀(collaborative team) 구성원의 선정

다문화 가정 유아의 초등학교 전이 프로그램을 위해서는 다문화 가정의 유아뿐만 아니라 가족 구성원, 각급 학교 기관의 교사 및 지역사회 인사가 참여해야 한다. 이는 이미 전술한 바대로 유아를 둘러싸고 있는 환경적 변인이 얼마나 유아에게 적합하게 제시되어 있느냐(조화의 적합성; goodness-of-fit)가 유아의 성장과 발달에 중요하고도 복합적인 영향을 미치기 때문이다. 실제 다문화 가정 유아의 학교로의 적응과 그 적응을 위해 공동체 구성원이 협력체가 되어 기여하는 것은 다문화 사회로의 안정적으로 정착하는 데 중요한 역할을 한다. 다문화 사회로의 안정적 정착은 다문화 가정 유아와 그 가족만이 한국사회에 안정적 적응을 뜻하는 것이 아니다. 공동체 또한 안정적 다문화 사회의 한 축이기 때문이다.

결국 협력팀을 어떻게 구성하느냐는 아주 중요한 이슈가 된다. 협력팀을 구성함에 있어서 명확한 기준이 필요한 것은 아니다. 오히려 명확한 기준을 제시하는 것 자체가 더 위험할 수 있다.

다문화 가정 유아를 위한 프로그램의 협력팀은 다음과 같은 사람

다문화 가정 유아의 초등학교 전이 프로그램 개발을 위한 구성원의 예

- 다문화 가정 아동(유아)의 부모나 보호자
- 다문화 가정 아동(유아)이 속해 있는 유아교육기관이나 입학하게 될 초등학교의 교사
- 진단 결과를 해석할 수 있는 사람
- 교육청과 연계할 수 있는 학교 행정가
- 가족이나 다문화 가정 아동(유아)이 원하는 사람
- 다문화 가정 아동(유아)(원하는 경우)
- 다문화 가정과 관련된 사회복지사 등 공무원

들로 구성될 수 있다. 첫째, 다문화 가정의 부모나 보호자가 다문화 가정 유아를 위한 프로그램의 객체나 주체는 아니다. 하지만 본 프로그램에서는 다문화 가정의 부모나 보호자가 다문화 가정 유아의 초등학교 전이 프로그램의 객체이면서 주체로서의 역할을 하게 된다. 최근 학부모의 학교 활동 참여가 유아의 학교생활 적응에 영향을 미치는 주요 변인으로 인식한 연구들(김세리 외, 2016; 이원석, 2019; 최혜영 외, 2017)이 수행되었다. 학부모의 학교 활동 참여는 개인적인 의미를 넘어 자녀의 사회 적응 즉, 학교생활 적응 결과를 낳는 매우 중요한 변인으로 간주될 수 있다.

둘째, '다문화 가정 유아가 속해 있는 유아교육기관이나 입학하게 될 초등학교의 최소 한 명의 교사'이다. 다문화 가정 유아와 학교 현장에서 가장 밀접하게 접하는 사람이 바로 유아교육기관이나 초등학교 교사이기 때문이다. 실제 프로그램은 고정화 되어 있지 않고, 다문화 가정의 구성원과 학교, 그리고 지역사회의 특성, 시대, 사회 상황에 따라 유동적이며 가변적이기 때문에 학교 현장에서 본 프로그램을 수행하는 교사의 역할이 무엇보다 중요하다.

셋째, 심각한 문제 행동을 가진 다문화 가정의 유아를 위해 보건소

나 전문임상심리사 혹은 특수교사 등 진단 결과를 해석할 수 있는 사람이 필요하다. 만약 이들이 없다면 대신 일반 소아과 의사와 협력체계를 구축해 놓아야 한다.

넷째, '교육청과 연계할 수 있는 학교 행정가'가 필요하다. 물론 유아교육기관이나 초등학교 교사가 학교 행정가에게 도움을 구하거나 교사 자신이 직접 교육청과 협력체계를 구축할 수도 있다.

다섯째, 다문화 가족이나 다문화 가정의 유아가 원하는 사람이 참여할 수 있다. 프로그램의 대상이며 주체인 그들의 말을 대변해 줄 수 있는 사람일 수도 있다. 이 경우 친척이 될 수도 있고, 마을의 이장이나 통반장이 될 수도 있다. 또한 원한다면 다문화 가정 유아도 가능하다. 그리고 지속적으로 그들과 함께해 온 다문화 가정과 관련된 사회복지사 등 공무원 등이 그 대상이 될 수 있다.

지금까지 제시한 이들은 향후 초등학교로의 전이계획을 입안, 시행, 평가하는 역할을 해야 한다. 계획 수립 단계의 가장 핵심적인 특징은 지역 및 학군 차원에서 지도자들이 전이 교육 계획에 참여한다는 점이다. 이 팀에는 반드시 전이로 인해 직접적인 영향을 받는 당사자들이 포함되어야 하며(교사, 학부모, 교장), 직접적인 영향을 받지는 않더라도 이해관계에 있는 사람들이 모두 참여해야 한다(행정가, 지역사회 대표). 이러한 협력팀은 지역전이교육팀과 학교전이위원회로 나눌 수 있다.

1) 지역전이교육팀

지역전이교육팀은 지역사회 차원(교육감, 시의회 의원, 교육위원, 교육장, 기관장, 시민사회단체 의장)의 지도자(또는 피지명자)가 될 수 있다. 또한 그 외 지역 및 학군 차원에서의 전이교육위원회는 지자체, 보건당국, 유아교육기관, 도서관협의회, 방과 후 공부방 협의회, 사회 복지 시설, 학부모 단체 등과 같은 기관도 참여할 수 있다.

실제 이러한 인적 구성이 이루어지지 않더라도 최대한 각 기관의 장이 참여할 수 있도록 하여야 한다. 때로는 언론사가 참여하는 것도 바람직하다. 이러한 시도로 지역사회의 지도자들이 정책 입안에 관여하고, 전이계획을 관련 지역 및 단체의 현안에 놓거나 최우선 현안으로 설정할 수도 있다. 이들은 효과적인 전이계획을 개발하는 데 자원, 관심, 조직을 움직일 수 있으며 전이계획에 큰 영향을 미칠 정책을 다룰 수 있기 때문이다. 그러나 실제 광역자치단체의 다문화 관련 업무를 추진하고 있는 관련 공무원은 광역자치단체의 정책 개발에 있어서의 궁핍을 다음과 같이 토로하고 있다.

> 많은 정책을 수립하고자 합니다. 현장의 목소리도 많이 들었습니다. 하지만 관련 기관 간의 업무가 중복되고, 또 상대방 업무를 존중해야 돼서 어렵습니다.
>
> (다문화 담당 사무관)

지역교육전이팀은 자칫 현실적으로 곤란하다고 여길 수도 있다. 하지만 지역교육전이팀은 다문화 가정 유아의 초등학교 전이에 가장 필요하다. 따라서 지역사회 및 교육계 지도자들이 더 나은 전이교육계획과 프로그램에 헌신적으로 동참해야 한다. 이를 위해서는 초등학교로의 전이의 중요성을 함께 공유하는 데서부터 출발해야 한다. 다문화 가정 유아의 학교 적응과 그 적응을 위해 공동체가 기여하는 것은 결국 미래 한국이 다문화 사회에 안정적으로 정착하는 데 중요한 역할을 한다. 이러한 시도는 다문화 가정 유아만이 한국사회에 적응하는 시도가 아니라 공동체가 함께 다문화 사회를 준비하는 기회가 될 것이다.

2) 학교전이위원회

학교전이위원회는 학부모 및 유아교육기관-초등학교 교사, 학교 행정가, 지역 시민으로 구성되며, 학군의 전이교육계획을 개별학교의 실정에 맞게 적용하는 일을 맡게 된다. 여기에는 유아교육기관의 교사, 초등학교 교사, 교장, 조정자, 특수교육 교사, 학부모, 학군 내 사회복지시설 그리고 때때로 보건소가 참여한다. 인원은 8~10명의 인원이 적합하며, 초등학교 관련자와 비관련 인사들을 포함하여 고른 안배를 할 필요가 있다. 학교전이위원회에서 실제 초등학교에 입학하게 될 다문화 가정 유아들의 실태를 파악하기 용이하다. 초등학교의 교사와 유아교육기관의 교사, 그리고 사회복지사 및 다문화 가족의 부모가 만날 수 있는 기회를 제공하고 서로의 의견을 듣는 기회를 제공해야 한다. 실제 많은 어려움이 따를 것 같지만 시도하는 것이 중요하다. 각 가정마다 요구되는 프로그램이 다르며, 그에 따라 학교 단위로 요구되는 프로그램이 다르다. 또한 어느 지역은 다문화 가정 유아의 인원의 비율이 다른 지역보다 많은 경우도 있다. 농촌 지역일 수도 있고, 도시 지역일 수도 있다. 이주노동자 가족일 수도 있고(심지어 불법체류자일 수도 있음), 결혼이민자 가족일 수도 있으며, 탈북자 가족일 수도 있다.

2. 협력팀 구성원의 역할 및 책임

1) 팀 구성원의 역할과 책임

팀 구성원들의 역할과 책임은 크게 네 가지로 분류될 수 있다. 첫 번째 역할은 각 구성원들이 다문화 가정에게 지원하고자 하는 마음가짐과 상호 존중하는 관계를 형성하는 것이다. 전문가들은 가족과의 첫 만남부터 지원적이고 상호 존중하는 관계를 형성해야 한다.

가족들이 자신이 원하는 방법으로 참여할 수 있도록 가족의 특성에 따라 지원과 정보를 제공해야 한다. 또한 가족 이외의 구성원들은 가족의 반응에 따라 역할을 수정할 수도 있다. 이때 팀 구성원들 간의 의사소통이 가능하며, 다른 팀원들을 존중하고, 팀 구성원들이 다문화 가정 유아의 초등학교 전이 프로그램 개발을 위해서 작업을 할 때에는 각자의 전문 영역에서의 최상의 방법론을 수행할 수 있도록 충분한 시간이 제공되어야 한다. 회의를 위한 시간 및 장소를 정할 때에는 팀 구성원들의 편리도 중요하지만 가족 구성원들의 편리를 먼저 고려하고 각 서비스에 대한 장소 또한 가족의 선호도에 따라 결정해야 한다.

두 번째는 상호 정보 교환이다. 서비스 제공자는 가족에게 유아와 가족에 대한 모든 보고서를 제공해야 한다. 필요한 경우에는 가족들이 보고서를 해석할 수 있도록 지원해야 한다. 다문화 가족은 자녀와 관련된 모든 회의에 참석할 수 있으므로 그들로 하여금 참석을 독려할 필요가 있다.

세 번째는 다문화 가정 및 다문화 가정 유아의 성취를 촉진하고 진도를 평가하는 것이다. 서비스 제공자는 다문화 가정 유아의 초등학교 전이 프로그램 개발 시 가족-주도의 성과와 장·단기 교수목표를 설정하며, 유아의 진도를 평가할 때에는 개별화된 기준을 적용해야 한다. 팀 구성원이 다문화 가정 유아의 초등학교 전이 프로그램을 수정할 때에는 가족의 선호도나 진단의 결과, 새롭게 발견된 유아에 관한 정보 등을 근거로 결정해야 한다. 이러한 과정에서 가족은 자신의 역할을 선택하거나 수정할 수 있는 기회를 제공받게 된다.

마지막으로, 팀의 구성원들은 대변자의 역할을 하게 된다. 다문화 가정 유아의 초등학교 전이 프로그램의 개발을 담당하는 책임자는 가족들에게 개발 과정에 있어서의 가족의 권리에 대해서 처음부터 분명하게 설명해야 한다. 그러므로 팀의 구성원들은 다문화 가정 유아의 초등학교 전이 프로그램과 관련된 법률, 정책, 최상의 방법론에 대해서 잘 알고 있어야 한다. 팀의 구성원들 중 전문가들은 유아와 그 가족의 권리 보장을 위한 대변자의 역할을 적극적으로 수행해야 하며, 지역사회 서비스에 있어서 무엇이 부족한지에 대해서 지속적으로 분석하고 관련 정책 담당자들에게 인지시켜야 한다. 또한 다문화 가족들이 최근에 제시되고 있는 최상의 실제에 대한 정보를 제공받을 수 있도록 도와야 한다.

2) 각 팀별 역할과 책임

이미 언급한 바와 같이 다문화 가정 유아의 전이와 관련한 이슈는 결국 지역사회와 학교 차원에서 진행되어야 한다. 이를 위해 지역 단위의 협력팀과 학교 단위의 협력팀이 구성되어야 한다. 구성될 팀은 지역별로 혹은 지역 내 개별 학교별로 차이가 있을 수 있다. 예를 들어, 한 학교에서는 초등학교 담임교사가 전이 조정자 역할을 담당할 수도 있고, 동일한 학제 내의 다른 학교에서는 사회복지사가 그 역할을 맡을 수도 있다.

지역전이교육팀의 역할은 전이교육의 필요성을 인지하게 하는 것에서부터 시작된다. 실제 많은 사람들이 전이교육의 필요성을 인지하지 못하고 있는 경우가 많다. 따라서 다문화 가정의 부모와 아이 그리고 유아교육기관과 초등학교뿐 아니라 지역 내 다문화 가정 유아의 초등학교 전이와 관련된 많은 기관과 사람들에게 전이교육의 필요성을 인지시켜야 한다.

그리고 지역전이교육팀에서는 각 학군별 전이교육이 수립될 수 있도록 자원을 제공하며 지도하는 역할과 함께 다문화 가정 유아의 초등학교 전이를 위한 정책 개발을 지원해야 한다. 이러한 정책 개발을 위해 다양한 기관들을 조정하고 팀을 조직해야 한다. 또한, 전이교육 프로그램과 계획 수립을 지역의 우선 현안으로 발전시키도록 노력해야 하며, 이를 위해 담당자 및 대변인을 선정할 수도 있다.

〈표 10-1〉 지역전이교육팀과 학교전이위원회

주체	지역전이교육팀	학교전이위원회
역할	• 다문화 가정의 부모, 아이, 유아교육기관, 초등학교에서 전이교육 필요 인지 • 지역 내 현행 전이교육과 자원 pool 파악 • 각 학군별 전이교육이 수립될 수 있도록 자원 제공 및 지도 • 전이 교육 및 정책 개발을 위한 지원 • 다양한 기관 및 지역구에 걸친 조정 및 조직 • 전이교육 계획수립을 지역의 우선적 현안으로 발전 • 전이와 관련한 이슈에 담당자 및 대변인 선정	• 해당 학교의 전이교육 담당자 지정 • 정기적으로 모임 • 해당 학교와 유아교육기관의 학부모, 아이, 교사의 전이교육 필요 인지 • 학교 내 현행 전이 교육 및 자원 인지 • 해당 학교의 전이교육과 계획 수립 • 해당 학교의 전이교육조정자 지정 • 계획, 시행, 평가의 반복적 피드백

반면 학교전이위원회는 지역전이교육팀과는 다른 역할·책임·목표를 갖는다. 학교전이교육팀은 우선 유아교육기관과 초등학교에서 각 해당 학교의 전이교육담당자를 지정한다. 그리고 그들에게 해당 초등학교와 유아교육기관의 학부모와 다문화 가정의 유아 및 정주민 가정의 자녀들, 교사들 모두에게 전이교육이 필요함을 인지시켜야 한다. 이들은 정기적으로 모여 전이와 관련하여 서로의 의견을 교류하고, 해당 학교의 전이교육과 관련한 계획을 수립해야 하며, 이렇게 수립된 계획에 대해 평가하고 수정하는 것들을 수시로 진행해야 한다.

3. 전이교육조정자(Transition Coordinator)의 지정

학교 현장에서 아동-가족-학교-지역사회 간의 조정자(coordinator)[2]를 선정해야 한다. 전이교육조정자는 다문화 가정 유아와 가족의 요구를 적절히 파악하고, 학교의 현실 적합한 프로그램을 제시해야 한다. 또한 지역사회의 자원과의 연결을 가능하게 하는 자원체계로서의 역할을 해야 한다. 그러한 역할은 각각의 환경과 현실 가능성을 고려한 코디네이터로서의 역할이다. 이는 다양한 기관에서 산발적으로 주어지는 서비스들을 조직적인 형태로 정리하여 서비스의 중복 및 상충되는 정보를 막을 수 있도록 해 준다.

지역사회의 지역전이교육팀에서 조정자가 선출되어 조직적·지원적 기능을 수행하도록 하며, 개별학교의 조정자는 전이교육을 시행하

2) 이미 이에 대한 필요성이 대두되고 있다. 특히 각 지역에 분배된 건강가정지원센터를 중심으로 하여 각 가정에게 코디네이터를 파견하는 등을 수행하고 있다. 탈북자의 경우에도 보호담당관제 및 정착도우미제를 통하여 조정자의 역할을 수행하고 있다. 그들은 거주지 보호담당관, 취업보호담당관, 신변보호담당관, 북한이탈주민 지원 지역협의회를 두고 있다.

고, 자원을 파악하고, 문제에 대응하는 것을 돕도록 해야 한다.

1) 전이조정자의 역할

조정자의 일차적 업무는 집단들 간의 상호작용을 촉진시키는 퍼실리테이터(facilitator)로서의 역할이다. 퍼실리테이터로서의 역할은 문화적 중재자로서의 역할을 의미하는 것으로, 교사나 지역사회에 다문화 역량을 구축하는 것이다. 이를 위해서는 다문화 가족을 둘러싸고 있는 환경적 조건을 개선하는 것과 더불어 초등학교 전이를 앞둔 유아, 다문화 가족, 지역사회를 교육하는 교육자로서의 역할이 함께 병행되어야 한다. 이러한 퍼실리테이터로서의 능력은 결국 이하에서 설명하게 될 코치로서의 역할로 설명될 수 있다.

조정자는 코치(coach)로서의 기능을 수행해야 한다[3]. 코치로서 전이

---

3) 코칭의 개념은 아동 및 성인 교육, 카운슬링, 치료 심리학, 가족 치료학, 관리자, 교육 및 훈련, 산업 조직심리학 등 다양한 분야에서 논의되어 왔다. 코칭은 각 분야의 특성과 학문적 토대에 적절히 융합되어 각 분야마다 조금씩 다른 개념으로 사용하고 있다. 우선 코치는 스포츠에서 운동선수의 성과를 향상시키기 위해 활용되었다. 이후 코칭은 1950년대에 경영 분야에서 처음 사용하기 시작하였다. 코칭이 발전되어 온 개념을 중심으로 살펴보면 다음과 같다. 1980년 중반부터의 코칭과 관련한 연구물을 분석한 한허정(2007)은 코칭을 세 가지의 관점으로 정리하였다.

첫째, 구성원의 성과를 극대화하기 위해 개인의 잠재 능력을 깨우는 것이라 한 것처럼 코칭을 받는 사람의 관계에서 정의한 개념이 있고, 둘째, 현실의 문제에 초점을 맞춰 인터뷰하고 카운슬링하는 것과 같이 코치가 하는 일에 초점을 두어 정의한 개념이 있으며, 셋째, 조직 목표를 달성하기 위해 개개인의 학습을 촉진하는 것이라는 개념이 있다. 이를 한허정(2007)의 견해를 빌어 정의하면 코칭은 코치와 코치를 받는 사람의 상호관계(relationship)에서 비롯되며, 일련의 과정(process)을 거치고, 현장에 당면한 문제 해결과 개인 능력의 개발을 목적으로 하고, 권한위임(empowerment)이 일어난다. 관계가 형성되면서 코치는 지속적인 피드백을 통해 구성원 개개인이 스스로 학습하고 개발할 수 있도록 돕는 역할을 하는 것이다.

교육조정자는 아동들과 그들의 사회 환경 안에 있는 다양한 체계들 간의 관련성과 상호작용을 파악하고 개입하여 다양한 체계들이 그들의 체계 내에서 적합한 방법을 스스로 선택하게 하고 행동할 수 있도록 후원 환경이 되어 주며 개입하는 역할을 한다.

전이교육조정자로서의 코치는 유아 개인의 심리 정서, 학업 및 사회경제적인 문제를 해결해 주는 역할뿐만 아니라 유아의 발달에 영향을 미치는 체계의 문제까지 해결한다. 이는 유아교육기관–유아–학교–가정–지역사회의 상호작용 안에서 발생하는 초등학교 입학과 관련된 부적응의 문제를 해결해 나감과 동시에, 교육목표에 장애가 되는 사회경제적, 심리적, 법적, 정치적 환경의 개선을 위해서도 적극적으로 개입해야 된다.

유아교육기관과 초등학교는 나름의 조직문화가 있다. 유아교육기관에서 원장과 교사 그리고 학부모의 관계와 초등학교에서 교장과 교사 그리고 학부모의 관계는 다르다. 이는 제도적 차이와 그에 따른 조직문화의 차이에서 기인한다. 다문화 가정의 유아가 유아교육기관에서 초등학교로 전이될 때, 전이교육의 조정자는 초등학교 교사일 수도 있고, 사회복지사나 부모가 될 수도 있다. 이러한 전이교육조정자는 브론펜 브루너가 의미하는 새로운 체계를 형성한다. 이 새로운 체계는 상호, 협력, 보완 관계 외에 갈등과 저항의 관계에 설 수 있다. 하지만 중요한 것은, 다문화 가정 유아의 초등학교로의 전이교육 조정자는 학교의 권위나 체계를 무시하고 새로운 집단을 형성해서는 안

반면 최근 학교조직을 대상으로 한 코칭도 많은 관심의 대상이 되고 있다. 또한 이러한 교사를 상대로 한 코치의 개념이 아동의 학업 증진을 위한 개념으로도 활용되고 있다. 현재 미국에서는 저소득층이나 다문화 아동들의 문해 해득력 향상을 위한 코치 프로그램(literacy coach)이 도입되어 활발히 운용되고 있다.

되며 다문화 가정 유아의 문제를 해결하고자 하는 연결자로서의 역할임을 명심해야 한다.

또한 조정자는 지역사회와 학교에서 다문화 가정 및 아동에 대해 대변인 역할을 해야 한다. 유아교육기관에서 초등학교로 전이하는 다문화 가정의 유아와 그 가족의 목소리를 내야 되며, 그들의 입장에 서야 한다. 이때, 전이교육조정자는 학교나 지역사회의 입장과 현실적인 요청을 반드시 고려해야 하며, 자신이 문제 해결의 중심에 있는 것이 아니라 조정자로서의 역할을 해야 한다.

학교 수준의 학교전이교육팀은 유아교육기관 – 초등학교와 가정과의 다리 역할을 할 수 있도록 학교 내부에서 선출되는 것이 바람직하다. 사회복지사[4], 학부모 조정자, 유아교육기관 교사, 초등학교 교사가 여기에 해당한다(학제에 따라 직명 및 직무가 상이할 수 있다). 중요한 것은 연속성을 유지하고 전이교육을 조정할 수 있어야 한다는 것이다.

2) 조정자의 능력

조정자는 이미 언급한 바대로, 그 역할에 따라 그 해당하는 능력이 달라진다. 조정자는 유아교육기관과 초등학교에서 아이들의 필요를 잘 이해하고 있어야 하고, 가정과 학교의 요구에 대한 파악 능력도

4) 여기에서 의미하는 것은 학교사회복지사의 개념이다. 학교사회복지사는 학생들과 그들의 사회 환경 안에 있는 다양한 체계들 간의 관련성과 상호작용을 파악하고 개입하는 역할을 담당한다. 학교사회복지사는 학교 - 학생 - 가정 - 지역사회의 상호작용 안에서 발생하는 학교 부적응을 예방하고 해결해 나감과 동시에, 교육목표에 장애가 되는 사회적, 경제적, 정치적 환경의 개선을 위해서도 적극적으로 개입하여야 한다. 학교사회복지사의 역할을 Costin의 견해를 빌려 다음과 같이 구분하였다(한인영 · 홍순혜 · 김혜란 · 김기환, 1997).

필요하다. 또한 전이 프로그램을 운용할 가용자원(즉, 소아 정신과 의사, 임상심리사, 보건소, 유아교육기관에서의 사회복지사 등)도 파악하고 있어야 한다. 전이교육조정자의 직무에 있어서 핵심적인 자질은 다양한 배경의 가정과 최소한의 의사소통이 가능해야 하며, 해당 초등학교・유아교육기관・공공서비스 및 법적인 지식(헌법, 국적법, 출입국에 관한 법, 생활보호법 등에 관한 지식 등)까지도 갖추어야 한다. 리더십과 조직력도 중요한 자질이다. 이러한 것들을 설명하면 다음과 같다.

(1) 다문화 역량(cultural competence)

다문화 역량은 다민족, 다인종 사회로의 변화와 그로 인해 발생할

학교 사회복지사의 역할	내용
개별사회사업서비스 제공 역할	부모와 교직원들로부터 학생문제에 대한 정보를 얻고, 다른 교직원과 함께 학생의 문제에 대해 명확화하는 역할
사례관리자 역할	학교사회복지사의 효과적인 업무 수행을 위해 담당 사례 관리와 관련된 매일 수행하는 일상적인 업무
학교사회복지에 대해 설명하는 역할	학교 체계 안에 있는 다른 전문가들에게 학교사회복지 서비스를 조정하고 명확화
학생 문제행동을 변화시키는 역할	정서적 문제를 가진 학생들에 대한 임상적 치료로 개별 사회사업이나 집단 사회사업을 통하여 학생이 지닌 정서적 문제에 대한 통찰력을 얻고, 학생의 목표와 가치를 개발하도록 도움을 줌
학생 - 부모 - 지역사회기관 연계역할	사회복지서비스가 필요한 학생과 부모를 지역사회기관에 연계시켜줌
학생을 이해하도록 설명하는 역할	문제 학생에게 효과적이며 신속하게 개입하기 위해 교사 협조를 구하거나, 교사에게 직접적인 도움 제공
교육상담역할	학생과 부모에게 학교의 교육적 기능에 대해 상담하며, 학교의 사회적・학문적 기대와 학교의 권위에 대해 설명
조력과 참여하는 역할	학생들의 복지정책과 관련된 학교 행정가를 돕는 역할 및 사회정책과 사회운동과 관련된 지도력과 정책 결정에 참여
교사에 대한 개별서비스 제공 역할	학생을 교육하고 있는 교사가 개인적인 문제로 학생들을 지도하는 데 지장을 초래하지 않게 하기 위해 도움 제공

수 있는 문제들의 해결력과 관련된 것으로, 타문화에 대해 인식하고 수용할 수 있는 능력이다. 실제 McPhatter(1997)에 의하면 다문화 역량은 문화적 인식, 다문화에 대한 지식, 중재기술의 세 가지 요소로 구성되어 있다고 하였다. 이러한 다문화적 역량은 다른 문화들의 타자성을 있는 그대로 기술, 해석하는 능력에서 비롯된다. 이는 다문화 가정 유아의 초등학교 전이과정 중에 있을 변수 중심(variable-centered) 접근 단계에서의 요구도 조사, 사정, 진단, 평가 과정에 내재되어 있을지도 모르는 문화적 편견과 차별적 요소들을 인식하며, 경험에 기반하여 실천하는 능력을 말한다. 여기에는 자국의 가치판단이나 개념 규정을 무분별하게 다른 문화에 적용하는 것을 금지하는 문화상대주의 능력을 가지는 것을 포함한다.

다문화 역량을 갖추기 위해서는 우선 지금까지 자신이 살아온 실천이나 가치관이 객관적이며 중립적이기는 어렵다는 사실을 인지하여야 한다. 또한, 자신의 문화적 배경과 삶의 경험에 자신의 심리적 과정이 영향을 받기 때문에 자신의 결정이 때로는 자기 민족 중심적일 수 있다는 점을 인식해야 한다[5]. 그럴 때 다문화 가정의 문화적 특성을 존중할 수 있고, 목적 성취를 위해 자신의 감정과 사고 및 행동을 기꺼이 변화시킬 수 있는 것이다(윤혜미, 2009). 최근에는 다문화 역량을 갖춘다는 것이 주류문화와는 차별성을 갖는 다른 소수집단의 문화를 가진 인구집단의 독특한 욕구를 이해하고, 이에 반응하는 능력으로 이해된다. 이러한 다문화 역량은 조정자에게 있어서 필수적인 능력이다.

---

5) 결국 반기문 유엔 사무총장의 경우 결국 대한민국 국민이지만 이러한 사실을 알고 자신의 의사 결정을 해야 하는 경우이다.

(2) 의사소통 능력

조정자는 모든 문제에 대해 협상의 능력과 상담, 멘토, 코칭의 능력 등이 요구된다. 우선 가정과 학교, 그리고 지역사회에서의 각기 다른 욕구와 상황의 조정 역할이 필요하다. 법적인 권한을 가지고 있지 않기 때문에 더욱더 의사소통의 능력이 필요하다. 어느 한 쪽에 기울이는 것도 안 되며, 공평하다는 인상을 주어야 하고, 각각 조직의 긍정적 목표를 찾아서 이룩할 수 있도록 해야 한다.

또한 다문화 가족과의 의사소통을 통해 욕구와 현실 파악도 필요하다. 이것은 프로그램을 계획하기 위해 필요한 정보를 수집하기 위함이다. 필요한 정보를 수집하기 위해서는 적절한 질문을 언어적 수단과 비언어적 수단을 통해 전달하고 의미를 전달받게 된다. 효과적인 의시소통을 위해 다음과 같은 유형의 기술을 제안하고 있다.

① 공감(Empathy)

공감은 다른 사람의 감정이나 느낌을 이해하고 의사를 전달하는 능력이다. 공감은 대상자에게 고유함과 정체성을 깨닫게 해주어 자기는 사랑받을 가치가 있다고 여겨 자존감 등 자기개념이 높아지게 한다. 자기개념이 변하면 행위 역시 변하게 되며 궁극적으로 적응에 긍정적이게 된다. 다문화 가정의 경우 이러한 의사전달이 제대로 되지 않아 공감이 어려울 수 있다. 하지만 감정과 느낌을 이해하는 것은 공감의 시작으로 다문화 가정이 한국사회에 적응하는 데 가장 중요한 부분이다.

반면, 공감을 동정(Sympathy)의 개념과 혼동할 수 있다. 공감은 타인의 느낌에 초점을 두는 반면, 동정은 그 느낌과 관련된 나 자신의 느낌에 초점을 둔다. 특히 다문화 가정이 도움을 동정으로 생각하게 행동해서는 안 된다. 공감은 객관적으로 상대방의 입장에서 상대방의 느낌에 초점을 두지만, 동정은 상대방의 입장이 아니라 내 입장에서, 나의 느낌에 초점을 두고 이를 이해하고 수용하는 것이다. 다문화 가정 구성원들에게 공감을 하되 동정은 삼가야 한다.

공감의 첫 단계는 상대방의 말에 대해 그 내용을 주의 깊게 경청해야 한다. 그리고 다음 단계는 감정과 처한 상황을 반영하는 것이다. 세 번째 단계는 적절한 말로써 감정과 그의 상황을 잘 이해하고 있음을 상대에게 전달해야 한다.

② 존중(respect)

존중이란 상대의 행동에 관계없이 비지배적인 온정 또는 무조건적인 긍정적 관심을 말한다. 이는 대상자를 가치 있는 인간으로 바라보고 있는 그대로 수용하는 것을 뜻한다. 다문화 가정의 경우 가난한 나라에서 이주해 온 경우, 자신의 경제적 지위로 인해 위축되어 있는 경우가 많다. 다문화 가정의 구성원이 존중받는다는 감정을 가질 수 있도록 해야 한다.

하지만 존중은 상대가 행하는 모든 행위를 묵인한다거나 인정한다는 뜻은 아니다. 다문화 가정 유아의 초등학교 전이 프로그램을 위한 조정자는 비판, 비웃음, 판단적 태도를 취해서는 안 되며 다문화 가정 구성원의 고유성을 이해해야만 그들에 대한 존중이 증가한다.

③ 온정(warmth)

온정은 배려하는 마음을 가지고 의사소통하는 것으로 대부분 공감, 존중과 더불어 전달된다. 온정은 일차적으로 몸짓, 자세, 접촉, 얼굴 표정 등의 다양한 행동을 통하여 전달된다. 이러한 비언어적 메시지는 말과 마찬가지로 타인에게 전달되고 의미가 주어지며, 그 영향도 언어적 메시지와 같은 정도로 강력할 수 있다. 특히 대화가 완전히 통하지 않는 다문화 가정의 경우에, 비언어적 메시지가 중요한 역할을 한다. 조정자의 진지하지 않은 온정적 반응은 대상자에게 쉽게 전파되며, 언어적 메시지와 비언어적 메시지가 일치하지 않을 때 상대방은 의식하지 못하는 가운데에서도 비언어적 메시지를 더 믿는 경향이 있다.

(3) 컨설턴트, 멘토, 코치, 상담자로서 능력

조정자로서의 능력은 그들의 아픈 상처를 어루만질 수 있고 위로할 수 있는 상담자나 치료사로서의 능력과, 한국적 현실을 전혀 모르는 그들에게 충고 조언해 줄 수 있는 컨설턴트로서의 능력, 이미 적응하여 알고 있는 정주민으로서 그들이 적응할 수 있도록 돕는 멘토로서의 능력, 그들이 스스로의 힘으로 잘 적응할 수 있도록 격려하고 도와주며, 지지해 주어야 하는 코치로서의 능력이 있다.

본 프로그램에서 조정자의 역할은 코치로서의 역할을 의미하나, 간혹, 컨설턴트나 멘토 그리고 그들의 감정을 함께 공감해주는 상담자나 치료사의 능력 또한 갖추어야 한다.

(4) 법적 지원자로서의 능력

다문화 가정을 돕는 조정자는 다문화 가정과 관련된 법적인 기초지식을 갖추고 있어야 한다. 법적인 지식을 아는 것은 기본이며, 궁극적으로 조정자가 자신의 역할을 법적인 테두리 안에서 행함으로 단순히 시혜적인 도움이 아닌 법적 근거 속에서 당연히 해야 하는 일이 되는 것이다. 또한 이러한 지식은 다문화 가정과 관련된 많은 사람들에게 법적인 근거를 제시하며 안내할 수 있다.

제 11 장 다문화 유아와 가족의 필요 파악

다문화 가정 유아인 은지의 경우는 정상적인 의사소통능력과 인지능력을 가지고 있다. 은지의 어머니는 결혼이민자이고, 아버지는 한국 사람이다. 어머니와 아버지의 나이 차이는 13살이다. 은지는 부모가 잦은 싸움으로 인해 심각한 심리적인 불안 증세를 보이고 있다. 최근 은지의 부모는 경제적 이유와 성격 차이로 인해 다투는 빈도가 많아지고 있다. 은지는 현재 유치원에 재원 중이며, 초등학교 진학을 한 달여 남겨 두고 있다. 유치원에서도 교사의 지도하에 즐거운 시간을 보내고 있다. 하지만 또래와의 관계나 교사 등 성인과의 관계에서는 심각하게 위축되는 것을 볼 수 있다. 은지의 경우 초등학교에서 학업에서는 뒤처지지는 않을 것 같으나, 또래나 교사 등 대인 관계에서 매사에 불안한 증세를 보여 향후 초등학교에서 적응이 원만할 것 같지는 않다.

이때 다문화 가정 유아인 은지의 경우 초등학교 전이 프로그램에서 교육목표는 무엇인가? 은지는 사회복지기관에서 그 프로그램을 진행해야 하는가? 은지는 가정에서 그 프로그램이 진행되어야 하는가? 전이 프로그램의 목표는 무엇이 되어야 하는가? 어떤 내용과 방법이 적용되어야 하는가?

이와 같은 질문들은 변수 중심(variable-centered) 접근을 하여 그에 따른 프로그램의 내용과 방법의 필요성을 보여준다. 이러한 것은 프로그램이 다문화 가정 유아와 가족들의 필요를 충족시킬 수 있는 내용으로 구성되어야 함을 보여 준다. 이를 위해서는 변수 중심(variable-centered) 접근의 출발점을 어느 곳에 두어야 하는지에서 시작해야 한다.

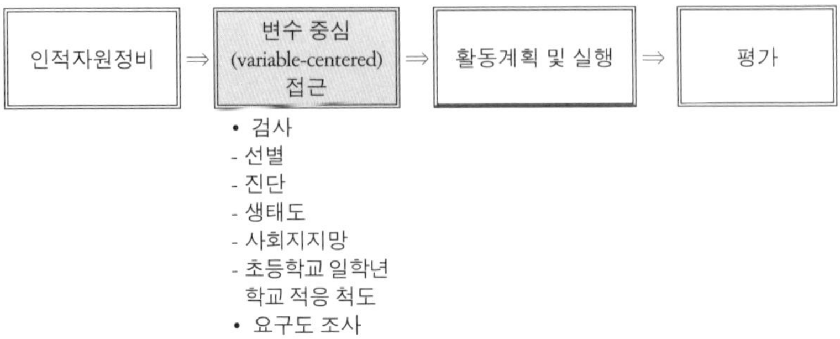

〈그림 11-1〉 다문화 가정 유아의 초등학교 전이 프로그램 세부절차;
변수 중심(variable-centered) 접근을 통한 출발점 파악

변수 중심(variable-centered) 접근을 한다는 것은 대상 - 중심(person-centered)접근을 바탕으로(정익중, 2001) 한 것으로, 프로그램의 내용을 결정하기 위한 목적으로 정보를 수집하는 과정이다. 본 장에서는 다문화 가정 유아와 그 가족을 위한 교육 서비스를 계획하기 위해서 정보를 수집하는 과정에 초점을 두고 있다. 이러한 다문화 가족의 상황과 유아의 상태를 파악하기 위해 정보를 수집하는 것은 필수적인 과정이다.

필요한 정보들이란 다문화 가정의 사회경제적 지위, 배경 등이며, 심지어는 가족 구성원 간의 친밀도 등까지 폭넓게 파악되어야 한다. 또한 다문화 가정 유아의 현 수준을 파악하는 것도 중요하다.

이를 통해 프로그램의 적격성을 파악할 수 있고, 교육과정을 위한 내용을 설정할 수 있다. 더 나아가 본 프로그램의 효과를 파악하는 데에도 중요한 자료가 될 수 있다.

이러한 변수 중심(variable-centered) 접근을 하는 데는 전통적인 방법의 진단을 들 수 있다. 진단은 표준화된 상황에서 유아에게 공식적인 검사를 실시하는 것에 의존한다. 검사는 전문가에 의해서만 실시되며, 점수와 진단명 등에 의한 유아의 발달 수준을 결정하는 일이 일차적인 관심이 된다. 이러한 진단은 교정과 치료가 목적이다. 그러다 보니 유아의 결함을 확인하는 일에 초점을 맞춘다.

이를 위해 전문가들은 진단 과정, 발달 단계 등에 많은 지식을 갖고 있어야 한다. 또한 검사를 통해 유아의 발달 상태를 보편적인 유아들과 비교하게 된다. 이러한 진단의 방법은 특수교육에서 주로 활용되어 왔다. 반면, 생태적 원인이 아닌 문화적 차이로 인한 발달 차이가 원인이 될 수 있는 다문화 가정 유아들에게 적용하는 것은 무리가 있을 수 있다. 전문가들은 결과만을 보기가 쉬워 환경이나 환경이 요구하는 능력이 무엇인지를 고려하지 않는 경우가 많으므로 검사 결과를 교육에 적용시키기가 어렵다는 점 또한 배제하지 않을 수 없다. 그러므로 이러한 검사 결과는 아이의 강점에 대한 정보를 제공하기보다는 결함을 수정하는 것에 초점을 맞추어야 한다.

특히 다문화 가정 부모의 경우 검사 결과에 대한 이해가 선행되지 않기 때문에 자연적으로 받아들이지 않게 되는 경우도 많다. 이러한 것은 부모들이 과정에 참여하지 않거나 자신들의 관심사가 수용되지 않았다고 느낄 때, 또는 검사 결과에 대해 어떤 조언 등에 동의하지 않을 때 더 심하게 나타난다.

결국 이러한 일련의 검사 모델은 다문화 가족 유아에 따라서 개별화되어 제시되어야 한다. 각각의 검사 단계는 다문화 가정 유아와 가족을 위한 특정 진단 목표를 설정하고, 다문화 가정 유아와 가족의 필요에 관한 정보를 수집한다. 이렇게 수집된 정보를 기반으로 목표를 세우고, 활용 가능한 자원을 확인하고, 필요한 서비스를 결정하기 위해서 회의를 연다. 이러한 진단 과정을 거치면서 가족과 인적 자원 그리고 프로그램들은 다음과 같은 목표를 성취할 수 있다.

첫째, 개인적 발달 수준과 문화적 환경에 적합하고 기능적인 목표를 설정한다. 유아의 발달 수준에 맞는 목표를 설정해 주어야 하는 것이다. 반면 이러한 목표 설정의 방법이 획일적으로 구성되는 경우 다문화 가정이라는 특정 환경 내에서 유용하지 않을 수 있다. 다문화 가정 유아의 초등학교 전이 프로그램은 다분히 개인적 발달 수준뿐만 아니라 문화적 환경에 적합해야 한다. 또한 다문화 가족 구성원들이 가정, 학교, 지역사회 등의 환경 내에서의 성공적인 적응을 하는 데 필요한 요구나 기대 조건들이 현실 가능하여 실천할 수 있으며, 그들이 실제적으로 이해할 수 있는 기능적인 전략들이 제시되어야 한다.

둘째, 다문화 가정 유아와 가족의 독특한 행동 양식, 강점, 과제 해결 전략을 명시해야 한다. 모든 사람은 환경에 대한 반응, 그리고 감정에 대한 대응과 표현 양식, 일상의 변화에 반응하는 양식이나 활동의 선호도에 따라 다르다. 다문화 가정도 예외는 아니다. 이러한 특성에 대한 이해가 있어야 한다. 또한 이러한 양식은 강점을 중심으로 제시되어야 한다. 강점은 다른 유아들과의 비교에 의해서도 알 수 있고, 때로는 여러 가지 기술들 간의 개인 내 차이에 의해서도 알 수 있다. 이러한 독특한 행동 양식과 강점을 아는 것은 효과적인 개별화 교육 계획을 설계하기 위해서 반드시 필요하다. 반면 약점의 경우는 다분히 주관적일 수 있으므로, 약점이 아닌 다름의 측면에서 접근하는 것이 바람직하다.

셋째, 다문화 가정 부모들은 유아에 대한 목표와 그들 자신을 위한 요구를 명시한다. 여기에서는 전문가가 중심이 되어서는 안 된다. 흔히 전문가는 부모들에게 자녀의 필요는 무엇이며 유아의 상태는 어떠한지를 이야기해준다. 하지만 다문화 가정 유아의 초등학교로의 전이의 모델은 다문화 가정의 유아를 위한 목표뿐만 아니라 기타 다문화 가족 구성원들을 위한 목표가 함께 내재되어야 한다. 실제, 전문가는 유아에게 놀이를 강조할 수 있지만 부모는 아이의 학업을 염려하여 학습을 요구할 수도 있다. 이에 대해 전문가는 다문화 가정 부모에게 전문가로서 설득은 할 수 있지만 강요는 할 수 없다. 그러므로 다문화 가정 부모가 진단 과정에 참여하고, 다문화 가정 부모가 결정한 필요와 우선순위에 초점을 맞추는 것에서 시작한다.

이렇듯 유아의 현실적인 요구와 함께, 다문화 가족의 필요를 고려하는 본 프로그램은 다문화 가족을 지원하여, 다문화 가정 유아의 초등학교 전이에 관한 교육목표와 계획이 좀 더 체계적이며, 현실적일 수 있게 한다.

넷째, 검사과정 자체에서 다문화 가족 부모가 부모로서의 존재를 느낄 수 있도록 해야 한다. 자기 자녀를 아는 것은 부모로서의 당연한 권리이며, 의무이다. 자녀 양육에서 부모가 주체가 되어야 한다. 그러나 다문화 가정의 부모들은 이질적인 문화에 생활함으로 자신감이 없어지는 경우가 종종 있다. 그로 인해 자녀를 양육하는 것 또한 자신감이 없어질 수 있다. 다문화 가정 부모들은 이러한 검사과정을 통해 다문화 가정 부모들이 자녀에 대해서 잘 알고 있다고 인식할 수 있어야 한다. 또한 자신들이 인식하고 있는 검사의 결과나 교육목표가 전문가에 의해서 높이 평가되고 있다고 느낄 수 있어야 한다.

이러한 과정에서 부모들의 질문과 관심에 너무 자주 반응하다 보면 부모의 의존성을 강화시켜 전문가들이 자신들보다 자녀들에 대해 더욱 전문적인 지식을 갖고 있다고 의존해 버릴 수도 있으니 그에 대한 각별한 주의가 요구된다. 다문화 가족들이 관심 영역에 대한 정보를 스스로 찾을 수 있도록 여러 가지 방법들을 제시해 주어 자신들의 문제를 스스로 해결해 나가도록 도와주는 것이 더 중요하다. 이러한 기술은 문제 해결 전략의 모델이 되어 독립심과 자기 만족감을 증진시킬 수 있다.

다섯째, 아동과 다문화 가족의 필요 및 자원에 대해 전문가들 간에, 전문가와 가족 구성원들 간에 공동의 통합된 견해를 수립해야 한다. 진단 과정에는 언어 영역의 전문가, 초등학교 1학년 학교적응전문가, 유아교사, 초등교사, 사회복지사 등 여러 영역의 전문가들이 포함되어 있다. 또한 부모의 의견도 전문가 중 한 사람이다. 각각의 전문화된 영역들은 매우 중요하지만, 종합되지 않는 난편적인 견해를 지닐 수도 있다. 이러한 견해에 따른 부작용을 줄일 수 있는 방법은 진단 과정을 미리 구성하고, 이를 통하여 모든 참여자들이 일관성 있는 계획을 수립하여, 통합된 견해를 공유할 수 있어야 한다.

또한 이러한 교육목표를 성취하기 위해서 공동으로 수행해야 한다. 전문가들과 부모들은 서로 의견이 일치하지 않을 때가 종종 있다. 그리고 상대방의 의견에 따르지 않을 경우가 많다. 프로그램의 효과는 다문화 가족을 둘러싸고 있는 생태적 변인들이 서로 협력하여 동일한 교육목표를 향해 나아갈 때 가장 잘 이루어진다. 이때 조정자의 역할이 아주 중요하다.

마지막으로, 아동과 가족을 위한 서비스의 효과를 평가한다. 마지막으로 진단 과정을 통해서 수집된 정보가 프로그램의 효과를 평가하는 데 사용될 수 있어야 한다. 따라서 목표는 분명히 명시되어야 하며, 성취를 기록하기 위한 전략들이 상세히 기록되어야 한다.

이를 위해 검사, 유아교육기관의 자연스러운 상황에서의 관찰, 관찰이 반영된 평가 기록지, 다문화 가정 및 자녀를 위한 체크리스트, 유아교육기관 및 초등학교 교사 그리고 다문화 가정 부모들과의 면담 등 다양한 방법이 활용될 수 있다. 특히 부모와의 면담은 생태도나 사회적 관계망을 작성할 때 아주 중요하며, 면담을 통해서 다문화 가정의 부모들이 부모로서의 역할을 수행할 수 있다. 면담은 코칭이라는 방법으로 진행되며, 이러한 면담 과정을 통해 부모가 임파워먼트되어 부모로서의 존재를 찾을 수 있다.

다문화 가정 유아를 위한 진단 및 평가는 몇 가지의 단계로 구분하여 제시될 수 있다. 이것은 가계도 및 생태도와 사회지지망 파악, 선별(screening), 진단(diagnostic), 심층 면담 등으로 구분될 수 있다. 이러한 검사 과정(가계도, 생태도, 사회지지망 파악, 선별, 진단 등) 중에 발생하는 여러 상황들을 기록해야 하며, 이러한 과정 중에 자연스럽게 심층 면담이 이루어질 수 있어야 한다.

1. 가계도 및 생태도

가계도 및 생태도는 가족 구성원들 간의 상호 관계를 보기 위한 것이다. 이를 위해 ① 다문화 가족 구성원의 생활사(Life History)[출생지, 성장 과정, 결혼 관계, 직업 관계, 가족 관계, 세대주의 생활사에 가장 큰 영향을 미친 것, 기타] ② 친척과의 관계[친화 정도, 왕래 정도, 원조 관계, 기타] ③ 형제(자매)와의 관계(별거)[형제의 수, 거주지, 연락되는 형제 유무, 왕래 정도, 친화 정도, 원조 관계, 기타] 등의 자료를 수집한다.

1) 가계도(Genogram) 작성

가계도(Genogram)란 3세대 이상에 걸친 가족 성원에 관한 정보와 그들 간의 관계를 도표로 기록하는 것으로 가족에 관한 정보가 도식화되어 있기 때문에 복잡한 가족 유형의 형태를 한눈에 볼 수 있다. 가계도는 세대를 통해 내려오는 문제가 있는 감정이나 행동의 패턴을 측정하는 데 유용한 도구이다. 다문화 가정 유아의 가계도 작성에는 다문화 가정 유아를 중심으로 작성하며, 이를 통해 가족관계를 파악할 수 있다. 작성범위는 다문화 가정 유아를 중심으로 위로 2대(실제 사회복지에서 가계도 작성에서는 위로 1대를 한다)가 적절할 것으로 본다. 단 조손가정일 경우에는 구성원이 모두 포함되도록 작성한다. 실제 결혼 이민자의 경우는 3대가 함께 거주하는 경우가 많으므로 가족 구성원의 특성을 파악하는 것은 중요하다.

2) 생태도(Eco-Map) 작성

생태도(Eco-Map)는 사회적 환경 속에 있는 가족을 조사하는 것으로, 개인과 가족의 사회적 맥락의 상태, 그리고 개인과 가족을 둘러싼 사회체계들과의 상호작용 상태를 하나의 그림으로 나타낼 수 있도록 고안되어 있다. 다문화 가정 유아를 포함한 가족의 삶의 공간에 속한 모든 주요 환경 체계들, 가족과 그러한 체계들 간의 관계, 그리고 각 주변 체계들 간의 관계를 그림으로 나타낸다. 또한 이러한 관계들 간에 상호작용하는 영향 요인을 표시하도록 한다. 이러한 것은 종이와 필기도구만 있으면 쉽게 작성할 수 있다.

생태도 작성은 다문화 가족의 환경 내 다양한 체계들과의 관계를 탐색하기 위해 사용하는 다양한 상호적인 기법들 중의 하나이다. 완성된 생태도는 가족이 각각의 체계들로부터 받는 스트레스와 지지는 물론 가족 환경의 중요한 요소를 시각적으로 표현해 준다. 생태도를 작성하고 분석하는 것은 전이조정자와 다문화 가족 구성원 모두가 함께한다.

다문화 가정 유아(아동)의 생태도는 다음과 같은 순서로 작성될 수 있다. 첫째, 백지의 중앙에 가족 체계를 상징하는 큰 원을 그린다. 둘째, 큰 원 안에 다문화 가정 유아의 가족의 구성원들을 간략한 가계도로 표시한다. 셋째, 큰 원 밖으로 다문화 가정의 유아를 포함한 가족 구성원들과 가족 체계에 영향을 미치는 주변 환경 체계들을 그린다. 넷째, 가족 체계와 주변 환경 체계들 간의 교류 상황, 주변 환경 체계들 간의 교류 상황을 파악하여 상호교류의 성격에 따라 각기 다른 종류의 선으로 체계들 사이를 이어준다. 이때 주변 체계가 가족 전체와 교류한다면 처음에 그렸던 큰 원과 해당 주변 체계를 선으로 연결하고, 주변 체계가 가족 중 특정 개인과 교류한다면 주변 체계와 특정 개인만을 선으로 연결한다. 체계들 간의 교류 상황을 표시하기 위한 선의 종류는 가족 구성원들과 다른 체계 간의 관계의 성질을 묘사하기 위한 것이다. 따라서 선의 종류는 관계의 중요도, 긍정 혹은 부정적 관계, 또는 가족 구성원에게 도움이 되는 요인인지 아니면 갈등을 유발하는 요인인지 등을 고려하여 나타낼 수 있다. 다섯째, 전이조정자와 다문화 가정의 부모는 가족 구성원과 주변 체계와의 교류 상황을 파악하여 가장 신속하고 효과적으로 다문화 가정 유아의 초등학교 전이를 조력할 수 있는 체계들을 찾아낸다.

생태도 작성을 통해 전이조정자와 다문화 가정 부모는 유아의 초등학교 전이를 도울 수 있는 관계를 파악하는 데 많은 이점들을 얻을 수 있다. 즉 유아와 가족의 적응과 대처 능력을 향상시킬 수 있는 외부 요인들, 조정되어야 할 갈등 요인들, 연결·동원되어야 할 자원들, 유아의 가족의 적응과 성장에 기여하는 요인들과 저해하는 요인들 등을 발견하여 이에 대한 개선의 발판이 될 수 있다.

위와 같은 순서에 따라 작성된 다문화 가정 유아의 생태도의 예는 아래의 〈그림 11-2〉와 같다.

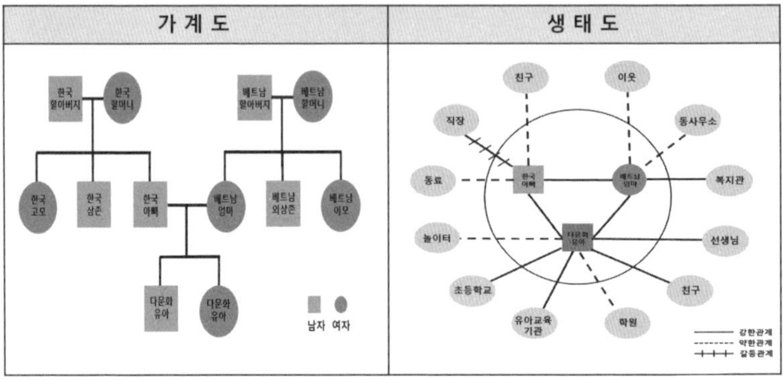

〈그림 11-2〉 다문화 가정 유아의 가계도 및 생태도(예)

3) 사회적 지지망

(1) 다문화 가정의 사회적 지지망 분석의 필요성

다문화 가정의 결혼이민여성, 이주노동자, 탈북자는 기존에 그가 성장하기까지 속해 있던 사회 체계를 떠나 한국이라는 새로운 체계 안에 속하게 되었다. 이것은 이전까지 그들에게 익숙하거나 당연시되던 삶의 방식 중 많은 부분에 있어서 새로운 적응을 요구하게 된다. 특히 유아기 자녀의 초등학교 입학을 앞둔 다문화 가정의 경우 자녀의 준비도(readiness), 입학에 필요한 절차, 학습 지원, 언어적 의사소통, 교사와의 관계 등에 있어서 자신이 살아온 사회문화적 체계와는 다른 방식을 경험할 수 있다. 따라서 이때 다문화 가정 자녀의 초등학교 전이를 위한 사회적 지지가 동반된다면 새로운 적응을 유연하게 할 수 있도록 도울 수 있을 것이다.

실제로 이와 관련한 연구에서는 사회적 지지가 결혼이민여성의 사회적 적응에 긍정적 영향을 주고 문화 적응 스트레스를 낮추며 전반적인 적응 문제에 영향을 주는 것으로 나타났다(김은실, 2007). 또한 이것은 결혼이민여성의 생활만족도를 높이고(김나영, 2007), 결혼이민여성의 스트레스를 낮추어 아동의 적응에 영향을 주며, 생활 만족도와도 높은 관계가 있는 것으로 나타났다(최현, 2008). 이에 다문화 가정의 사회적 지지 체계를 파악하는 것은 자녀의 초등학교 전이를 지원하기 위한 자원들을 발견할 수 있다.

이러한 사회적 지지 체계를 파악할 수 있는 것이 사회적 지지망이란 도구이다. 그러나 다문화 가정 유아의 초등학교 전이를 지원하기 위한 사회적 지지망을 제시하기에 앞서 사회적 지지망의 근본 체계가 되는 사회적 지지에 대하여 알아보는 것이 필요하다. 따라서 사회적 지지의 개념, 구조에 대하여 먼저 살펴본 후, 사회적 지지 관계를 알아볼 수 있는 도구인 사회적 지지망에 대하여 제시하고자 한다.

(2) 사회적 지지의 개념과 기능(특성)

사회적 지지란 넓은 의미에서 다른 사람들로부터 공급받는 자원을 말한다. 사회적 지지의 정의를 조금 더 구체적으로 살펴보자면, 개인이 사회적 상호작용을 통해 얻을 수 있는 관심, 도움, 인정, 격려 등의 모든 정적 자원을 의미하기도 하며, 더 나아가 다른 사람에 대한 긍정적 감정의 표현, 타인의 행동이나 지각의 인정, 타인에 대한 상징적 또는 물질적 도움의 제공 중 하나 또는 그 이상을 포함한 대인관계적 거래를 통해 개인이 얻을 수 있는 모든 긍정적인 자원을 의미한다(장인순, 김수미, 2002).

또한 박지원(1985)은 사회적 지지를 네 가지로 구분하여 개인이 문제에 대처하는 데 이용할 수 있는 정보적 지지, 자신의 행위를 인정해주거나 부정하는 등 자기평가와 관련된 정보를 전달하는 평가적 지지, 일을 대신 해주거나 돈이나 물건을 제공하는 등의 물질적 지지, 존경, 애정, 신뢰, 관심, 격려 등의 행위를 포함한 정서적 지지로 정의하고 있다. 이러한 정의에 따르면 사회적 지지는 개인과 그가 속한 집단 구성원들과의 상호작용을 통해 그들로부터 물리적, 정신적인 지원을 받는 것이라고 할 수 있다(주미연, 2010).

사회적 지지는 다양한 연구에서 개인의 심리적 안녕과 정신건강, 스트레스 대처 양식, 인생의 여러 가지 변화에 대한 적응에 중요한 영향을 미친다고 밝혀져 왔다(장미경, 2006). 이처럼 사회적 지지는 개인이 특정한 스트레스에 직면했을 때 스트레스를 완화시켜 개인을 보호하는 기능을 하며(윤인진, 2009), 삶의 전환기에 적응을 용이하게 한다(최현, 2008).

또한 사회적 지지는 임신 기간, 초기 아동 발달기, 위기적 상황 그리고 질병 시기 및 회복기 등과 같은 생애 사건과 전환 시기에 매우 중요하게 작용하므로, 다문화 가정 유아가 초등학교로 전이하는 시점 역시 사회적 지지가 매우 필요한 시점이라 볼 수 있다. 이러한 사회적 관계로부터 제공되는 자원과 도움은 다양한 발달적 변화를 겪고 있는 아동의 심리적 적응에도 긍정적인 영향을 미친다(장미경, 2006).

(3) 사회적 지지의 두 가지 차원

사회적 지지는 개인 간 네트워크의 구조와 네트워크가 개인에게 서비스하는 기능이라는 두 가지 관점에서 접근할 수 있다. 여기서 구조적 차원은 사회적 지지의 양적 특성으로서 개인이 얼마나 많은 사람들과 상호작용하며 사회적으로 연결되어 있는가를 의미한다. 이것은 사회적 관계망의 크기나 다른 사람과 만나거나 모임에 참석하는 빈도 등 지지의 양적 크기를 말한다. 사회적 지지의 양적 특성을 알아보기 위해 개인에게 가족, 친구, 혹은 지지에 필요한 전문 지식과 기술을 포함한 자원을 갖춘 사람 중에서 자신에게 도움을 줄 수 있는 사람들의 수를 측정하거나, 개인이 가족 또는 친구 등과 전화 통화, 집 방문, 모임 참석 등을 통해 일정 기간 동안 접촉한 빈도를 측정하기도 하며, 개인과 지지망 간의 거리의 정도를 측정하기도 한다(박윤숙, 2006).

반면 기능적 차원은 사회적 지지의 질적 특성으로서 개인이 그와 상호작용하고 있는 사람들로부터 제공받은 물질적, 정서적 자원의 도움이나 필요시에 그들로부터 제공받을 수 있다고 생각되는 도움을 의미한다. 이것은 상호 관계의 질적 측면을 파악할 수 있게 하며, 개인이 가진 지원 체계가 구체적으로 어떠한 지지를 제공하며 제공된 지지를 통해 어떠한 욕구가 충족되는지 알 수 있다(박윤숙, 2006).

(4) 사회적 지지망과 분석도구

사회적 지지망은 사회적 관계망 내에서 개인과 관계망 구성원 간의 교환되는 인지된 지지적 유대를 내용으로 하는 '면'의 상태를 지향하는 협력관계로, 개인뿐만 아니라 집단과 지역사회의 비공식적·공식적 지지 자원을 포함하는 실천적인 개념이라 할 수 있다(채현탁, 2006). 이것은 지속적으로 양육을 제공함으로써 삶에 대한 대처 능력을 강화시켜 주는 사람들로 구성된 집단으로 상호 연관된 관계의 집합체이며, 개인이 사회적 정체감을 유지하고 정서적 지지, 물질적 보조, 서비스, 정보 및 새로운 접촉 기회 등을 제공받는 일련의 개념적 관계의 집합체(Walker, 1985)이다(이금진, 2008). 따라서 사회적 지지망은 개인에게 가장 주요한 지지 출처를 반영하고 있고 지지적 유대가 개입의 주요 대상이라는 점에서 개입을 위한 개념 틀로서 유용하다(이원숙, 1995).

사회적 지지망은 객관적으로 존재한다고 하더라도 그것을 지각하여 활용하지 않으면 무의미하다. 따라서 사회적 지지망을 분석하기 위해서는 다문화 가정이 직접 참여하는 것이 중요하며, 이렇게 분석된 사회적 지지망은 조정자가 다문화 가정의 지원체계를 파악하여 활용할 수 있는 근거가 된다.

2. 검사

초등학교 진학을 앞둔 다문화 가정 유아에게 어떠한 결과를 예상하고 검사부터 시작하는 것은 매우 위험한 일이다. 하지만 그들의 현 상태를 파악하고, 이에 대한 적절한 프로그램을 구축하기 위해선 반드시 변수 중심(variable-centered) 접근이 되어야 한다. 이러한 검사는 다문화 가정 유아의 현 상태를 파악하는 것에서부터 가족의 상태까지 파악하는 것을 의미한다.

유초 연계와 관련한 검사로는 초등학교 일학년용 학교 적응 척도가 있다. 이 척도는 지성애와 정대현(2006)에 의해 개발된 것으로 육아정책연구소에서 제공하는 한국아동패널데이터에 활용되고 있다[1]. 학교생활적응, 학업수행적응, 또래적응, 교사적응 총 4개의 하위 영역 35문항으로 구성되어 있으며, 담임교사에 의해 평정되었다. 하위

1) 한국아동패널데이터는 2008년도에 출생한 신생아를 대상으로 패널을 구축하여 패널 아동이 만 7세가 될 때까지 매년 조사하는 전국단위 데이터이다.

영역별 조사 내용을 살펴보면, 학교생활적응은 유아교육보육 기관보다 엄격해진 학교의 규칙 및 질서에 대한 적응, 학업수행적응은 학교 수업 활동에 적극적이고 활발하게 참여하는 정도, 또래적응은 또래관계에서의 친사회성과 상호작용, 교사적응은 교사와의 원만한 관계 형성에 관한 내용을 포함하고 있다.

반면 일반적으로 유아의 현 상태를 파악하는 대부분의 다양한 도구들은 복합적인 목적(예, 의료 진단과 교육 내용의 파악)을 달성할 수 있도록 개발되어 있지 않은 경우가 대부분이다. 사용자들은 도구의 개발된 목적과 자신이 사용하고자 하는 목적에 부합하도록 도구를 선택하여 사용하는 것이 반드시 필요하다. 이러한 검사 도구의 사용은 변수를 중심으로 프로그램의 목적과 내용을 결정하기 위한 것으로 정보를 수집하는 과정이다.

본 프로그램에서 사용하는 검사들은 다문화 가족과 그 자녀의 초등학교 전이를 도울 수 있는 프로그램을 계획하기 위한 정보를 수집하는 과정에 초점을 맞추고 있다.

초등학교로 입학하게 될 다문화 가정 유아의 변수 중심접근은 유아 개개인의 능력과 사회문화적 환경을 파악하는 데서 시작된다. 우선 다문화 가정 유아 개개인 능력과 관련된 것이 선별과 진단이다. 선별 과정은 다문화 가정 유아에게 문제의 위험이 있는가를 파악하는 것이다. 그리고 진단은 표준화된 상황에서 전문가에 의해서만 실시되는 공식적인 검사이다. 진단은 점수와 진단 결과 등에 의한 유아의 발달 수준을 결정하는 일에 관심을 둔다. 따라서 진단은 목표를 어디에 두고 프로그램을 계획해야 되는지를 알려주는 중요한 근거가 된다. 이러한 진단은 통제된 상태에서 진행됨으로 발달 상태를 상대적으로 비교할 수 있게 한다.

〈표 11-1〉 진단 평가 도구의 종류 및 특성

평가도구명	출판사	연령	비고
한국 베일리 영유아 발달 검사 (박혜원, 조복희, 최호정, 2003)		1~42개월	· 미국의 BSID II (Bayley Scale of Infant Development II)를 국내에 맞게 표준화 함. · 정신척도(25~30분소요), 운동척도(20~30분소요), 행동평가척도로 구성 · 행동평정척도는 정신척도와 운동척도로부터 얻은 정보를 보충하는 데 사용 · 전문가에 의해 표준화된 절차를 이용
게젤 발달 검사(개정) Gesell Developmental Schedules (Revised), 1987	Develop mental Test Materials	4주~36개월	· 적응, 대근육, 소근육, 언어, 개인-사회영역으로 구성 · 위 영역과 비례한 부모질문지 포함 · 45분 소요 · 전문가에 의한 수행
한국판 카우프만 아동용 개별지능검사 (K-ABC, Kaufman Assessment Battery for Children) (문수백, 변창진, 1997)	학지사	2세 6개월~12세 5개월	· 종합적 지능검사 목적 · 인지처리척도와 습득도척도로 구성 · 45-90분 소요 · 전문가에 의한 수행
한국 웩슬러 유아지능검사 (K-WPPSI) (박혜원, 곽금주, 박광배, 1996)	도서출판 특수교육	만 3세~7세3개월	· Wechsler 유아교육기관 and Primary Scale of Intelligence-Revised를 표준화 한 도구. · 종합적 지능검사 목적 · 언어성 검사(상식, 이해, 산수, 어휘, 공통성, 문장)와 동작성 검사(모양 맞추기, 도형, 토막자기, 미로, 빠진 곳 찾기, 동물 짝짓기)로 구성 · 약 60분 ~ 70분 소요 · 전문가에 의한 수행

〈표 11-1〉에 제시하였듯이 대부분 많은 검사도구들이 독특한 성격을 지니고 있다. 하지만 공통적으로 가지고 있는 특성을 보면 인지영역, 언어영역, 대근육 운동, 소근육 운동, 사회성 영역 등으로 구분된다. 하지만 이러한 진단의 개념은 다문화 가정 자녀의 초등학교로의 변수 중심접근을 하는 데 많은 어려움을 겪게 한다.

다문화 가정 유아의 경우 문화적 차이로 인해 발생하는 어려움이 많다는 점을 고려할 때 현재 일반 정주민 유아를 위한 진단도구들을 함께 사용하는 것은 무리가 있다. 이에 문화적 차이를 고려한 검사도구들이 개발되어야 할 것으로 본다.

3. 요구도

다문화 가정 유아의 초등학교 학교 적응 수준의 개선을 위한 공식 개입은 한계를 가질 수밖에 없다. 이에 대해 각 가정에서의 요구도를 조사할 필요가 있다. 요구도와 관련하여서는 개방형으로 질문을 받다가, 이후 교사 적응, 또래 적응, 생활 적응, 학업 적응의 유형별로 요구를 받는 경우도 좋다. 다문화 가정의 요구도는 실제 교사가 전혀 생각하지도 못한 곳에 있을 수 있다.

제12장 활동 계획 및 실행[1)]

현재 초등학교 입학을 한 달 앞둔 다문화 가정 유아인 예진이에게는 한 가지 어려운 점이 생겼다. 예진이는 친구들과 사이가 원만하지 못하다. 한참 또래 관계가 형성될 시기에 예진이는 단짝 친구를 만들기가 어렵다. 유치원에서도 항상 혼자 있기가 일쑤다. 예진이는 친구의 부모님과 함께 야외에 소풍 가고 싶은데 예진이의 부모님은 싫어한다.

초등학교 입학을 앞둔 다문화 가정 유아의 경우 예측할 수 있는 어려움은 언어능력의 미숙으로 인한 학업 수행의 어려움 등을 쉽게 예측할 수 있다. 하지만 예진이는 자신이 또래와 어울리거나 자신의 부모님이 또래 부모님과 함께 어울리는 등 또래와의 관계나 적응을 가장 어렵게 느끼고 있었다.

---

1)

자료수집의 방법
• 인터뷰 : 다문화 가정 유아 및 가족과 반드시 면접을 실시해야 한다. 단 대상이 인터뷰에 적절하지 않다고 판단되면 그 대리인과 실시할 수 있다. 이때 가족 구성원의 수가 많을수록 좋다. 특히 결혼이민자 가정의 경우 반드시 가족의 정주민과 결혼이주민 모두를 인터뷰하는 것이 좋다. • 가정 방문 : 정확한 자료 수집을 위해 가정 방문을 하는 것이 좋다. • 공공기관 및 민간단체와 접촉하여 정보를 파악하는 것이 좋다. • 되도록 통역하는 사람과 동행하는 것이 좋다. • 다문화 가족의 이웃, 주변인, 친구, 친척 등을 만나 정보를 파악해야 한다. • 기록 및 녹취에 대한 동의 : 다문화 가족과 인터뷰할 때 인터뷰 내용에 대한 기록 또는 녹취가 필요한 경우에는 사전에 다문화 가족에게 동의를 얻어 실시해야 한다. 만약 거부할 때에는 기록과 녹취 없이 면담을 진행해야 한다.

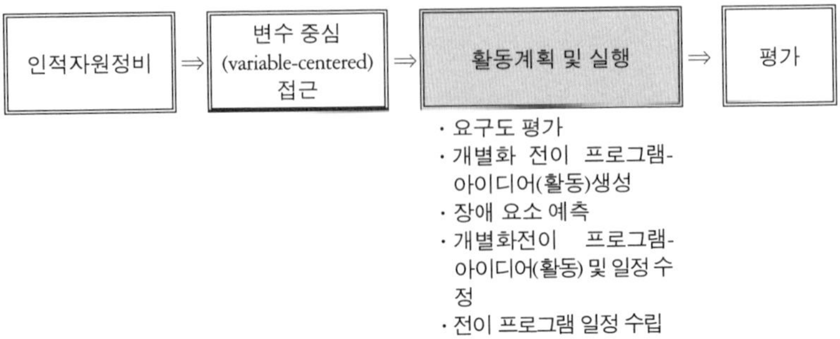

〈그림 12-1〉 **다문화 가정 유아의 초등학교 전이 프로그램 세부절차; 활동계획 및 실행**

실제 다문화 가정 유아의 초등학교 전이 프로그램은 다문화 가정 유아의 요구가 반영되어야 한다. 획일적인 프로그램 제시는 다문화 가정 유아의 초등학교로의 전이에 그다지 많은 영향을 끼치지 못한다. 예진이에게 가장 필요로 하는 것은 또래 간의 관계이며, 그것도 자기의 부모가 또래의 부모처럼 함께 어울리는 것이었다.

이처럼 다문화 가정 유아의 초등학교 전이 프로그램에는 각각의 요구도가 반영된 아이디어를 통해 개별화 전이 프로그램이 계획되어야 하며, 이때에는 전반적인 일정을 수립하고, 그에 따른 장애 요소를 미리 예측하여 계획 단계에서 예측된 장애 요소를 제거하고 최종적인 개별화 전이 프로그램이 구안되어야 한다.

1. 요구도 평가

이미 전 단계인 '변수 중심(variable-centered) 접근' 단계에서 초등학교 전이를 앞둔 가정과 아동의 현 실태(발달 수준 및 문화적 배경 등)와 요구도를 파악하였다. 각각의 가정은 그 가정들이 처해 있는 여건에 따라 요구도가 다르다. 어떤 가정은 언어 문제가 있을 수 있고, 어떤 가정은 가족 간의 관계가, 그리고 어떤 가정은 경제적인 문제가 있을 수 있다. 하지만 이들의 요구를 다 수용할 수는 없는 것이다. 이 단계에서는 다문화 가정에서 취한 요구도를 파악하는 것이다.

지역사회 및 학교 수준의 조정자는 또한 정기회의를 준비하고 요구도를 파악하는 일을 한다. 회의의 결과는 다양한 프로그램 · 학교 · 가정의 견해와 우선순위를 고려해서 전이계획 수립에 반영되어야 한다. 주요 당사자들이 참여하는 지역전이교육위원회는 현실적인 계획이 입안되고 시행될 수 있도록 협조적인 회의 진행을 유도해야 한다. 또한 모든 참가자들이 목적, 목표, 계획에 대해 이해할 수 있도록 상호 협력이 필요하다.

이 단계에 있어 핵심적인 부분은 위원회의 참가자의 서로 다른 견해에 대해 공조 체제를 구축하고, 전이에 대한 공통적 정의를 정립하는 것이다. 참가자들은 전이와 관련해 서로 다른 요소에 우선순위와 중점사항을 두고 있는 경우가 많다. 그리고 각자 서로 다른 관점을 가지고 있으므로 이러한 다양한 견해들이 표현되고 하나로 융화될 수 있도록 전이교육의 계획이 이루어져야 한다. 이때 조정자의 역할이 중요하다. 또한 참가자들의 각자 집단의 이익과 상황을 대변하는 것에서 벗어나, 다문화 가정의 유아와 그 가족의 초등학교로의 원만한 전이를 도와야 한다. 위원 모두는 프로그램의 성향을 잘 이해하고 있어야 한다. 이러한 이해는 위원회들의 다양한 견해를 반영하는 것에서부터 시작된다.

지역전이교육위원회과 학교전이위원회는 다음과 같은 사항들을 논의해야 한다.

첫째, 다문화 가정 유아(아동), 가정, 학교 및 지역사회에 있어 준비도 및 전이의 의미에 대해 논의가 있어야 한다.

둘째, 전이 프로그램의 행사(내용)에 대해 논의가 필요하다. 예를 들어, '다문화 가정 아동은 유아교육기관에서의 학습능력, 생활 태도는 어떠했는가?', '다문화 가정 아동이 초등학교에 입학하는 데 현실적으로 가장 필요로 하는 것은 무엇인가?'하는 것이다. 이러한 것들은 전이 프로그램의 목표를 수립하는 데 중요한 영향을 미친다. 또한 다문화 가정 부모들로 하여금 다문화 가정 유아의 초등학교 전이를 위한 프로그램의 요구에 대해서도 물어보아야 한다.

셋째, 다문화 가정 유아의 가정 배경, 경제적 수준 등에 대한 논의가 필요하다. 다문화 가정의 아동에 관한 정보가 유아교육기관에서 초등학교로 입학 시에 상당히 많은 부분이 이관되지 않는 경우가 많다. 실제 초등학교 교사들의 경우 유아교육기관에서의 생활을 모르기 때문에 아이들을 이해하고 파악하는 데 많은 시간이 걸린다. 실제 아이의 부모가 다문화 가정이라고 알리지 않아 입학 후 수개월이 지나도 아이가 다문화 가정인지를 파악하지 못한 경우도 있다. 다음 사례는 아이가 다문화 가정 아이인 줄 몰라서 초등학교 담임교사가 곤란을 겪은 사례이다.

> 부모님 모두 한국 이름이었어요. 외모도 우리와 똑같았구요. 그런데 엄마가 일본분이셨어요. 한국과 일본이 독도 분쟁이 있는 날 아이를 학교에 보내지 않았어요. 아무 연락도 없이 그냥 결석을 시켰죠. 다음 날 아이에게 물어 보니 엄마가 가지 말라고 했다고 해요. 전 그 아이의 엄마가 일본분이란 것을 정말 몰랐어요. 미리 알았으면 제가 조심했을 수도 있는데 약간 후회가 되긴 해요...
>
> (초등학교 1학년 교사)

위의 사례는 유아교육기관에서 초등학교로 전이에서 아이에 관한 일정 부분의 정보가 함께 이관되어야 함을 보여준다.

넷째, 다문화 가정 유아 부모의 자녀 교육에 대한 참여 정도에 대한 논의가 필요하다. 유아교육기관에서 초등학교로 진학할 때 다문화 가정 유아 학부모의 참여 정도와 태도를 알아보는 것도 중요하다. 다문화 가정 유아 부모의 문화적 배경과 부모의 성향 등으로 참여를 못할 수도 있다. 혹은 자녀 교육에 대한 많은 관심이 없을 수도 있다. 만일 참여 정도가 미흡하다면 참여를 유발시킬 수 있는 방법에 대한 논의가 필요할 것이다.

다섯째, 유아교육기관과 초등학교 간의 교육과정 연관성에서 필요로 하는 능력(기술)에 대한 논의가 필요하다. 유아교육기관과 초등학교 간의 교육과정 연관성에서 필요로 하는 능력과 관련해서 유아교육기관 교사들은 '유아교육기관에서 초등학교로 전이할 때 아이들이 어떤 기술(skill)을 배워야 한다고 생각하고 있는가?', '초등학교 교사들은 아이들이 들어올 때 어떤 기술을 가지고 있을 것으로 기대하는가?' 등을 고려해야 한다.

조정자는 팀 내 모든 구성원으로부터 의견을 수렴해야 하며, 전체의 필요를 우선순위에 둘 수 있도록 토론을 진행해야 한다. 학교 차원에서도 이와 유사한 회의를 개최하여야 한다.

초기의 초등학교 입학을 앞둔 다문화 가정 유아 및 가족의 요구 수렴 단계에서 각 팀원들은 각자의 전문지식과 경험에 근거해 학교의 필요에 맞는 전이교육 정보를 수집해야 한다. 이러한 과정은 몇 주의 기간이 소요되거나 여러 번의 회의에 걸쳐 이루어질 수도 있다. 또한 지역교육청 및 관청에서 수집한 정보들도 필요하다. 이러한 정보들은 향후 몇 년간 학교에 입학할 다문화 가정의 경제적 수준 등을 포함한다.

다문화 가정 및 전이를 앞둔 유아의 요구 수렴이 이루어지는 동안에는 팀의 리더는 구성원들이 정보를 게시할 수 있도록 게시판을 활용하고, 토론과정에서 제기된 주제와 정보들을 요약해야 한다. 일정 시점에는 팀의 리더가 2~3페이지 분량의 간단한 보고서를 작성해서 해당 학교의 필요사항을 요약 보고하고 팀원들의 승인을 얻도록 한다.

이때 교사는 미리 요구도에 관한 항목을 숙지하고 있어야 한다. 즉, 교사들은 학부모 면담 시 무엇을 인터뷰 내용으로 할 것인지를 파악하고 있어야 한다.

> 막상 학부모님들과 면담했을 때 무엇을 물어보아야 하는지 막막해요. 어떤 선배 선생님들은 그냥 아이들이 다 잘한다고 말하고, 할 말이 있는지 물어본대요. 그럼 부모님들이 물어보고, 그것을 대답해 준대요. 어떤 정보가 필요로 하는지도 모르겠어요. 실제 아이의 상태가 어떠한지 잘 모르겠어요. 상담이 3월에 있는 것도 문제인 것 같아요.
>
> (초등학교 1학년 담임교사, 경력 5년 차)

1) 다문화 가정 유아의 개인력/가족력

다문화 가정의 가족 구성원의 삶에 관해 기술하는 것으로 가계도 및 생태도를 위해 파악된 자료를 활용하여 대화의 자료로 삼는다. 특히 다문화 가정 유아의 발달과정상에서 볼 수 있는 여러 가지 장점과 약점들을 파악할 수 있다. 또한 다문화 가족의 장점과 어려운 점에 대해서도 파악할 수 있다.

〈표 12-1〉 다문화 가정 유아의 개인력/가족력

아동	부모
· 이름 : · 성 별 : · 생년월일 : · 건 강 : · 재학 형태(외국인학교, 일반학교) : · 출생 순위(형제 서열) : · 출생지 :	· 부모의 직업 : · 부모의 연령 : · 부모의 건강 : · 부모의 출신국가 : · 부모의 최종학력 : · 한국 거주 기간 : · 국외 거주 기간 : · 한국어 실력(능력) : · 결혼에 대한 만족도 : · 가족 수 : · 사용언어(모국어, 외국어, 한국어, 이중언어) :

2) 다문화 가족의 사회적 관계

요구도에 대한 평가 중 다문화 가족의 사회적 관계를 아는 것은 중요하다. 특히 다문화 가족의 사회적 관계에서는 가족 구성원들의 상호작용 기술을 파악하는 것이 중요하다. 결국 사회적 관계는 언어적 소통의 곤란 등으로 인해 구성원들의 상호작용 기술이 어떠하느냐에 따라 많은 영향을 받는다. 다문화 가족 구성원들의 상호작용 기술을 파악하기 위해서는 '자녀양육 훈육에 대한 부모의 스타일은 어떠한가?', '규율은 일관성 있는가?', '자녀의 유아교육기관에서의 생활의 열정은 어떠한가?', '자녀의 유아교육기관에서의 적응력은 어떠했는가?', '유아교육기관에서 또래 관계는 어떠했는가?' 등을 파악하는 것이 중요하다.

또한 가족의 분위기 등을 아는 것도 매우 중요하다. 이를 위해서는 대화시간은 얼마나 되는지?, 다문화 가족 구성원이 여가 시간엔 무엇을 하는지?, 가족 구성원 중 분위기를 이끌어가는 사람은 누구인지? 다문화 가족 구성원 각각의 가족에 대한 충실도는 어떠한지?를 아는 것이 중요하다.

〈표 12-2〉 다문화 가족 및 사회적 관계 작성

· 아동 이름	
· 가족	

2. 개별화 전이 프로그램 - 아이디어(활동)의 생성

학교와 지역사회의 필요가 파악되고 목표가 수립되고 나면 전이교육팀은 전이 관련 활동과 프로그램 실행 목록을 작성한다. 이 아이디어 목록은 유아교육기관, 초등학교 교사들이 적합하고도 개별화된 활동을 선택하도록 돕는다.

또한 이러한 활동들은 전이 프로그램에 참여하는 당사자들 간의 접촉 빈도와 강도를 높이는 것이어야 한다. 즉, 가정 - 학교, 아이 - 학교, 또래, 지역사회의 연계를 위해 필요한 사항들을 다룰 수 있는 방안을 마련해야 한다. 본 프로그램은 관계를 통해 원활한 전이를 돕는 것으로, 아이디어 생성 단계에서부터 연계(관계)를 중심으로 해야 한다. 또한 이미 학교에서 진행하고 있는 전이 프로그램들도 이러한 연계(관계) 프로그램 실행 목록에 포함되어야 한다. 그리고 여기에 추가적인 아이디어들을 착안해 내는 것도 중요하다.

전이활동을 위한 아이디어를 생성하는 과정에서 발달적 모델과 계획수립에 관한 다음의 지침을 참고하는 것이 매우 유용할 수 있다. 발달 모델과 지침 그리고 다음의 브레인스토밍 절차(아이디어를 자유롭게 표현하고 이에 대한 비판은 하지 않는 것)를 사용해 전이활동에 대한 아이디어의 프로그램 실행 목록을 작성한다. 이것이 사회적 연결(예: 유아교육기관 교사가 학부모에게 전화 거는 것)인지 아니면 정보적 연결(예: 유아교육기관 교사와 초등학교 교사가 만나 커리큘럼과 각 학교에서 원하는 교육적 욕구를 해결하는 것) 인지를 파악한다. 여기에는 브레인스토밍 가이드가 유용하게 사용될 수 있다. 아래는 브레인스토밍을 하기 위한 예시이다.

첫째, 다문화 가정 유아가 초등학교 적응하는 데 어려움을 겪을 것을 미리 예상해 본다. 이때에는 경험한 것은 물론이고, 떠오르는 단어를 아무 비판 없이 제시하게 하는 것이 좋다. 또한 유아 교사와 초등학교 교사가 함께 제시했을 때 유용하다.

〈표 12-3〉 **다문화 가정 유아의 초등학교 적응의 어려움(예)**

- 교사의 다름(신념)
- 다문화 가정 유아의 외모 때문에 오는 차별
- 규칙지키기
- 화장실 가기
- 급식먹기
- 등하교의 일과표
- 교육과정
- 기초학습능력
- 부모의 학습도우미 곤란
- 학교와 가정과의 연계

둘째, 이러한 적응의 어려움을 네 가지의 준거에 따라 분류한다. 이 네 가지 준거는 정대현 · 지성애(2006)의 초등학교 1학년 적응 척도개발에서 밝힌 초등학교 적응의 4가지 요인이다. 이때에 분류 도중에 아이디어가 떠오르면 계속 더 적어 넣을 수 있다. 실제 첫 번째 단계의 아이디어 생성이 안 된다 할지라도 분류하여 제시하는 과정 중에 아이디어가 생성될 수 있는 경우가 많다.

〈표 12-4〉 전이 실행을 위한 브레인스토밍

생활적응	
또래적응	
교사적응	
학업적응	

셋째, 경험하게 될 어려움을 극복할 만한 프로그램을 계획한다. 여기에서는 극복할 만한 프로그램을 '도전 프로그램'이라 명명한다. 이는 정대현(2006)의 연구에서 밝힌 바와 같이 유아들은 초등학교 교실에서 적응해 가는 과정에서 충격단계를 거쳐 도전단계를 경험하게 되고, 도전단계를 어떻게 극복하느냐가 안정화의 결과를 가져온다고 보았다.

〈표 12-5〉 전이 실행을 위한 브레인스토밍 분류 및 가이드

적응영역	예상 충격	도전 프로그램	비고
생활적응		초등학교 교실 둘러보기	
또래적응			
교사적응			
학업적응			

넷째, 도전 프로그램을 중심으로 전이 프로그램의 브레인스토밍 차트를 작성한다. 이때에는 작성된 도전 프로그램이 곧 실행 목록이 된다. 또한 이렇게 작성된 실행 목록 간에 공통분모나 상호의존성이 있는지 파악한다. 여러 활동 간에 서로 연계되어 있거나 연계시킬 수 있는 방안을 찾아본다.

〈표 12-6〉 전이 프로그램 브레인스토밍 일정 계획(예시)

활동	교육 효과와 관련된 것	우선시 적용되는 것	누가?	언제?	프로그램 수행 시 장애 요소-해결책	유아교육기관-초등학교 연계되는 것
교실 둘러보기	물리적 환경적응	교장선생님의 허락, 사전 교육	유아교육기관 교사	6월, 12월, 2얼	• 교장선생님의 인식 • 심도 있는 초등학교 교실 활동 관찰 어려움	
부모와의 연계						

전이활동에 관해 논의하고 우선순위를 정하고 나면 전이활동 브레인스토밍 가이드가 완성되는데 이것은 전이활동 메뉴의 초안이 된다. 전이전략을 선택하는 도구로 사용할 수 있으며, 또 다른 활동들에 대한 아이디어 발상을 용이하게 해 준다. 원활하고 시의적절한 실행을 위해서는 각 수준의 팀원들이 상시적으로 그리고 정기적으로 회의를 가질 필요가 있다. 완성된 브레인스토밍 가이드를 사용하여 전이일정 수립에 착수할 수 있다.

3. 장애 요소 예측

전이계획을 시행하기 전에 팀의 구성원들은 현재 자신의 상황을 인식하는 것이 중요하다. 다문화 가정 유아가 초등학교로 원만하게 전이할 수 있도록 지원하는 것을 어렵게 만들고 방해하는 요소가 무엇인지를 고려해보는 것이 매우 중요하다. 실제 이러한 장애 요소를 미리 예측해 보는 것은 향후 실행계획을 세우는 데 매우 중요하다. 예측되는 장애 요소를 감안하여 실행계획을 세우기 때문에 가장 실현 가능한 계획이 될 수 있다. 이때, 재정, 인력, 시간과 같은 학교 자원의 잠재적 한계점도 검토해야 한다. 또한 다문화 가정 학부모들의 전이활동 참여에 방해되는 요소들이 조기에 파악되어야 하며, 이러한 장애 요소를 극복할 수 있는 방안을 전이계획에 포함시켜야 한다. 이러한 이유로 다문화 가정의 부모들로 하여금 그런 장애 요소들이 무엇인지에 대해 조사할 필요가 있다. 이러한 장애 요소들을 고려하여 계획을 수립한다면 전이교육위원회 및 전이교육팀의 참여도를 높이기 위한 새로운 방안들을 마련하는 데 도움이 될 것이다.

또한 전이활동 브레인스토밍 가이드와 전이일정표에 제시된 각각의 활동・행사와 연관된 장애 요소들에 대해 논의해야 한다. 다문화 가정의 부모들이 아이들의 학교 교육에 원하는 만큼 참여하지 못하게 하는 많은 장애 요소들이 있다. 장애의 요인이 일반화될 수는 없다. 또한 모든 장애 요소를 예측할 수는 없다. 하지만 예측되는 장애 요소만큼은 반드시 고려되어야 한다.

장애 요소는 의사소통일 수도 있고, 경제적인 면, 가족 간의 관계, 이웃들과의 관계 등 다양한 요소가 있을 수 있다. 예를 들어, 사람들과의 관계가 어색해서 참여하지 않는 경우도 있다. 이런 다문화 가정

학부모들을 위해서 교사와 일대일로 만날 수 있는 기회를 마련해야 한다. 다문화 가정 부모들이 아이의 학교 교육에 참여하지 못하는 이유는 가지각색이다. 이러한 이유 때문에 아이의 학교 교육에 적극 참여하고 있는 다문화 가정 부모들은 어떠한 참여 여건을 가지고 있는지 물어보는 것도 좋을 것이다.

> "저는 참여하지 않습니다. 저는 사교적이지가 못합니다. 그러니까, 사람들한테 말을 걸거나 할 땐 잘 어울리긴 합니다. 그런데 많은 사람이 모여 있는 게 싫어요. 다른 사람들에게서 아이가 창피해 할 것 같아요."
>
> (다문화 가정의 부모)

장애 요소를 미리 예측하여 사전에 제거하는 작업이 반드시 필요하다. 물론 다문화 가정 학부모에게 있어 가장 큰 장애물은 언어적 의사소통일 수도 있다. 이럴 땐 순회통역조정자도 필요할 수도 있다.

장애 요소를 파악하는 것은 다문화 가정 부모에게만 국한된 것이 아니다. 다문화 가정 아동을 담당하고 있는 유아교육기관 교사나 초등학교 교사들이 전이 프로그램에 참여하는 데 느끼는 어려움들 또한 전이위원회에서도 고려되어야 한다. 교사들의 승진이나 재정적 지원을 해줄 수 있는 대안을 마련하는 등 다른 인센티브를 제공해서 전이 과정에 교사들의 참여를 최대화할 수 있도록 해야 한다. 장애 요소에 대한 토론의 마지막에는 이러한 요소들을 다룰 수 있는 방안들을 생각해보고, 브레인스토밍 가이드에 기록하도록 한다.

4. 개별화 전이 프로그램 - 아이디어(활동) 및 일정 수정

장애 요소들이 파악되고 나면 학교 및 지역전이교육위원회는 이렇게 파악된 장애 요소들을 반영할 수 있도록 아이디어와 일정을 수립하고 수정할 필요가 있다. 이러한 일련의 단계들은 지속적으로 이루어져야 한다. 즉 아이디어 생성, 일정 수립, 장애 요소 예측, 아이디어 · 일정 수정의 활동들은 계속 수행되어야 한다.

5. 전이 프로그램 일정 수립

전이일정은 6단계에서 개발된 브레인스토밍 가이드에 나열된 활동들의 시행계획을 제시하는 것은 전이전략을 수립하는 데 유용하게 활용된다. 전이일정은 6단계에서 완성된 가이드를 활용하여 일정표에 우선순위가 매겨진 활동들을 옮겨 적어 작성하면 된다. 이때, 전이활동들은 반드시 구체적으로 기술되어 있어야 하며, 일정표에 구체적인 날짜와 장소를 표시하도록 한다.

전이 프로그램을 성공적으로 수행하기 위해서는 철저한 계획이 필요하며, 매년 초등학교에 입학하는 다문화 가정 유아들에 대한 전이 계획과 전이 프로그램은 초등학교에 입학하기 수개월 전에 미리 수립해야 한다.

여기에 제공된 견본 일정표를 보면, 초등학교 신입생에 대한 일정(즉, 유아교육기관 봄 학기부터 초등학교 봄 학기)이 마치 독립적으로 운영되고 있는 것처럼 보이지만, 유아교육기관과 초등학교의 전략은 동시에 시행되는 것이다.

지역전이교육위원회는 초등학교와 유아교육기관을 포괄하는 전반적 전이계획을 수립한다. 여기서 중요한 것은 초등학교 학기가 시작하기 '이전에' 전이활동이 일정표에 나타나 있어야 한다는 것이다. 비록 어떤 전이활동들은 학기가 시작한 후에 이루어지기도 하지만, 대부분의 활동들은 사전에 광범위한 계획이 수립되어 있어야 한다. 학부모에게 있어 시간적 조절은 매우 중요한 요소이다. 학부모들은 전이에 대비해 충분한 준비기간을 가지고 미리 시작하기를 바라기 때문이다.

학기가 시작하기 전에 아이와 학부모, 그리고 학교와의 연결 강화를 통해서 학부모의 걱정을 덜 수 있고 추후의 어려움도 미연에 방지할 수 있다. 문제가 발생하더라도 이미 형성된 긍정적인 관계는 그 문제를 손쉽게 그리고 신속하게 해결할 수 있게 한다. 부모들은 교사, 학교직원, 교장이 누군지를 알기 때문에 부모들은 안심할 수 있다.

다음의 사례들에서 보듯이 이러한 관계들이 형성되고, 교사가 아이들의 요구에 민감하다고 다문화 가정 부모가 느낄 때 전이는 더 잘 이루어진다. 이러한 이유로 학교 교직원과의 친밀한 만남은 중요하다.

> 문제가 생기면 저는 학교에 전화를 겁니다. 선생님도 잘 알구요, 행정실 선생님도 잘 압니다. 행정실 선생님도 저를 잘 알아요. 학교 교장 선생님도 저를 잘 압니다.
>
> (다문화 가정의 부모)

게다가 학부모가 학교와의 첫 번째 접촉으로써 선생님과의 회의를 갖고, 입학 전에 학급에 대해 알고, 아이에 대한 정보를 나눌 수 있다면 추후 관계를 위해서도 긍정적인 분위기를 만들 수가 있다. 학기 중에 문제가 발생하더라도, 교사와 학부모는 이미 형성된 관계 위에서 효과적인 의사소통을 할 수 있는 것이다. 그리고 아이에 대한 특기사항을 사전에 의논했기 때문에, 부모는 교사가 상황을 더 잘 이해해줄 것이라고 믿게 된다. 하지만, 학교와의 첫 번째 접촉이 아이행동에 대해 논의하는 것이 학기 중 학부모 회의가 된다면, 완전히 다른 관계가 형성되고 추후의 관계도 부정적일 것이다.

〈표 12-7〉 초등학교 전이를 돕기 위한 일정표(예)

유치원		겨울	초등학교	
6월	11월	2월	3월	4월
• 학부모-학교 관계 형성 • 학부형 회의 • 또래와의 관계 촉진 • 가정 참여 촉진	• 유아교육기관 교사와 초등학교 교사의 활동 조율 • 초등학교 반편성 • 유아교육기관 유아(아동)와 학부형이 초등학교에 방문할 수 있도록 초대 • 학교 밖의 또래 관계 촉진	• 여름 프로그램 수행 • 가정에 언어교재 제공 • school playground nights 열기 • 전이관련 문제 대응	• open house 열기 • 초등학교 교사와 학부형 미팅 • 초등학교 면접 시행	• 전이조정자로 하여금 학부형과 초등학교 교사와의 관계 촉진하도록 함.

전이일정표는 유아교육기관에 다니게 되는 연령에 초점을 맞추어 있으며, 유아교육기관에서 초등학교로의 전이에 이르는 사회적 · 정보적인 연결고리로써 사용될 수 있다. 학부모, 아이, 교사들은 유아교육기관 1학기부터 전이과정에 참여해야 한다. 전이에 가장 명백하게 연관이 되어 있는 활동들(예: 학교 방문)은 유아교육기관 2학기에 추가될 수 있다. 3월 입학하기 전인 1월과 2월은 전통적인 전이활동을 수행하기에 가장 적합한 시기이다. 다음의 일정표는 이러한 과정들이 어떻게 일어날 수 있는지를 보여주는 한 예이다.

〈표 12-8〉 전이 일정 조사표

월	시작된 날짜	활동	책임자	특별요구사항	다음으로 넘길 것

브레인스토밍 가이드의 활동으로 전이일정표 초안을 작성하고 나면 그러한 활동들을 실행하는 데 필요한 계획, 자원 들을 파악해야 한다. 이러한 내용들 또한 일정표에 기록해서 전반적인 전이계획에 있어서 그 중요도와 역할을 나타낼 수 있도록 한다.

유아교육기관과 학교 차원에서는 학교전이위원회가 해당 학교만의 필요, 자원, 한계를 고려해 전이계획을 시행하기 위한 상세한 일정을 수립해야 한다. 또한, 팀원 모두가 일정표를 받아서 각자의 역할과 책임이 무엇인지 확실히 알 수 있도록 해야 한다.

6. 실행계획

요구도와 전이 프로그램의 아이디어가 만들어지고 예측되는 장애요소를 고려하여 개별화 전이 프로그램 아이디어의 일정이 수립되면 실제 실행에서는 관계를 중심으로 진행된다. 이러한 프로그램은 다문화 가정 유아가 처해있는 상황에 따라 수정될 수 있다.

실행계획은 관계를 중심으로 만들어져야 한다. 관계를 통해서 할 수 있는 것들이 계획되어야 한다. 즉, 가족 - 학교 관계, 다문화 가정 유아와 학교와의 관계, 또래 관계, 공동체와의 관계들이 다문화 가정 유아의 초등학교 전이를 돕는 프로그램의 내용이 된다. 여기서는 프로그램의 활용을 위해 실행 내용을 예시 자료로 제시하고자 한다.

1) 가족 - 학교 관계

가족과 학교와의 관계가 좋을수록 유아의 긍정적인 학교생활을 기대할 수 있다. 가족과 유아교육기관과의 긍정적 관계는 다문화 가정 유아가 초등학교에 입학해서도 그러한 관계를 잘 유지할 수 있게 한다. 따라서 유아교육기관에서는 다문화 가정이 유아교육기관과의 원만한 접촉을 가질 수 있도록 지지해야 한다. 결국 다문화 가정 유아의 초등학교로의 적응은 입학하게 되는 자녀 문제가 아니라 가족의 문제로 보아야 한다. 다문화 가정과 유아교육기관의 원활한 접촉은 다문화 가정의 성인들로 하여금 자기 자녀들의 초등학교 입학 준비를 도울 수 있게 한다. 따라서 다문화 가족은 교육적 서비스의 중요한 대상이 된다.

반면 유아교육기관이나 초등학교는 다문화 가정의 부모에게 유아에 대한 정보를 받을 수 있다. 이러한 것들은 양쪽 모두에 있어서 필수적인 요소이다.

다음은 가족 – 학교 관계를 돕기 위해 추천된 방법들이다.

- 유아교육기관과 초등학교가 시작된 후에 부모님들과 오리엔테이션
- 초등학교에서 가족과 접촉하도록 노력
- 다문화 가족들이 준비해야 할 것들을 파악
- 다문화 가족들과 주기적인 접촉을 유지

- 다문화 가족 학부모를 교사 도우미로 참여 독려
- 다문화 가족 학부모와 관련한 인터뷰 프로그램 등을 계획
- 다문화 가족 학부모를 학교행사나 학급 일에 참여 도모
- 학교에서 정기적인 학교에서 정규적으로 가족들과의 만남 지속
- 유아교육기관 학부모 모임과 초등학교 학부모 모임을 연결시켜 서로의 정보를 나누고 공유
- 가족, 유아교육기관 선생님, 그리고 초등학교 선생님 간에 개별 유아에 대한 정보를 공유

2) 다문화 가정 유아와 학교 관계

유아들을 초등학생들에게 소개하고 관계를 맺게 하는 것은 새로운 환경, 선생님, 친구들과 친하게 만들며, 초등학교 생활에 친밀감을 준다.

다음은 다문화 가정 유아와 학교 관계를 돕기 위해 추천된 방법들이다.

- 유아교육기관에서 초등학교 선생님과의 관계 조성
- 초등학교에서 하는 활동들을 유아교육기관에서 아이들로 하여금 연습
- 유아교육기관의 활동들을 초등학교 활동에 포함
- 유아교육기관 선생님들과 유아(아동)들의 접촉을 지속적으로 유지할 수 있도록 격려
- 사회복지사가 유아교육기관과 초등학교 아이들을 방문할 수 있는 기회를 부여

3) 또래 관계

다문화 가정 유아의 유아교육기관에서 또래와의 관계는 정주민 유아와 다름이 없다. 하지만 초등학교에 들어갈 때쯤이면 아이들은 또래 집단이 형성하기 시작한다. 이에 다문화 가정 유아의 또래 관계에 어려움을 겪을 수도 있다. 또한 초등학교 학교 문화에서 학업 중심이다 보니, 협동 학습 등 학업수행에서 언어능력의 미숙으로 말미암아 또래와의 어려움이 생길 수도 있다. 또한 이시기 유아(아동)의 사회적 관계는 부모간의 사회적 관계에 영향을 받을 수 있다. 다문화 가정 부모가 정주민 가정 부모와 충분한 사회적 관계를 형성하지 못할 수 있다고 볼 때, 이에 대한 대비도 필요하다고 본다. 다문화 가정 유아의 경우에도 또래적응의 어려움이 충분히 예상된다. 이러한 이유로 초등학교에 가기 위한 전이 학습을 또래들과 함께 수행할 기회를 제공해야 한다. 학교 적응에서 또래 관계를 원만하게 할 수 있는 능력을 개발시켜 주어야 한다.

실제 아이들의 또래 관계는 부모에 의해서 결정되는 경우도 있다. 이러한 이유로 후에 언급하게 될 공동체와의 연계에 많은 관심을 기울여야 한다. 이러한 과정들은 초등학교 교사들에게 유아의 또래 관계에 대한 정보로서 좋은 자료가 될 수 있다.

다음은 또래 관계를 돕기 위해 추천된 방법들이다.

- 유아교육기관에서 또래 의식, 우정을 경험하도록 도움
- 당당하게 자기 의사를 표현할 수 있도록 연습
- 초등학교에서 또래가 될 아이들과 관계 기회 제공
- 초등학교에서 또래가 될 아이들인 유아교육기관 동료 아이들과

의 연계 기회 제공
• 또래들과의 관계에 바탕을 둔 그룹(가족)과 협동

4) 공동체와 연계

다문화 가족의 유아와 그 가족들은 유아교육기관, 초등학교, 그리고 함께 입학하게 될 또래와의 접촉을 통해서 전이에 도움을 받는다. 반면 공동체(시민단체 등)와의 접촉 역시 전이과정에 많은 도움을 준다. 전이에 있어서 나타나는 비연속성은 유아교육기관이나 초등학교 간의 몇 가지 다른 성격 때문이다(정대현, 2006). 초등학교는 유아교육기관에 비해 더 많은 학습, 많은 수의 또래, 이질적인 문화의 교사 그리고 초등학교의 생활 규범 등 새로운 환경에 직면하게 된다.

반면, 시민단체 등 공동체 집단에서는 유아교육기관과 초등학교를 분리시키지 않고 연속성을 가지고 프로그램 등을 운영할 수 있다. 최근 지역아동센터나 건강가족지원센터에서 다문화 가정 아동의 초등학교 전이와 관련한 활동들이 활발히 이루어지고 있다. 이에 비해 그러한 혜택을 누리지 못하는 다문화 가정들도 많이 있다. 조정자는 이러한 공동체와의 결합을 적극적으로 프로그램에 활용해야 한다.

결혼이민자들이 프로그램에 많이 참여하고 있지요. 그런데 꼭 오시는 분만 오시거든요. 그리고 이곳에 오시는 분들은 그다지 염려할 것이 없어요. 이곳에 못 오시는 분들이 염려되지요. 그분들은 남편이나 시부모가 못 가게 하는 경우도 많아요. 또 여기 프로그램에 참여한 사람은 다른 기관에도 참여해요. 여기 갔다가 저기 갔다가 하지요.

(여성발전센터 실무자)

이와 같은 전이 프로그램은 다른 학교의 유아(아동)들이나 학부모, 교사들만이 아닌 공동체 프로그램과 이웃학교의 정책과도 연계하여 진행할 수 있다.

다음은 공동체와의 연계를 돕기 위해 추천된 방법들이다.

- 전이에 연관된 유용한 정책을 개발
- 프로그램에 대한 학교 안의 협조를 도모
- 아이들을 위한 공동체와 학교 커리큘럼을 연계
- 진단에서 특별한 교육적 조치를 받아야 되는 아이에 대해서 학교와 연계하여 특별한 교육을 받을 수 있도록 지원
- 각 사회 기관의 관계를 통한 정책 수립

〈표 12-9〉 사회적 네트워크를 활용한 전이 프로그램(예)

종류	활동내용	방법	대상	시기	기대효과
공동체와 연계(접촉)	전이와 관계된 유용한 정책 구성	정책조정, 학급활동의 토의	전이조정자, 관리자	계속적으로	
	지역사회(시민단체) 활동과 학교와의 연계(다양한 프로그램 등의 홍보 및 공동 주최)	정책 조정, 지원 협조, 공동주최	전이조정자, 학교교사, 지역사회(시민단체) 지원자	계속적으로	
	지역사회(시민단체)에서 학교로의 지원 확대	정책 조정, 지원 협조	전이조정자, 학교교사, 지역사회(시민단체) 지원자	계속적으로	
	학교들 간에 협력(프로그램)	정책조정, 학급활동의 토의	정책 입안자, 관리자	계속적으로	
	아이들을 위한 지역사회 공동체의 기대와 커리큘럼과의 관계 조정	목표 도출시 개념의 일치	학교 관리자, 전이조정자	계속적으로	

종류	활동내용	방법	대상	시기	기대효과
	진단에서 특별한 판정을 받은 아이들에 대해서 학교들간의 연계 구축	전화, 회의	교사, 전이조정자	유아교육기관 2학기와 봄방학 초등학교 1학기	
	기관 간의 연계를 통해서 정책을 조정	정책조정, service 조정	학교관리자, 전이조정자	계속적으로	
	기관간의 연계를 통한 유아의 특별한 조정	정책조정, service 조정	학교관리자, 전이조정자	계속적으로	
가족-학교 연계	유아교육기관과 초등학교에서 가족과의 접촉	전화, 방문	교사, 교장	첫째 주 유아교육기관과 초등학교	
	유아교육기관과 초등학교가 시작된 후에 부모님들과 오리엔테이션		교장, 전이조정자	둘째 주 유아교육기관과 초등학교	
	가족들의 준비 사항 제시	인터뷰(면접)	전이조정자	둘째 주 유아교육기관과 초등학교	
	가족과의 주기적인 접촉	전화, 공지, 소식지, 가정방문	교사, 전이조정자	계속적으로	
	가족의 정보요소를 공동체자원에 연결	전화, 공지, 소식지, 가정방문	가족, 교사, 전이조정자	필요할 때	
	가정에서 학습내용 독려에 참여가족 격려	재료방법사용설명서를 가정으로 보내라	가족, 교사, 전이조정자	계속적으로, 특별히 유아교육기관과 초등학교 겨울 동안	
	학교행사나 학급 일에 참여하는 가정을 격려	전화, 공지, 소식지 가정방문	가족, 교사, 전이조정자, 교장	계속적으로, 특히 학기 초	
	학교에서 정규적으로 가족들과의 접촉	점심	교사, 교장, 전이조정자	계속적으로, 주기적인 간격을 두어라	

종류	활동내용	방법	대상	시기	기대효과
유아-학교 연계	전이에 대한 문제에 관해 가족과 접촉	워크숍	전이조정자	유아교육기관과 초등학교 2학기	
	유아교육기관 교사와 초등학교 교사, 가족들과 각각의 유아(아동)들에 대해 정보 교환	회의	전이조정자	유아교육기관 2학기	
	새로운 자료와 소식지 구성	전이패키지, 팁, 유인물	전이조정자	계속적으로	
	유아교육기관과 초등학교 교사들 사이에 연계	유아는 초등학교 교실에 가보고 초등학교선생님은 유아교실에 방문	교사, 전이조정자	유아교육기관 2학기	
	특별한 학교의 행사 등을 사용해서 초등학교와 아이들 사이의 연계성(관계) 구축	운동회, 예술제등	교장, 전이조정자	유아교육기관 2학기와 봄방학	
	초등학교에서 하는 활동들을 유아교육기관에서 아이들로 하여금 실행	실제 활동들, 노래 부르기, 이야기 읽기	유아교육기관 교사	유아교육기관 2학기	
	유아교육기관의 활동들을 초등학교 활동에 포함	좋아하는 책 읽기, 비슷한 영역들을 가지고 있어라.	유치원교사	유아교육기관 1학기	
	초등학교 교사들이 그들의 이전 학생들과 접촉을 유지할 수 있도록 격려	편지, 학교 방문	교사들	유아교육기관 1학기	
	사회복지사가 초등학교 교실을 방문하도록 격려	학교 또는 가정방문	학교사회복지사들, 상담자들, 전이조정자	유아교육기관 2학기와 봄방학	
	유아가 수업에서 또래 아이들과 연계	의도적인 과제나 숙제	교장, 전이조정자	유아교육기관 봄방학	
	유아가 학교 밖에서 또래아이들과 연계	놀이시간	가족, 교사들, 전이조정자	계속적으로, 특히 봄방학	
	초등학교에 가게 될 또래들과의 연계	다른 유아교육기관들과 활동	전이조정자	계속적으로, 특히 유아교육기관 2학기와 봄방학	

종류	활동내용	방법	대상	시기	기대효과
	초등학교 또래들과 유아교육기관 또래들과의 연계	학교방문	교사, 전이조정자	유아교육기관 2학기와 봄방학	
	또래들과의 연계에 바탕을 둔 그룹과 협동 협조	사회성 그룹	안내상담자, 전이조정자	유아교육기관 1학기	

제13장 평가 및 수정

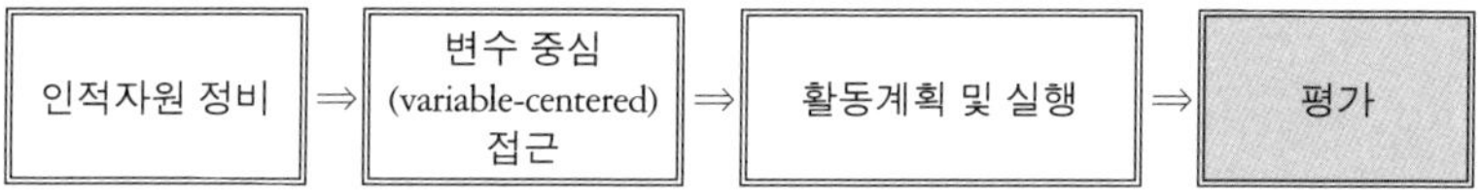

〈그림 13-1〉 다문화 가정 유아의 초등학교 전이 프로그램 세부절차; 평가

일단 전이과정이 완성이 되면, 전이팀들은 그들이 했던 활동들을 평가해야 한다. 전문가와 다문화 가정이나 아동의 충족되지 않은 요구(욕구)들을 확인해야 한다. 또한 효과적이었던 전략들을 고려해야 한다. 그리고 이러한 것들을 향후 진행하게 될 전이계획들을 위한 자료로 활용하여야 한다.

협력팀은 지역사회와 학교 수준에서의 전이계획을 실행한 결과를 평가해야 한다. 그리고 평가 결과를 반드시 고려하여 조정해야 한다. 이러한 일련의 모든 것들이 프로그램의 특성인 발달적이면서 역동적인 과정인 것이다. 또한 이러한 결과를 다문화 가족과 함께 논의함으로써 삶의 전반에 걸친 프로그램의 새로운 목표를 설정하는 데 도움을 줄 수 있다.

평가의 결과 가족마다 효과가 다를 수 있다. 어떤 전략들은 어떤 가족들에게는 효과적이지만 다른 가족들에게는 덜 효과적이다. 이러한 효과의 결과에 대한 분석은 전이계획과 실행 과정을 개선하는 데 도움을 줄 수 있다.

평가는 전이 팀들이 설정한 목표를 중심으로 구성해야 한다. 하지만 그 외에 다양한 도구 즉 '초등학교 1학년 학교 적응척도(정대현, 지성애, 2006)' 등을 사용하여 실행될 수도 있다.

또한 지역사회 및 공동체와 학교 수준의 전이팀들은 평가 결과에 대해 개방적이어야 하고 전이과정의 평가에 다양한 사람들이 참여하도록 해야 한다. 이에 대한 정보는 비공식적인 대화, 그룹 미팅, 또는 구조적, 반구조적 면담이나 질문지를 통하여 수집할 수 있다. 이 과정을 수행하는 것에 있어서, 모든 메커니즘은 전이계획을 실행하고 좀 더 정교화하는 데 유용한 정보를 제공하도록 한다.

아래 표는 초등학교 전이의 실행을 위한 형식적 측정도구들의 예를 보여준다. 이 평가도구들은 임의적인 것이다. 전이 팀들은 구체적인 목적과 관련해서 가장 많은 피드백을 제공하고, 의사 결정 과정에 가장 많은 정보를 제공하는 측정 수단들을 선택하여 사용한다.

〈표 13-1〉 다문화 가정 유아의 초등학교 전이 총괄 표

• 지시사항: 다문화 가정 유아의 초등학교 전이 프로그램을 위해 입학을 앞둔 다문화 가정 유아(아동)와 가족 구성원과 초등학교 교직원들을 위한 문서입니다. 아래를 기입하면 본 프로그램에 관한 총체적인 기록물로 남게 될 것입니다.

날짜	이름	상대(만난 사람)	직위나 배경	토론된 주제들	자신의 의견
09/04 (예)	정 0 0 (예)	김 0 0(예)	여성청소년 정책관(예)	여성정책에 다문화 가정 이슈 편입(예)	적극적 지지 가능성(예)

다문화 가정 유아의 초등학교 전이 총괄표는 매우 유용하다. 조정자는 초등학교 전이 총괄표를 학교 교직원과 접촉을 유지하는 방법으로 사용할 수 있다. 이 표를 기준으로 하여 정해진 날짜에 정해진 사람과 접촉하여 주제를 점검한다. 이러한 만남을 통해 초등학교 1년의 기간 동안 지속적으로 일어나는 프로그램의 변화를 문서화시킬 수 있다.

초등학교 전이 총괄표에는 팀 구성원들과 가족과의 접촉을 기록할 수도 있다. 여기에는 누구를 만났고, 어떠한 환경이었고, 어떤 주제가 논의되었으며, 상호작용에 대한 것들에 관한 것이 기록되어야 한다. 초등학교 전이 총괄표는 프로그램에 적극적으로 참여하거나, 반대로 적극적이지 못한 다문화 가정의 특유한 반응을 수집하는 중요한 수단이 될 수 있다.

〈표 13-2〉 다문화 가정 유아의 초등학교 전이 평가 도구표

도구	사용할 때	참여해야 할 사람
전이 인터뷰	초등학교: 진행 중	초등학교 교직원, 사회복지사
초등학교 전이 총괄표	유아교육기관: 진행 중 초등학교: 진행 중	유아교육기관 교사, 사회복지사
유치원 전이 체크리스트	유아교육기관: 겨울, 봄 방학 때 일주일에 한번	사회복지사
유치원 전이 부모 인터뷰	유아교육기관: 봄, 여름 초등학교: 봄, 여름	부모/보호자
전이 활동 질문지	유아교육기관: 가을 초등학교: 봄	유아교육기관 교사, 사회 복지사, 초등학교 교사, 교장

초등학교 전이 체크리스트는 프로그램을 수행하는 사람들이 활동에서 아이디어를 실행할 수 있도록 돕는다. 먼저 이 작업을 통해 아이디어가 구체화되며 이를 통해서 협력자들과 모니터링을 할 수 있다.

가족 - 학교, 아동 - 학교, 또래, 또는 공동체 관계 등이 전이 프로그램에 포함되었는지의 여부를 체크한다. 체크리스트는 전이 팀이 각 아이를 위한 전이 연결들의 빈도나 정도를 모니터하도록 도우며, 시간에 따라 누적되도록 한다. 또한 이 데이터는 전이 조정자들이 프로그램과 학교들 사이에서 다른 점을 모니터링하여 기록하고, 이를 종합화하여 새로운 프로그램을 실행하도록 도울 수 있다.

〈표 13-3〉 초등학교 전이 메뉴 체크리스트 (설명: 적용되는 박스에 표시하시오.)

아이	가족-학교 관계	아동-학교 관계	또래 관계	공동체 관계	활동의 기술
정 0 0		○	○		초등학교 방문하기
	○			○	전이에 관해 논의하기 위하여 부모 조정자와 만나기
			○	○	축제 현장 견학
			○	○	초등학교 현장 학습
	○			○	활동을 계획하기 위하여 초등학교 교장선생님 만나기

다문화 가정 유아의 초등학교 전이 프로그램에서 부모와의 면담은 다음과 같은 목적이 있다. 첫 번째는 학교와의 관계에서 가족을 참여시키는 것이다. 이러한 프로그램을 통해 일단은 가족이 참여할 수 있다. 자녀를 교육시키는 데 부모로서 참여할 수 있다는 것은 부모로서의 존재감을 갖게 하는 데 충분하다. 둘째, 학교와 가정에서의 다문화 가족의 경험들에 관한 정보를 수집하는 것이다. 수집된 다문화 가족의 정보는 프로그램을 평가하는 데 유용하며, 새로운 전이 프로그램을 계획하는 데도 유용하다. 이러한 평가 단계에서 면담은 조정자들에 의해서 이루어지는 경우가 많다. 장소는 다문화 가족의 집에서도 가능하다. 또한 다문화 가정을 돌보고 있는 시민단체나 학교 등에

서도 면담이 가능하다.

면담의 대상은 부모 또는 보호자들, 그리고 학교 선생님이다. 면담은 수시로 이루어지는 게 좋으나 관례상 유아교육기관은 3월, 11월과 초등학교의 3월과 9월에 수행된다. 면담은 자녀의 학교 경험, 아동 행동, 학교를 위해 준비하는 과정, 학교와 가족 관계, 학교 밖에서의 또래 관계에 대한 부모의 이야기에 초점이 맞추어져 있다.

더 나아가 면담은 이러한 주제뿐 아니라 시기에 적절한 질문들이 행해져야 한다. 예를 들면, 유아교육기관 가을 인터뷰는 부모들이 유아교육기관을 위해 그들의 아이들과 초등학교 입학 준비하는 행동들에 대한 질문을 포함할 수 있다.

또한 면담은 가족의 강점과 욕구를 확인하기 위한 평가 도구로써 제공된다. 겨울이나 봄 방학 기간 동안 유아교육기관 인터뷰는 초등학교 진학을 위한 가족활동 준비와 부모들의 유아교육기관에서의 관계, 유아교육기관 프로그램에 대한 부모들의 만족에 대한 질문이 포함된다.

이들 면담들은 부모의 역할에 관한 부모의 인식을 바꾸는 기회로도 제공된다. 반면 다문화 가정의 어머니인 이주여성들의 구체적인 가정 활동, 스트레스 요인 등을 파악하여 도움을 줄 수 있는 기회를 갖기도 한다. 반면 반드시 유념해야 하는 것은 인터뷰를 하는 사람들은 가족과 많은 이야기를 나누어야 하며 이에 대한 결과에 대해서는 가족의 프라이버시를 존중해야 한다는 것이다.

| 참고문헌 |

강순원(2009). 필리핀의 평화교육과 평화과정,『비교교육연구』, 19(3), 203-225.

경북인성인문학교육연구소(2020).『(인문학적 관점에서 본) 다문화 사회의 이해』, 서울: 동문사.

교육과학기술부(2008). 2008년도 다문화가정 학생교육지원계획.

교육부. 국가평생교육진흥원, 중앙다문화교육센터, 2018(https://www.edu4mc.or.kr/).

교육부(2019). 〈2019년 개정 누리과정 후속 지원사업〉, 한국교원대학교 유아교육원.

교육부(2020). 다문화교육 지원계획, https://www.moe.go.kr/boardCnts/viewRenew.do?boardID=316&lev=0&statusYN=W&s=moe&m=0302&opType=N&boardSeq=79898(2021.10.18. 인출)

교육인적자원부(2006). 다문화 가정 자녀 교육지원 대책, 교육인적자원부.

김경만(2015).『진리와 문화변동의 정치학』, 경기도: 아카넷.

김나영(2007). 국제결혼 이주여성의 생활만족도에 관한 연구: 사회적지지와 사회참여를 중심으로, 이화여자대학교 사회복지대학원 석사학위 논문.

김명성(2009). 사회통합 차원에서의 다문화가족 지원정책의 현황과 개선방안에 관한 연구,『사회복지실천』, 8, 5-29.

김성순(2006). 유치원에서 초등학교로의 전이과정에 관한 연구, 단국대학교 특수교육대학원 석사학위 논문.

김세리, 이수현, 구예진, 이강이(2016). 학부모 학교참여가 부모효능감을 매개로 자녀의 학교생활적응에 미치는 영향,『인간발달연구』, 23(4),

139-154.

김연수(2007). 서울지역 여성결혼이민자의 결혼행복감에 관한 연구,『한국가족복지학』, 21, 217-252.

김옥남(2009). 도시지역 여성결혼이민자의 재사회화 과정 탐색, 홍익대학교 대학원 박사학위 논문.

김윤수(2003). 초등학교 1학년 학교 준비도 요소 추출에 관한 연구, 한국교원대학교 대학원 석사학위 논문.

김은실(2007). 결혼이주여성의 문화적 스트레스, 사회적 지지와 사회적응, 충북대학교 석사학위논문.

김인숙, 이경희(2011). 무용/동작 치료 프로그램이 다문화가정 아동의 심리사회적 적응에 미치는 영향,『예술심리치료연구』, 7(4), 57-73.

김종훈(2014). 다문화교육 분야의 교사 관련 연구동향 분석: 현황과 향후 과제를 중심으로,『다문화교육연구』, 7(4), 81-100.

김창복(2007). 유치원과 초등학교 저학년 교육과정의 연계방안,『교원교육』, 23(3), 301-316.

김현덕(2007). 다문화교육과 국제이해교육의 비교연구 - 미국사례를 중심으로,『비교교육연구』, 17(4), 1-23.

김화수, 김현진, 이지우(2020). 다문화가정 아동의 상위언어관련 연구동향 분석,『현대사회와 다문화』, 10(4), 127-146.

나수현(2008). 초등학교에서 중학교로의 전이 지원 프로그램이 장애학생의 중학교 초기 학교적응에 미치는 효과, 이화여자대학교 대학원 박사학위 논문.

나장함(2010). 다문화 교육 관련 다양한 접근법에 대한 분석,『사회과교육』, 49(4), 97-119.

나장함(2010). 다문화교육패러다임에 대한 종합분석과 재조명: Banks의 4단계 접근법과의 관계성을 중심으로,『아시아 교육연구』, 11(3), 21-41.

남미경, 윤갑정(2015). 교육과정 변화에 따른 유아다문화교육 내용의 연결망 비교 분석: 2009 유치원 교육활동 지도서와 3-5세 누리과정 교사용 지도서를 중심으로,『한국보육지원학회지』, 11(4), 189-210.

도진환(2018). 다문화 가정 아동의 자아정체성과 자아존중감이 학교적응에 미치는 영향에 관한 연구, 중앙대학교 석사학위논문.

박경태(2007). 『인권과 소수자 이야기: 우리가 되지 못하는 사람들』, 서울: 책세상.

박경희, 이진희(2007). 교육 경험의 연계성을 위한 유치원과 초등학교의 교류활동 방안에 대한 델파이 조사, 『미래유아교육학회지』, 14(4), 63-94.

박미경(2007). 교사를 통해 본 다문화 가정 유아의 특성 및 교사의 어려움, 이화여자대학교 대학원 석사학위 논문.

박선웅(2013). 초중등학생의 '한국인'정체성과 다문화 수용성, 『사회이론』, 42, 161-199.

박윤숙(2006). 북한이탈청소년의 사회적 지지 특성과 남한사회 적응에 관한 연구, 서울여자대학교 대학원 박사학위 논문.

박이분(2019). 한국인의 이주민에 대한 수용성과 결혼이주여성의 적응에 관한 연구, 국내박사학위논문 국민대학교 일반대학원

박지원(1985). 사회적 지지척도 개발을 위한 일 연구, 연세대학교 대학원 박사학위 논문.

박찬옥, 황지영(2017). 다문화가정 유아의 어린이집 교실적응을 위한 실행연구, 『다문화콘텐츠연구』, 24, 141-195.

박효정(2002). 초등학교 1학년 아동의 학교 스트레스에 대한 담임교사의 인식, 이화여자대학교 교육대학원 석사학위 논문.

변명연(2013). 유치원과 어린이집 다문화교육의 실천 수준 연구, 창원대학교 박사학위논문.

보건복지가족부(2008). 다문화가족 생애 주기별 맞춤형 지원강화대책, 브리핑자료(2008년 10월).

서종남(2010). 『다문화 교육 이론과 실제』, 서울: 학지사.

양옥승(1997). 유아교육과정 연구의 재개념화 3 - 다문화주의의 적용, A Multiculturalistic Perspective, 『교육연구』, 5(1), 49-66.

양옥승(2010). 유아 다문화 교육: 다문화주의의 의미와 적용, 『유아교육연

구』, 30(4), 305-319.
오성배(2007). 국제결혼 가정 자녀('Kosian')의 교육 환경과 문제, 『교육비평』, 22, 186-213.
오성배(2009). 외국인 이주노동자 가정 자녀의 교육 실태와 문제 탐색, 『한국 교육사상연구』, 44, 1-22.
오성숙(2009). 다문화가정 어머니 개인변인, 가정환경자극과 유아 언어능력의 관계, 대구대학교 대학원 박사학위 논문.
오재연, 김향자, 김경란(2010). 유아교육기관에 적응하는 다문화가정 유아에 대한 생태학적 변인 연구, 『생태유아교육연구』, 9(3), 171-201.
윤갑정(2012). 다문화교육을 위한 유아교사연수프로그램 모형 개발, 『한국영유아보육학』, 71, 19-51.
윤은주(2010). 유초연계의 재개념화: Dewey와 Noddings의 연속성을 기반으로, 『유아교육학논집』, 14(6), 273-292.
윤인진(2009). 『북한이주민: 생활과 의식, 그리고 정착지원정책』, 파주: 집문당.
윤혜미(2009). 결혼이민자 가족을 위한 임파워먼트 기반의 사회복지실천 연구, 『한국사회복지학』, 61(4), 85-108.
이경민(2006). 아동이 지각한 부모의 양육태도와 아동의 스트레스 대처행동과의 관계, 아주대학교 대학원 석사학위 논문.
이경민(2008). 유,초 연계교육의 당위성 및 지원방향 고찰 – 교육주체를 중심으로, 『유아교육학논집』, 12(4), 373-398.
이금진(2008). 발달장애아동 어머니의 사회적 지지망과 지원정도가 어머니의 양육스트레스 및 우울정도에 미치는 영향, 『한국가족복지학』, 13(1), 43-61.
이기숙, 장영희, 정미라, 홍용희(2002). 유치원에서의 특별활동 실시 현황 및 교사의 인식, 『아동학회지』, 23(3), 137-152.
이대균(2009). 『(유치원 교사를 위한)유・초등 연계교육』, 서울: 양서원.
이민경(2008). 한국사회의 다문화 교육 방향성 고찰: 서구 사례를 통한 시사점을 중심으로, 『교육사회학연구』, 18(2), 83-104.

이소미, 김은경(2014). 방과후학교 예체능교육 프로그램 참여가 아동의 자아존중감 및 학교생활적응에 미치는 영향, 『학습자중심교과교육연구』, 14(9), 507-525.

이소현(2003). '활동-중심의 통합유치원 교육과정'이 장애유아의 사회적 통합에 미치는 영향, 『특수교육학연구』, 37(4), 97-122.

이애련(2015). 한국의 다문화가정자녀의 학교부적응 및 폭력문제 해결방안에 일본의 다문화정책 적용에 관한 연구, 『한국사회복지질적연구』, 9(2), 111-142.

이영주(2007). 다문화 아동의 심리사회적 적응에 영향을 미치는 요인에 관한 연구, 공주대학교 대학원 박사학위 논문.

이원석(2019). 다문화가정 학부모의 학교활동 참여가 자녀의 학교생활적응에 미치는 영향, 『다문화와 디아스포라연구』, 14, 41-61.

이원숙(1995). 성폭력 피해자 및 가족을 위한 사회사업적 개입에 관한 연구, 『한국사회복지』, 2, 321-385.

이유경(2003). 초등학교 입학생에게 요구되는 '학습자 특성'에 대한 유치원 및 초등학교 교사의 지각, 창원대학교 일반대학원 석사학위논문.

이정은, 이병욱, 정창호(2017). 『다문화 사회와 철학』, 서울: 자유문고.

이향옥(2008). 다문화배경을 지닌 유아의 유치원에서의 적응과정에 대한 질적 연구, 광주교육대학교 교육대학원 석사학위논문.

이혜승(2010). 다문화가족지원정책의 문제점 및 개선방안, 『정책분석평가학회학술대회발표논문집』, 2010(2), 195-216.

장미경(2006). 아동의 사회적 지지망, 『한국심리학회지』, 3(2), 27-41.

장영희(1997). 유아를 위한 다문화 교육의 개념 및 교수방법에 대한 이론적 고찰, 『연구논문집』, 35, 295-314.

장원순(2006). 우리안의 차별과 배제, 일상적 삶에서의 다문화교육 접근법, 『사회과교육연구』, 13(3), 27-46.

장인순, 김수미(2002). 노인의 사회적 지지망과 죽음불안과의 관계, 『노인간호학회지』, 4(1), 80-92.

전윤미, 이윤정(2019). 다문화그림책을 활용한 이야기나누기 활동에서 유아의 다문화 감수성 변화에 관한 실행연구, 『육아지원연구』, 14(1), 35-58.

정갑순(2009). 다문화 시대 유아교육의 기독교적 조망, 『제14회 총신유아교육학술대회 토론회』, 166-167.

정대현(2006). 유아의 또래상호작용·유아-교사관계·다중지능과 초등학교 적응 간의 관계, 전남대학교 대학원 박사학위 논문.

정대현(2017). 『학습본능 숲에서 놀다』, 광주: 이책사.

정대현, 지성애(2006). 유아의 초등학교 적응과정에 대한 사례연구, 『유아교육학논집』, 10(1), 207-227.

정수민(2009). 초등학교 전이프로그램을 통한 특수아동의 학교생활 적응과 부모 및 교사의 인식에 대한 사례 연구, 『특수아동교육연구』, 11(4), 371-400.

정윤정(2012). 우리사회는 다문화 사회입니까?, 『함께가는 여성』, 210(-), 44-45.

정익중(2001). 관찰대상중심적(person-centered) 접근을 통한 청소년비행의 발달궤적연구, 『사회복지연구』, 17(1), 197-218.

조복희, 이주연(2006). 중국 조선족 아동과 한국 화교 아동의 문화접변 유형 및 학교적응 비교연구, 『아동학회지』, 27(1), 95-111.

조윤경, 이소현(2002). 통합기관으로의 전이과정에서 장애유아가 갖추어야 할 중요 기술과 선결 요건들에 대한 분석: 유아교사의 인식을 중심으로, 『특수교육연구』, 9(2), 255-272.

주미연(2010). 국제결혼 이주여성의 이혼 의사 결정요인 분석, 호남대학교 박사학위논문.

지성애, 정대현, 정효은, 안지송, 박은영(2006). 유아의 초등학교준비도에 대한 유아교육기관 교사와 학부모 및 초등학교 교사의 인식, 『열린유아교육연구』, 11(5), 227-249.

차윤경(2008). 세계화 시대의 대안적 교육모델로서의 다문화 교육, 『다문화교육연구』, 1(1), 1-23.

채영란(2019). 다문화유치원 교사의 다문화교육활동 실행 및 교육적 한계

탐색, 『인문사회 21』, 10(2), 1559-1574.
채현탁(2006). 지역주민 중심의 독거노인 사회적 지지망 강화방안: 자원봉사자 연계 개입을 중심으로, 대구대학교 대학원 박사학위 논문.
최규련(1995). 가족체계의 기능성, 부부간 갈등 및 대처방안과 부부의 심리적 적응과의 관계, 『대한가정학회지』, 33(6), 99-113.
최문성, 김순자(2011). 다문화가정 아동들의 실태와 다문화교육에 대한 초등교사들의 인식에 관한 연구, 『초등도덕교육』, 36, 309-333.
최지혜, 조민효(2020). [한국인의 정체성] 한국인의 생활세계: 결사체, 다문화, 일과 삶, 소통_한국인 다문화 인식의 다면성, 『EAI 워킹페이퍼』, 1-27.
최향순(2019). 다문화가족 정책의 현황과 발전방향, 『월간 공공정책』, 168, 10-13.
최현(2008). 한국체류 중국동포의 문화적응 스트레스와 생활만족도에 관한 연구 - 사회적 지지의 조절효과를 중심으로, 서울시립대학교 일반대학원 석사학위 논문.
최혜영, 이강이, 이재림, 이수현(2017). 다문화가족 어머니의 학교 참여 경험: 초등학교를 중심으로, 『인간발달연구』, 24(1), 159-181.
하현정(2014). 3-5세 연령별 누리과정 교사용 지도서에 나타난 다문화 교육내용 및 요소 분석, 동의대학교 대학원 석사학위논문.
한경구(2107). 국제이해교육에서 세계시민교육으로: 글로벌 교육패러다임의 진화 그리고 현장의 혼란, 『국제이해교육연구』, 12(2), 1-43.
한국교육개발원(2019. 3. 14.). https://kess.kedi.re.kr, 교육통계서비스, 다문화 유형별 학생수 통계, 개정 1.16.
한미숙(2010). 다문화가정 자녀의 학교생활 적응에 관한 연구, 호남신학대학교 상담대학원 석사학위 논문.
한정애(2009). 다문화가정 초등학생의 학교적응과정 분석, 경성대학교대학원 박사학위 논문.
허계형, 문정숙, 정영란(2001). 부모작성 영유아 발달 선별 도구 ASQ의 표준화를 위한 예비연구, 『특수교육학연구』, 36(1), 275-296.

허혜경(2007). 학교학습준비도 개념의 진화와 효과적인 유아 - 초등교육 전이, 『한국교원교육연구』, 34(2).

홍기원(2009). 한국 다문화정책의 문제점과 개선 방향, 『한국공공관리학보』, 23(3), 169-189.

홍정미(2009). 다문화 가정 자녀의 학교생활 적응에 영향을 미치는 생태체계 변인, 숙명여자대학교 박사학위논문.

황규호, 양영자(2008). 한국 다문화교육 내용선정의 쟁점과 과제, 『교육과정연구』, 26(2), 57-85.

황상심(2008). 다문화가정 유아의 초기 표현어휘 발달과 성차, 『언어치료연구』, 19(1), 193-209.

Banks, James A.(1993). *Multicultural education,* Massachusetts: Allyn and Bacon.

Banks, James A.(2003). *Multicultural education,* New York(State): Wiley.

Banks, James A.(2004). *Multicultural education,* John Wiley & Sons.

Bennett, T.(1992). Putting policy into cultural studies, In L. Grossbert, C. Nelson, & Treichler(Eds.), *Cultural Studies* (pp. 23-27). London: Routledge.

Bronfenbrenner, U.(1979). The ecology of human development: Experiments by nature and design, Cambridge: Harvard University Press. 이영 역(1992). 인간발달 생태학, 서울: 교육과학사.

Cantle T. Interculturalism: For the Era of Globalisation, Cohesion and Diversity, Political Insight: 38-41.

Derman-Sparks & A.B.C. Task Force, Derman-Sparks, Louise(1989). Anti-bias curriculum. District of Columbia: National Association for the Education of Young Children.

Dirks, N., & Eley, G., & Ortner, S. (1994). *Culture, Power, History,* Princeton: PrincetonUniversity.

Foucault, M.(1991). Governmentality. In G. Burchell, C. Gordon, & P. Miller(Eds.), *The Foucaulteffect: Studies in governmentality*(pp. 87-104). Chicago: University of Chicago Press.

Freire, Paulo(1973). Education for critical consciousness. New York: Cintinuum.

Houghton Mifflin(2002). The American Heritage college dictionary. Massachusetts: Houghton Mifflin Company.

Jenks, C., Lee, J. O., & Kanpol, B.(2001). Approaches to multicultural education in preservice teacher education: philosophical frameworks and models for teaching, *Urban Review*, 33(2), 87-105.

Kagan, S. L., & Neuman, M. J.(1998). Three decades of transition research: What does it tell us? Elementary School, *Journal: Special Issue on Transitions*, 98(4), 365-380.

Kincheloe, J. L., & Steinberg, S. R.(1997). *Changing multiculturalism,* Buckingham: OpenUniversity Press.

Kraft-Sayre, M.E., & Pianta, R.C.(2000). Enhancing the transition to kindergarten: connecting families and schools, *Dimensions of Early Childhood*, 29(1), 25-29.

Ladson-Billings, G.(2003). New directions in multicultural education: Complexities, boundaries, and critical race theory, In Banks, JA, & Banks, CM(Eds.), *Handbook ofresearch in multicultural education*, (2nd ed), (pp. 50-65), San Francisco, CA: ossey-Bass.

Pianta, R.C. & Kraft-Sayre, M.E.,(2003). Successful Kindergarten Transition. Baltimore: Paul H, Brookes Publishing.

Pianta, R.C., Cox, M.J., Taylor, L., & Early, D.(1999). Kindergarten teachers practices related to the transition into school: Results of a national survey, *Elementary School Journal*, 100(1), 71-86.

Pianta, R.C., & Cox, M.J.(Eds.)(1999). *The transition to kindergarten.* Baltimore: Paul H, Brookes Publishing Co.

Pianta, R.C., & Walsh, D.J.(1996). *High-risk children in schools: Creating sustaining relationships*, New York: Rourtledge, Kegan-Paul.

Ramey, S.L., & Ramey, C.T.(1998). Commentary: the transition to school opportunities and challenges for children, famailies, educators, and communities, *Elementary School Journal*, 98(4), 293-295.

Seefeldt, Castle, & Falconer Seefeldt, Carol Seefeldt.(2005). *Social studies for the preschool/primary child*, New Jersey: Pearson, 2005.

Sims, R.(1982). *Decolonizing methodologies: Research and indigenous peoples,* London, ZedBooks.

Sleeter, C.E. & Grant, C.A.(2003). *Making choices for multicultural education: Five approachesto race, class, and gender*(4th ed.), Hoboken, NJ: John Wiley & Sons.

Sroufe, A., & Fleeson, J.(1986). Attachment and the construction of relationships, In W. Hartup & Z. Rubin(Eds.), *Relationships and development*, Hillsdale, NJ: L. Erlbaum.

Travares, H. M.(2007). Making diversity desirable: Scientism and the fetishizing of difference, *College Quarterly*, 10(4), 1-9.

Vickers, D. A.(2008). Social justice: A concept for undergraduate nursing curricula, SouthernOnline Journal of Nursing Research, 8(1). Available at: www.snr.org/publicactins/SOJNR_articles2/Vol08Num01Art06.html.

아산재단연구총서

001 전환기의 중국경제
김윤환 외 | 단국대 경제학과

002 폴란드 경제의 변천 개혁과 그 전망
김광수 | 숭실대 경제학과

003 재소한인
이광규 외 | 서울대 인류학과

004 소련산림과 임업
홍성천 외 | 경북대 임학과

005 아세안의 정치경제
김국진 외 | 외교안보연구원

006 태국의 사회변동과 경제발전
최석만 외 | 전남대 사회학과

007 중국의 사회경제 통계분석
신한풍 외 | 고려대 통계학과

008 중국의 정치와 경제
박두복 외 | 외교안보연구원

009 동유럽의 개혁과 시장경제의 도입
허만 외 | 부산대 사범대학

010 동유럽의 개혁운동
박영신 | 연세대 사회학과

011 현대 러시아 연구
기연수 외 | 한국외대 노어과

012 전략적 선택과 기업의 국제경쟁력
이장호 | 서강대 경영대학

013 협동사회의 정착과 정부의 역할
이종범 외 | 고려대 행정학과

014 한국 제조기업 생산성의 동적 분석
노부호 외 | 중앙대 경영대학

015 분배의 정의
변형윤 외 | 서울대 경제학과

016 도덕적 행동의 강화
이훈구 외 | 연세대 심리학과

017 관료부패와 통제
김해동 외 | 서울대 행정대학원

018 한국경제의 내실 있는 성장
정창영 외 | 연세대 경제학과

019 한국국민정신운동의 역사와 발전방향
박수명 외 | 부산대 사범대학

020 한국대학생의 가치성향과 상담효과
이영희 외 | 숙명여대 교육학과

021 가출청소년과 학교관리체제
안창규 외 | 부산대 교육학과

022 동북아 정세변화와 한 · 일관계
한승조 외 | 고려대 정치외교학과

023 언론과 부정부패
정대철 외 | 한양대 신문방송학과

024 한국의 고등학교 교육
이원호 외 | 부산대 교육학과

025 가족과 방송
김학수 외 | 서강대 신문방송학과

026 재정개혁의 전망과 재산세제의 개편과제
오연천 | 서울대 행정대학원

027 청소년을 위한 전자게임 프로그램의 규제 및 평가체계 개발
박혜원 외 | 울산대 가정관리학과

028 정신장애자 가족의 사회심리적 특성
이근후 외 | 이화여대 의과대학

029 가족의 관계역동성과 문제인식
이광규 외 | 서울대 인류학과

030 현대인과 한국전통음식
승정자 | 숙명여대 식품영양학과

031 기업의 초고속정보통신망활용
안중호 | 서울대 경영학과

032 지역발전을 위한 교육자치제의 개선방안
김남순 | 조선대 사범대학

033 전환기의 공무원 가치관
조경호 | 울산대 행정학과

034 지방자치와 사회복지의 과제
김영모 | 중앙대 사회복지학과

035 WTO체제하의 지방중소기업 지원정책
최명주 외 | 계명대 통상학부

036 현대한국의 시민운동
이효선 | 중앙대 사회학과

037 기업 세계화의 단계 및 정도의 측정
허영도 외 | 울산대 경영학과

038 가족복지를 위한 가족주치의 시범사업의 효과
이혜리 외 | 연세대 가정의학교실

039 한국대학생의 삶의 만족도
김재은 외 | 이화여대 교육심리학과

040 지역경제와 지역산업구조의 개편방향
정기화 외 | 전남대 경제학부

041 중국기업의 소유형태별 경영특성
노철화 외 | 부산대 무역학과

042 남북한의 인성 · 사상교육
한승조 외 | 고려대 정치외교학과

043 연계적 뇌기능 조언을 위한 의료용 멀티미디어 시스템의 설계
유선국 | 연세대 의용공학교실

044 다민족국가의 민족문제와 한인사회
최협 외 | 전남대 인류학과

045 저소득층지역 청소년 여가문화와 소집단 활성화
박문수 외 | 서강대 사회학과

046 삶의 질의 국제비교와 지역간 비교분석
이재기 외 | 울산대 경제학과

047 21세기 지역주민의 삶의 질
양종회 외 | 성균관대 사회학과

048 삶의 질에 대한 국가간 비교
조명한 외 | 서울대 심리학과

049 외국인 노동자의 노사관계와 사회적 적응
석현호 외 | 성균관대 사회학과

050 한국의 사법제도와 발전 모델
정종섭 | 건국대 법학과

051 고령화사회와 중상층 노인의 사회활동
조성남 외 | 이화여대 사회학과

052 한국의 서비스 시장 개방정책
한홍렬 | 한양대 경제학부

053 한국과 AFTA간의 교역증진 및 경제 협력방안
손일태 외 | 경희대 경제통상학부

054 물류비 절감을 위한 무역업체의 정보화전략
이영수 외 | 경북대 경제통상학부

055 사회주의 체제전환과 사회정책
오정수 외 | 충남대 사회복지학과

056 남북통일 이후 농업생산체계 개편
홍성규 외 | 건국대 농업경제학과

057 국제화와 세계화
하영선 외 | 서울대 외교학과

058 IMF 개혁정책의 평가와 한국경제의 신(新) 패러다임
조동근 | 명지대 경제학과

059 구조개혁과 실업대책
박동운 | 단국대 경제무역학부

060 21세기 신노사관계
심윤종 외 | 성균관대 사회학과

061 학교에서의 집단 따돌림
이춘재 외 | 가톨릭대 심리학과

062 한국노인의 정신건강실태와 건강증진
조맹제 외 | 서울대 의과대학

063 혁명과 개혁 속의 중국 농민
김광억 | 서울대 인류학과

064 중국의 경제환경과 한국기업의 진출 전략
지용희 외 | 서강대 경영학과

065 김대중 대통령의 시스템 사고
김동환 | 중앙대 공공정책학부

066 실업과 가족해체
최일섭 외 | 서울대 사회복지학과

067 합리적 부채비율 조정방안
오상근 | 동아대 경제학과

068 한국 중산층의 생활문화
문숙재 외 | 이화여대 소비자 · 인간발달학과

069 계층간 갈등상태에서 최적소득세
김진욱 | 건국대 경상학부

070 글로벌 경쟁력 제고를 위한 기업전략과 조직구축
이만우 외 | 고려대 경영학과

071 의료보험과 국민연금의 관리효율화를 위한 통합방안
사공진 외 | 한양대 경제학부

072 정부개혁의 과제와 전략
박우서 외 | 연세대 행정학과

073 책임운영기관 제도에 관한 비교분석
김근세 | 가톨릭대 행정학과

074 새로운 패러다임하에서의 한국기업의 바람직한 지배구조
최운열 외 | 서강대 경영학과

075 현대 한국사회의 계층구조
양춘 외 | 고려대 사회학과

076 한국의 산업정책과 산업구조조정
강인수 | 숙명여대 경제학부

077 기업구조조정
김석진 | 경북대 경영학부

078 지식경영을 위한 인적자원 개발 및 관리체계
장영철 | 경희대 경영학부

079 뉴 비즈니스 모델
전성현 | 국민대 정보관리학부

080 중산층의 정체성과 소비문화
함인희 외 | 이화여대 사회학과

081 외국관광객 유치를 위한 마케팅 전략
박상규 | 강원대 경영학과

082 한국인의 세대별 문학의식
이동순 | 영남대 국문과

083 공공부문의 효율성 평가와 측정
김재홍 외 | 울산대 사회과학부

084 한국 청소년의 정치의식과 형성요인
김광웅 외 | 숙명여대 아동복지학과

085 한국 대학생의 정치의식
배한동 | 경북대 윤리교육과

086 산업의 정보화와 산업발전
이기동 | 계명대 통상학부

087 한국 제조업의 고용조정 분석
이종원 외 | 성균관대 경제학부

088 지식자산에 대한 경영전략적 평가모형 개발
배재학 외 | 울산대 컴퓨터 · 정보통신공학부

089 관광사업을 위한 한국적 이미지의 휴식복 개발
채금석 | 숙명여대 의류학과

090 한국 정치제도의 개혁
신정현 | 경희대 사회과학부

091 e비즈니스와 아웃소싱 전략
정승화 외 | 연세대 경영학과

092 집단 따돌림의 진단 및 치료방안
홍준표 | 중앙대 인간생활환경학과

093 16대 총선과 낙선운동
조기숙 | 이화여대 국제대학원

094 부동층 유권자 행태 분석
진영재 | 연세대 정치외교학과

095 사이버 공동체의 성공요인
이재관 | 숭실대 경영학부

096 온라인 소비자 행동의 이론과 실증
윤성준 | 경기대 경영학부

097 글로벌 시대 정약용 세계관의 가능성과 한계
차성환 | 한일장신대 역사사회학과

098 러시아의 체제전환 과정에서 나타난 국가의 역할과 그 전망
이상민 외 | 부산대 정치외교학과

099 남북한의 경제발전 수준과 산업구조 비교, 그리고 경제교류 협력방향
주성환 | 건국대 경제학과

100 집단따돌림과 교육해체
한준상 | 연세대 교육학과

101 공적연금제도의 효율성과 개선방안
유금록 | 군산대 행정복지학부

102 벤처기업-대기업의 성공적인 협력 모델
나종익 | 경신대 경영학과

103 북한의 재외동포정책
조정남 외 | 고려대 정치외교학과

104 사이버 공동체 형성의 역동적 모형
장용호 | 서강대 신문방송학과

105 기업이론과 기업의 소유지배구조
김일태 외 | 전남대 경제학부

106 가축분뇨 자원화를 위한 공동이용 조직에 대한 농가선호도 분석
유덕기 | 동국대 생명자원경제학과

107 개혁정책과 전문가 집단
이경원 외 | 제주대 행정학과

108 현대 한국사회의 이중가치체계
신수진 외 | 이화여대 가정관리학과

109 한국의 산업구조 변화와 기업집단 다각화 전략
김용학 외 | 연세대 사회학과

110 지식정보사회의 경제적 모형 설정 및 사례 연구
김범환 | 배제대 경영정보학부

111 변호사징계제도
오종근 | 한림대 법학부

112 인터넷 특허법
김순석 | 광주대 법학과

113 e-비즈니스 시대의 금융 및 재정정책의 새로운 패러다임
이종욱 | 서울여대 경제학과

114 청소년의 하위문화와 정체성
조성남 | 이화여대 사회학과

115 디지털금융시대의 금융구조변화와 정부규제 및 정책
이충열 | 고려대 경제학부

116 지식경영을 위한 기업의 조직설계방안
김경수 외 | 전남대 경영학과

117 전자금융의 발달과 경제정책의 새로운 패러다임
이명훈 | 명지대 경제학과

118 동아시아의 안보와 유엔체제
강성학 편저 | 고려대 정치외교학과

119 유료 치매노인 그룹홈의 개발과 관련 정책
최정신 외 | 가톨릭대 소비자 · 주거학과

120 소비자 지향적 문화산업 정책
홍영준 | 호남대 광고홍보학과

121 국제 · 국가 · 지방 환경규제의 연계
정준금 외 | 울산대 행정학과

122 현행 회사 합병 · 분할제도의 평가와 개선방안
옥무석 외 | 이화여대 법학과

123 배려지향적 도덕성과 정의지향적 도덕성
정옥분 외 | 고려대 사범대학

124 기업구조조정에 대한 채권금융기관 및 금융감독기관의 역할과 책임
이중기 | 한림대 법학과

125 실업대책으로서 한국의 법정기준근로시간 단축
박영범 | 한성대 경제학과

126 프랑스어의 비분리성 소유개념 표현
노윤채 | 연세대 언어정보연구원

127 지방채의 효율적 관리방안
강태구 | 호원대 법행정학부

128 21세기 산업구조 변화와 과학기술정책
임채성 외 | 그리스도신학대 경영정보학부

129 인터넷 쇼핑몰 이용자의 불평행동
예종석 | 한양대 경영학부

130 한국기업의 성과급제도 현황, 효과 및 개선방안
김성수 | 서울대 경영학과

131 전자상거래와 소비자보호
서민교 외 | 경일대 인터넷국제통상학과

132 평생학습 사회에서의 인적자원개발을 위한 사회적 파트너십 구축
김영화 | 홍익대 교육학과

133 한국 공교육의 새로운 구상과 전략
권대봉 외 | 고려대 교육학과

134 한국의 정부개혁
김태룡 | 상지대 행정학과

135 지방정부 생산성 측정의 이론과 실제
이은국 외 | 연세대 행정학과

136 불가 시문학론
배규범 | 경희대 학술연구 교수

137 남북경제교류의 법적 문제
제성호 | 중앙대 법학과

138 경제위기와 청소년 발달
구인회 | 서울대 사회복지학과

139 생명과학기술의 응용과 기본권보호적 한계
정상기 외 | 한남대 법학과

140 경제발전과 정치환경의 한 · 일 비교분석
정갑영 외 | 연세대 동서문제연구원

141 한국 공교육의 진단
윤정일 외 | 서울대 교육학과

142 우리나라 지방자치 발전을 위한 자치단체장의 역할
정성호 외 | 경기대 사회과학부

143 의료보험제도의 개혁방안
권순원 | 덕성여대 경제학과

144 중등 도덕교육의 현실과 문제
손동현 외 | 성균관대 철학과

145 사이버공동체 발전론
이명식 | 상명대 경영학과

146 남북경협 확대에 대비한 북한 담보제도의 정비방안
박훤일 | 경희대 법과대학

147 한국 공무원 인사제도 개혁
김판석 | 연세대 행정학과

148 교사화법 교육
임칠성 외 | 전남대 국어교육과

149 세계화의 문화정치학
임혁백 외 | 고려대 정치외교학과

150 효과적인 e-SCM을 위한 의사결정조정 시스템 모형
이원준 | 성균관대 경영학부

151 환경거버넌스
김종순 외 | 건국대 행정학과

152 자동차산업의 인적자원관리
이덕로 | 서원대 경영학부

153 한국과 영국 간 지식기반산업 비교
이명호 | 한국외대 경영학과

154 한국 벤처기업의 기술네트워킹 및 기술 마케팅 전략
장영일 | 인제대 경영학부

155 회사변호사의 윤리
오승종 | 성균관대 법과대학

156 미디어교육론
이정춘 | 중앙대 신문방송학과

157 조선시대 서원과 양반
윤희면 | 전남대 역사교육과

158 환경문제와 철학
박찬국 | 서울대 철학과

159 노인보건복지 이론과 실제
김명 외 | 이화여대 보건교육학과

160 북한의 법체계
권재열 외 | 숭실대 법학과

161 생명공학기술의 안전성 확보에 관한 법적 고찰
이재협 | 경희대 법학부

162 청소년복지학
김성이 외 | 이화여대 사회복지학과

163 변화하는 세계, 변화하는 복지국가
조영훈 | 동의대 사회복지학과

164 의리의 윤리와 한국의 유교문화
김낙진 | 진주교대 도덕교육과

165 미국의 통상정책과 통상법
윤충원 | 전북대 무역학과

166 사회복지 프로그램 평가
김학주 | 경상대 사회복지학과

167 환경주의와 지속가능한 발전
정대연 | 제주대 사회학과

168 무역과 환경
김기흥 외 | 경기대 경제학부

169 산업계 유해폐기물의 위험과 관리
김금수 | 호서대 경상학부

170 백범 김구의 지적 계발과정 탐색
문용린 | 서울대 교육학과

171 태평양전쟁 발발 이후 일제의 인적 지배와 그리스도교계의 대응
윤선자 | 전남대 사학과

172 거버넌스 상황에서 갈등관리를 위한 대체적 분쟁해결제도
서순복 | 광주대 법정학부

173 시장경제의 유형과 민주주의
최배근 | 건국대 경상학부

174 일본고전소설 총론
김현정 | 국립한국전통문화학교

175 국어 교육을 위한 국어 문법론
이관규 | 홍익대 국어교육과

176 율곡의 군주론
전세영 | 부산교대 윤리교육과

177 동북아시아 환경협력
정서용 | 명지대 법학과

178 기후변화협약과 기후정책
신의순 외 | 연세대 경제학과

179 인터넷과 국제 학술정보 네트워크-하이퍼링크 분석
박한우 | 영남대 언론정보학과

180 국내 기업복지의 활성화 방안
최수찬 | 연세대 사회복지대학원

181 세계화와 인간안보
김우상 외 | 연세대 정치외교학과

182 세계문화유산 종묘 이야기
지두환 | 국민대 국사학과
183 한국 평생교육의 사회철학적 과제
곽삼근 | 이화여대 교육학과
184 강점모델
정순둘 | 이화여대 사회복지학과
185 글로벌시대의 계약법
박영복 | 한국외대 법과대학
186 배심제와 시민의 사법참여
안경환 | 서울대 법학과
187 동북아공동체
김재한 | 한림대 정치외교학과
188 정치 참여와 탈물질주의
김욱 | 배재대 정치외교학과
189 퍼지전문가회로망을 이용한 금융기관의 사이버 기업여신결정 지원시스템의 개발
권혁대 | 목원대 경영학과
190 환경정책과 환경법
송인성 | 전남대 지역개발학과
191 포스트모던 시대의 평생교육학
한숭희 | 서울대 교육학과
192 현대 한국인의 세대경험과 문화
박길성 외 | 고려대 사회학과
193 서구의 근로연계복지
김종일 | 건국대 사회복지학과
194 사회복지운동론
현외성 | 경남대 사회복지학과
195 외국의 역모기지 사례
유선종 | 건국대 부동산학과
196 옛이야기와 어린이문학
이지호 | 진주교대 국어교육학과
197 노인사회복지관광의 정책과제와 방안
김창수 | 경기대 관광학부
198 복지서비스의 민간위탁 시스템 분석
김순양 | 영남대 행정학부
199 새로운 빈곤층의 대두와 정부의 정책과제
김진욱 | 건국대 경제학과
200 문화행정론
김정수 | 한양대 행정학과
201 스칸디나비아 노인용 코하우징의 계획과 적용
최정신 외 | 가톨릭대 생활과학부
202 북한의 자연생태계
공우석 | 경희대 지리학과
203 통계로 이해하는 러시아
전홍찬 | 부산대 정치외교학과
204 사회복지법인의 경영과 회계
이동규 | 충남대 회계학과
205 의약분업 정책과정
차흥봉 | 한림대 사회복지학과
206 지역공동체와 평생교육
오혁진 | 동의대 평생교육학부
207 아동보호서비스의 실제
한미현 | 백석대 사회복지학부
208 그린마케팅
박재기 | 충남대 경영학부
209 아동권리와 아동복지
이혜원 | 성공회대 사회복지학과
210 국제 이주와 인도인 디아스포라
김경학 | 전남대 인류학과
211 질병과 의료의 사회학
조병희 | 서울대 보건대학원
212 북한이탈주민의 사회통합을 위한 지역복지실천의 모색
이기영 | 부산대 사회복지학과
213 치매노인케어론
조유향 | 초당대 간호학과
214 노인상담입문
서혜경 외 | 한림대 대학원 사회복지학과
215 '통일 이후 통일과정'으로서의 독일 통일영화
이준서 | 이화여대 독어독문학과
216 중국의 사회보장
오정수 | 충남대 사회복지학과
217 환경자원의 경제적 가치와 환경오염의 사회적 비용
김재홍 | 울산대 사회과학부
218 사회복지프로그램의 경제적 평가방법
박창제 외 | 상주대 사회복지학과
219 자유의지와 결정론
안건훈 | 강원대 철학과
220 심리학자들이 쓴 행복한 결혼의 심리학
채규만 외 | 성신여대 심리학과
221 현대 해석학 강의
양해림 | 충남대 철학과
222 한국인의 주거 빈곤과 공공주택
하성규 | 중앙대 도시및지역계획학과
223 IMF 경제위기와 한국 출산력의 변화
김두섭 | 한양대 사회학과
224 동아시아의 영토분쟁과 국제법
이석우 | 인하대 법학부
225 독일 복지국가와 사회복지서비스
정재훈 | 서울여대 사회사업학과
226 사회복지사를 위한 실용 비모수통계
엄명용 | 성균관대 사회복지학과
227 피해자학 연구
이윤호 | 동국대 경찰행정학과

228 광고언어창작론
박영준 외 | 부경대 국어국문학과

229 환경규제 패러다임의 전환
한철 | 한남대 법학과

230 고령사회의 노동환경변화와 고용 시스템의 문제점 및 법적 대응
고준기 | 국립군산대 법학과

231 세계화와 소득불평등
이성균 외 | 울산대 사회과학부

232 유비쿼터스 사회의 이해
안중호 외 | 서울대 경영학과

233 국제환경책임법론
박병도 | 건국대 법학과

234 한국의 선거와 민주주의
윤종빈 | 명지대 정치외교학과

235 한국 시민운동의 구조와 동학
조대엽 외 | 고려대 사회학과

236 또래관계
송영혜 | 대구대 재활심리학과

237 해외 한국기업과 현지인 노동자
석현호 외 | 에스콰이아학술문화재단

238 독일 국가복지에서 민간복지단체의 역할과 의미
차성환 외 | 한일장신대 사회복지학부

239 청정공학
조정호 | 동양대 생명화학공학과

240 한국전통연희론
심상교 | 부산교육대 국어교육학과

241 정신장애와 가족
서미경 | 경상대 사회복지학부

242 빈곤통계의 작성과 활용
김주환 | 동국대 정보통계학과

243 인터넷과 한국정치
강원택 | 숭실대 정치외교학과

244 북한의 시장경제이행
정영화 외 | 서경대 법학과

245 시스템사고로 본 지속가능한 도시
문태훈 | 중앙대 도시및지역계획학과

246 실버산업과 유비쿼터스 컴퓨팅
고일상 | 전남대 경영학부

247 재활상담과 사례관리
나운환 | 대구대 직업재활학과

248 영유아교육기관에서의 장애 이해 교육
유수옥 | 우석대 유아특수교육과

249 장애의 사회적 의미와 사회통합
박수경 | 대진대 사회복지학과

250 경제분석의 수리적 기초
조인성 | 공주대 경제통상학부

251 비영리부문의 비교연구
김승현 | 서울산업대 행정학과

252 고등교육경제학
반상진 | 전북대 교육학과

253 과학윤리교육의 이론과 방법
조희형 | 강원대 과학교육학부

254 결혼이민자가족의 이해
김오남 | 대불대 사회복지학과

255 동아시아 국가의 공공부조
신동면 | 경희대 사회과학부

256 특수아동 진단 및 평가
이나미 | 대불대 특수교육과

257 계약형 사회복지와 권리옹호시스템
이명현 | 경북대 상주캠퍼스 사회복지학과

258 실내공기질 및 위해성 관리
양원호 | 대구가톨릭대 산업보건학과

259 충남 방언 문법
한영목 | 충남대 국어국문학과

260 교육권론
노기호 | 군산대 법학과

261 도시경관계획론
임승빈 | 서울대 조경 · 지역시스템공학부

262 교통의 새로운 패러다임
김형철 | 경원대 도시계획 · 조경학부

263 노인의 삶의 질 향상을 위한 주거환경 디자인
천진희 | 상명대 디자인대학 실내디자인전공

264 사회복지와 문화
박병현 | 부산대 사회복지학과

265 장애인복지의 이론과 실제
이선우 | 인제대 사회복지학과

266 창의성 개발을 위한 디자인교육 콘텐츠
김선영 | 인천가톨릭대 조형예술대학 환경디자인학과

267 구성주의 사회복지 실천 기술론
고미영 | 서울신학대 사회복지학과

268 장애아교육학
김기흥 | 부산교육대 유아교육과

269 지역사회복지와 자원부문
한상진 외 | 울산대 사회학과

270 환경관리회계
육근효 | 부산외국어대 회계학부

271 인권 관점에서 보는 장애인복지
유동철 | 동의대 사회복지학과

272 정신증상
송지영 | 경희대 의과대학병원 신경정신과

273 사이버공간의 사회심리학
이성식 외 | 숭실대 정보사회학과

274 노인에 대한 사회적 돌봄과 돌봄서비스의 질 보장
최희경 | 신라대 가족노인복지학과

275 아동 심리치료의 실제
신현균 | 전남대 심리학과

276 사회복지와 위험관리
노충래 | 이화여대 사회복지전문대학원

277 국제 탄소시장의 이해
양승룡 | 고려대 식품자원경제학과

278 타자의 초상
신문수 | 서울대 영어교육과

279 한국정치와 환경정치
나정원 | 강원대 정치외교학과

280 북한이주민
윤인진 | 고려대 사회학과

281 음주의 사회경제적 비용
정우진 외 | 연세대 보건대학원

282 지방정치와 동북아 도시거버넌스
박재욱 | 신라대 행정학과

283 노숙인 복지론
남기철 | 동덕여대 사회복지학과

284 유럽통합과정과 지역협력
이규영 | 서강대 국제대학원

285 사회복지재정 연구
지은구 | 계명대 사회과학대학 사회복지학과

286 지역사회 교육개혁을 위한 시민사회 조직의 참여
김영화 | 홍익대 교육학과

287 복지사회를 대비한 국민연금의 구조개혁
박영석 외 | 서강대 경영학부

288 한미 FTA 지재권 협상에 따른 의약품 분야 사회후생 변화
우근열 | 충남대 무역학과

289 산업입지, 환경 그리고 지역경제
이기동 외 | 계명대 국제통상학과

290 감성지능 개발을 통한 삶의 질 향상
김경수 외 | 전남대 경영학부

291 교육복지론
이용교 외 | 광주대 사회복지학부

292 인간과 행복에 대한 철학적 성찰
박찬국 | 서울대 철학과

293 유럽연합의 사회통합 사례와 교훈
이무성 | 명지대 정치외교학과

294 민영화와 사회후생
이상호 | 전남대 경제학부

295 북한의 교육학 체계 연구
최영표 외 | 동신대 교육대학원

296 한국 지속가능발전의 구조와 변동
정대연 | 제주대 사회학과

297 우리나라의 공익 연계 마케팅에 관한 연구
임승희 | 전주대 경영학부

298 시각장애인복지론
김영일 | 조선대 특수교육과

299 그린에너지와 환경촉매
정석진 | 경희대 화학공학과

300 취약학교 초등학생을 위한 온라인 보건교육 프로그램
박경옥 | 이화여대 보건관리학과

301 신탁제도를 통한 고령자의 보호와 지원
최수정 | 서강대 법학전문대학원

302 사회적 약자계층에 대한 실태분석 및 정책방안
이은우 외 | 울산대 경제학과

303 한류 문화와 동북아 공동체
최혜실 | 경희대 국어국문학과

304 노동유연화와 해고보호법
권혁 | 부산대 법학전문대학원

305 사회복지 위험관리의 이해
박미은 | 한남대 사회복지학과

306 의료기관의 회계와 세무
노준화 | 충남대 경영학부

307 여성인적자원의 전문성 확보를 위한 경력개발
백지연 | 이화여대 국제사무학과

308 정신병리
강선경 | 서강대 신학대학원

309 바다의 반란 적조
윤양호 | 전남대 해양기술학부

310 한국 장애인 복지 발달사
이성규 | 서울시립대 사회복지학과

311 서양예술 속의 동양 탐색
지상범 | 전북대 독어독문학과

312 한국인의 도덕성 발달 진단
문용린 | 서울대 교육학과

313 영국정치와 국가복지
고세훈 | 고려대 공공행정학부

314 인간학적 사유를 여는 중도 · 중복장애 교육학
이숙정 | 단국대 특수교육과

315 개별화 교육과정
이소현 | 이화여대 특수교육과

316 인간의 긍정적 성품
권석만 | 서울대 심리학과

317 지방자치와 지역여성의 전망
이혜숙 | 경상대 사회학과

318 한국 현대 노년소설 연구
전흥남 | 한려대 교양학부

319 정보격차 해소를 위한 창의적 정보교육 프로그램
이영준 외 | 한국교원대 컴퓨터교육과

320 한국 가족과 젠더
손승영 | 동덕여대 교양학부

321 한국의 복지혼합
김진욱 | 서강대 신학대학원

322 사회자본과 자원봉사
김태룡 외 | 상지대 행정학과

323 농촌교육복지연구
박삼철 | 단국대 교양학부

324 사회정체성 평가 차원에 대한 국제비교조사
이명진 | 고려대 사회학과

325 캐나다 복지국가 연구
조영훈 | 동의대 사회복지학과

326 한국의 소수자운동과 인권정책
전영평 외 | 서울대 행정대학원

327 한국과 미국의 보육서비스 전달체계와 품질 비교분석
김근세 외 | 성균관대 국정관리대학원

328 한국사회의 소득불평등과 국민 의료이용
이용재 | 호서대 사회복지학과

329 정보시대의 인간안보
조화순 | 연세대 정치외교학과

330 가족의 사회경제적 특성과 아동발달
김광혁 | 전주대 사회복지학과

331 초 · 중 · 고등학생의 학업소진 진행과정 및 경로분석
이상민 | 고려대 교육학과

332 다문화사회의 사법통역
이지은 | 이화여대 통역번역대학원

333 동아시아 지역주의
유현석 | 경희대 정치외교학과

334 환경친화적 공공시설관리와 지역공동체의 삶의 질
이소영 | 중앙대 실내디자인 · 주거환경학과

335 의료보험의 법정책
김나경 | 성신여대 법과대학

336 양극화 시대 가족해체와 청소년의 적응에 관한 한국과 미국의 비교 연구
오승환 외 | 울산대 사회복지학과

337 기업의 사회적 책임과 지역경제사회 발전 연구
허영도 외 | 울산대 경영학부

338 노인의 삶의 질 향상을 위한 온라인 소셜 네트워크 구축 방안
김진우 | 연세대 경영학과

339 청소년 생활역량
윤명희 외 | 동의대 평생교육학과

340 외국인 배우자의 다양성과 국제결혼의 안정성
김두섭 | 한양대 사회학과

341 정보인권의 규범구체화
이민영 | 가톨릭대 법학과

342 한국 사회복지실천의 고유성
최성재 외 | 서울대 사회복지학과

343 스웨덴의 환경책임 실천모형
최희경 | 경북대 행정학부

344 자율운동과 주거공동체
윤수종 | 전남대 사회학과

345 한국인의 공공봉사동기
김상묵 | 서울과학기술대 행정학과

346 한국 이혼가정 아동의 성장
김혜숙 | 경인교육대 교육학과

347 동양 사상과 노인 복지
홍승표 외 | 계명대 사회학과

348 노동과 사회보장의 연계
오문완 | 울산대 법학과

349 학습장애 위험군 아동의 조기선별을 위한 읽기검사 표준화 연구
김애화 외 | 단국대 특수교육학과

350 신 · 재생에너지에 기초한 녹색성장과 사회통합
김인호 | 이화여대 법학전문대학원

351 문화교류역량과 다문화 경영이 기업 경영성과에 미치는 영향
임병학 외 | 부산외대 경영학부

352 빈곤영유아의 발달과 적응
정익중 외 | 이화여대 사회복지학과

353 민사법질서와 인권
양천수 | 영남대 법학전문대학원

354 성년후견제도와 사회복지제도의 연계
신권철 | 서울시립대 법학전문대학원

355 한국 다문화사회의 이방인
김순양 | 영남대 행정학과

356 현대 시민사회와 소비자계약법
이병준 | 한국외대 법학전문대학원

357 개인의 사회적 정보보호를 위한 공공 정보서비스 개선 연구
장항배 | 상명대 경영학과

358 여성교육투자에 대한 교육경제학적 탐색
백일우 외 | 연세대 교육학부

359 사회적 기업과 지속가능한 지역발전
임업 외 | 연세대 도시공학과

360 다문화가정 구성원에 대한 투트랙 한국어 교육방안 연구
박시균 | 군산대 국어국문학과

361 아시아의 빈곤과 한국기업의 역할
한인수 | 충남대 경영학부

362 유치원 · 초등학교 연계 환경교육
박희숙 | 공주대 유아교육학과

363 비정규 고용과 사회정책
구인회 외 | 서울대 사회복지학과

364 사생활의 자유에 관한 비교법적 연구
이창현 | 서강대 법학전문대학원

365 다중융합 환경 기반의 미디어스킨을 활용한 문화콘텐츠 디자인 적용방안에 관한 연구
오문석 외 | 광운대 미디어영상학부

366 북한이탈주민 여성의 성인식 관련 기초 조사
한인영 외 | 이화여대 사회복지학과

367 노인주택 파노라마
유선종 | 건국대 부동산학과

368 시설보호 청년의 적응
정선욱 | 덕성여대 사회복지학과

369 다수 집단과 소수 집단의 심리
김혜숙 | 아주대 심리학과

370 바이오 휴머니티
권택영 | 경희대 영어학부

371 프랑스 다문화교육의 이해
이경수 | 상명대 불어교육과

372 한 · 중 서비스산업의 비교분석과 교역 확대 방안
김상호 | 리츠메이칸 아시아태평양대 국제경영학부

373 현대의학에 있어서 생명의 시간과 인간의 존엄
김학태 | 한국외대 법학전문대학원

374 0~3세 영유아의 영상물 과몰입 실태 조사 및 정신건강증진 프로그램 개발과 적용
이경숙 | 한신대 재활학과

375 복지국가의 조세와 정치
양재진 외 | 연세대 행정학과

376 청소년기 자살행위 실태와 관련 요인
박선희 | 경희대 간호과학대학

377 기술혁신에 따른 지역 간 정보격차
최정혜 외 | 연세대 경영대학

378 한국 사회의 이중구조와 생애주기적 불평등
안상훈 편 | 서울대 사회복지학과

379 소비자의 친환경행동에 영향을 미치는 사회적 · 경제적 가치에 대한 고찰
송재기 | 텍사스테크대 경영학과

380 어머니 양육행동 관련 변인들과 유아 사회정서행동 간의 구조모형 분석
심숙영 | 숙명여대 원격대학원

381 조선족 여성, 동남아시아 여성 그리고 새터민의 적응 유형 분석 및 삶의 질 향상 방안 모색
정태연 | 중앙대 심리학과

382 세계의 연금, 한국의 연금
허만형 | 중앙대 공공인재학부

383 노인요양원과 문화 변화
최재성 | 연세대 사회복지학과

384 시민사회와 국제개발협력
손혁상 | 경희대 공공대학원

385 복지국가의 변화와 빈곤정책
김윤태 | 고려대 사회학과

386 다문화가정의 미디어 이용과 사회적 자본의 관계
진창현 | 경기대 경영학과

387 사회진출 대졸 초년생의 탄력성 변화 양상
이상민 | 고려대 교육학과

388 사회자본과 경제발전 그리고 정부의 질
도수관 | 대구가톨릭대 행정학과

389 망명과 귀환이주
서장원 | 고려대 독일문화학과

390 근거기반실천과 사회복지
김유진 | 경북대 사회복지학부

391 인터넷상 정보 유통에 대한 새로운 저작권 규율 방향 모색
박준석 | 서울대 법학전문대학원

392 한국 사회의 인종차별적 담화구조
이창수 | 한국외대 통역번역대학원

393 사회복지사의 사회복지 가치 지향
김용석 | 가톨릭대 사회복지학과

394 개인정보의 국제적 유통에 따른 법적 문제와 대책
박훤일 | 경희대 법학전문대학원

395 정신장애인의 인권
서미경 | 경상대 사회복지학과

396 취약계층 비만청소년들의 체중관리를 위한 건강증진 프로그램의 효과
김영호 | 서울과학기술대 스포츠과학과

397 한국 전통의 돈의 문학사, 나눔의 문화사
서신혜 | 한양대 창의 · 융합교육원

398 와이파이 공간과 모바일 정보 격차
이건학 | 서울대 사회과학대학

399 도시정비사업의 법적 쟁점과 해설
성중탁 | 경북대 법학전문대학원

400 사회서비스 제공기관의 조직요인과 성과
신창환 | 경북대 사회복지학부

401 도시 사운드스케이프 디자인
전진용 외 | 한양대 건축공학부

402 지방의회 의원윤리연구
김택 | 중원대 경찰행정학과

403 발달장애인 자립생활 증진을 위한 역량탐색 및 주거로서의 해결과제
김라경 | 광주교육대 교육학과

404 외국인고용제도개선과 인권
김상호 외 | 경상대 법과대학

405 사회복지연구에서 질적방법과 분석
김인숙 | 가톨릭대 사회복지학과

406 현대미술에서의 예술적 성장과 창의적 인재양성
백경미 | 울산과학기술원 기초과정부

407 현대인의 삶과 문화예술교육
곽삼근 | 이화여대 교육학과

408 문화적 배경과 체화된 인지
민동원 | 단국대 경영학부

409 아동 섭식행동평가 척도 표준화 및 섭식문제 현황 조사
정경미 | 연세대 심리학과

410 잊혀질 권리: 이상과 실현
문재완 | 한국외대 법학전문대학원

411 인권의 지역화: 일상생활의 인권 증진을 위하여
김중섭 | 경상대 사회학과

412 다문화 시대 이주민의 한국어 의사소통
민병곤 외 | 서울대 국어교육과

413 다문화 시대의 문화교육 커리큘럼
윤여탁 외 | 서울대 국어교육과

414 다문화 시대의 통일교육
박성춘 외 | 서울대 윤리교육과

415 다문화 시대 사회 통합을 위한 시민 교육
이진석 외 | 부산대 일반사회교육과

416 다문화 관련 법률 및 제도
박성혁 외 | 서울대 사회교육과

417 생태복원의 인문학적 상상력
김성도 외 | 고려대 언어학과

418 다국내 출생 다문화가정 청소년의 아픔과 분투: 사회적 차별로부터의 회복과 성장
서영석 | 연세대 교육학과

419 종교심리학의 이해: 죽음인식의 논의를 중심으로
김재영 | 서강대 종교학과

420 글로벌 시대의 사회통합: 세계적 추세와 한국의 위상
장용석 외 | 연세대 행정학과

421 소규모 사회적기업과 소셜미디어 마케팅
박철 | 고려대 글로벌비즈니스대학

422 동아시아 가면극의 역사와 전승양상
전경욱 | 고려대 국어교육과

423 무엇이 우리를 행복하게 하는가?
구교준 외 | 고려대 행정학과

424 디지털 중독의 이해와 대응 방안
오원석 외 | KAIST 경영대학

425 지속가능발전목표(SDG) 시대 한국의 복지와 행복지표 측정
한준 외 | 연세대 사회학과

426 지방정부 간 사회복지 불균형과 시민 행복
장용석 외 | 연세대 행정학과

427 일 · 여가의 변화와 행복 복지
유홍준 외 | 성균관대 사회학과

428 가족시간과 삶의 질
이윤석 외 | 서울시립대 도시사회학과

429 사회복지사의 유데모니아: 사회복지의 가치와 보람, 그리고 행복
송인한 외 | 연세대 사회복지대학원

430 행복을 위한 움직임
안문경 | 국민대 교양대학

431 읽기 장애 조기 선별검사의 측정학적 적합성 연구
여승수 | 부산교육대 유아교육학과

432 문화적 다양성과 창의성: 심리학적 관점
장재윤 | 서강대 심리학과

433 내일의 종언(終焉)? 가족자유주의와 사회재생산 위기
장경섭 | 서울대 사회학과

434 산림공유자원관리로서 금송계 연구
배수호 외 | 성균관대 행정학과

435 한국 경제발전의 문화적 기원: 추격성장, 발전국가 그리고 문화적 혼종성
김명수 | 한양대 정보사회학과

436 4차 산업혁명의 일자리 진화
이민화 | KAIST 미래전략대학원

437 금융 분야에 있어서 4차 산업혁명 시대와 일자리 대책
고동원 | 성균관대 법학전문대학원

438 노동의 디지털화와 산업노동의 미래: 독일 산업 4.0을 중심으로
임운택 | 계명대 사회학과

439 4차 산업혁명과 고등교육 개혁
김민희 외 | 대구대 교직부

440 4차 산업혁명과 일자리 정책의 미래
권혁 외 | 부산대 법학전문대학원

441 복지공급론: 보건복지의 수단과 체계
강창현 | 단국대 공공관리학과

442 생각 중심 교육
박주용 | 서울대 심리학과

443 청소년 독자의 정체성과 문식 활동
이순영 | 고려대 국어교육과

444 인간의 심리를 조작하는 사회공학기술
김석수 | 한남대 멀티미디어학부

445 한국사회 이타적 행동에 대한 이해
강철희 외 | 연세대 사회복지대학원

446 이주민의 사회적 배제: 세대 간 전이와 민족 계급화를 중심으로
최혜지 | 서울여대 사회복지학과

447 사회복지, 업의 변화와 마케팅
이원준 | 청주대 경영학과

448 충남 민속의 이해
이필영 | 한남대 역사교육과

449 한국 청소년들의 공동체지향목표
신종호 외 | 서울대 교육학과

450 저출산 · 고령화와 한국의 연금개혁: 세대 간 공정과 지속가능성
석재은 외 | 한림대 사회복지학과

451 지방 인구구조의 변화와 지역 사회복지 전달체계
기정훈 | 명지대 행정학과

452 고령 친화적 도시재생뉴딜: 일본의 고령 친화 주거지재생 정책 사례 연구
김현주 | 서울연구원 초빙 부연구위원

453 저출산의 심리적 요인: 저출산 원인의 심리학적 요인 분석을 중심으로
진경선 | 성신여대 심리학과

454 남자가 출산휴가를 간다면?: 아빠노동자 양성을 위한 남성 육아휴직 사례 연구
최새은 외 | 한국교원대 가정교육학과

455 한국 다문화 사회의 교육과 복지 실천
김영순 외 | 인하대 사회교육과

456 뉴미디어와 이주민: 소셜미디어시대 서울 지역 중국동포들의 미디어 이용과 적응
김용찬 | 연세대 언론홍보영상학부

457 제1기 헌법재판소: 헌법재판의 황무지에 단단한 초석을 놓다
임지봉 | 서강대 법학전문대학원

458 저소득층 초등학생을 위한 식생활교육 프로그램 개발: 심리 · 사회적, 영양학적 요인을 중심으로
김경원 외 | 서울여대 자연과학대학 식품영양학전공

459 지역공동체 참여의 이론과 현실: 지속가능하고 포용적인 공동체를 위한 대안의 모색
한상일 | 연세대 글로벌행정학과

460 한국가정과 다문화가정 내 배우자 폭력의 유형 및 특성 비교 연구
그레이스 정 | 서울대 아동가족학과

461 한국 유교 圖像의 역사
유권종 | 중앙대 철학과

462 기업과 노동의 사회 책임: CSR에서 ISO26000을 넘어 기업 인권으로
이승협 | 대구대 사회학과

463 청소년을 위한 긍정적 정신건강의 평가와 개입
고영건 | 고려대 학생상담센터

464 이주 시대의 젠더: '다문화' 한국사회와 필리핀 출신 여성들
김민정 | 강원대 문화인류학과

465 상식의 긴 팔: 과학하는 인간의 베이즈주의
여영서 | 동덕여대 교양대학

466 사회복지실천기록: 사회복지사의 기록실무를 위한 지침
백은령 외 | 총신대 사회복지학과

467 대한민국에서 난민으로 살아가기: 의미 탐색과 정책 과제
박순용 외 | 연세대 교육학부

468 다문화사회와 이주민 건강: 헬스커뮤니케이션 자원의 분석과 대안 모색
정의철 | 상지대 미디어영상광고학과

469 전통생태지식과 세대소통: 지속가능 발전을 위한 사회생태기억 탐구
김고운 외 | 고려대 오정리질리언스연구원

470 디지털 시대의 사회복지 패러다임: 네트워크적 접근
김수영 | 서울대 사회복지학과

471 디지털 헬스 케어의 법적 쟁점과 과제
이호용 | 한양대 정책학과

472 한국사회의 공공갈등 사례를 통해 본 조정, 참여형 갈등관리, 예방적 접근의 활용과 해외 시스템 연구
김대중 외 | 동아대 국제전문대학원

473 호수환경생태학
김범철 | 강원대 환경학과

474 한국 이민자 복지정책 연구
김안나 | 대구가톨릭대 사회복지학과

475 통합환경법 제정에 관한 연구: 가칭 「이산화탄소 저장 등에 관한 법률」안 제정을 중심으로
고문현 | 숭실대 법학과

476 다문화 프로그램 정책지원을 위한 유초연계 다문화교육
정대현 | 총신대 유아교육과

아산재단연구보고서

001 한국인의 도덕성 연구
배해수 | 고려대 국문학과

002 산업화와 청소년 진로
이원호 | 울산대 교육학과

003 공동체의식과 시민운동
김영섭 | 한양대 행정학과

004 한국청년의 삶의 의미 충족도와 만족적 태도
안정수 | 경희대 철학과

005 중국조선족의 사회발전과 한·중관계의 위상
손장권 | 고려대 사회학과

006 해송림 "솔껍질깍지벌레"의 천적 및 주요 종의 생태
김규진 | 전남대 농생물학과

007 사회정의와 실천윤리
박종대 | 서강대 철학과

008 동구개혁의 영향
김달중 | 연세대 정치외교학과

009 한국청소년의 의식세계
김문조 | 고려대 사회학과

010 고강도 철근 콘크리트 구조의 실용화
정헌수 | 중앙대 건축학과

011 신기술의 연관형태 및 출현예측의 구조모형
권철신 | 성균관대 산업공학과

012 민간기업의 연구개발을 위한 조세정책
권영훈 | 한양대 경제학부

013 기술개발 활성화방안
송승구 | 울산대 화학공학부

014 부패의 현상과 진단
이문조 | 영남대 정치외교학부

015 연구투자의 지역적 편중화와 부산지역의 기초과학연구 활성화방안
윤웅찬 | 부산대 화학과

016 GATT의 신구 덤핑방지협정과 그 대응 방안
전창원 | 동국대 무역학과

017 한국사회의 도덕성 제고를 위한 진단과 처방
황경식 | 서울대 철학과

018 새로운 노사관계 방향
이진규 외 | 고려대 경영학과

019 21세기 동북아 정세예측과 한국의 전략적 대응방안
최평길 외 | 연세대 행정학과

020 소련의 한국에 대한 정책목표분석
신승권 | 한양대 정치외교학과

021 메모리 커패시터용 $Pb(Zr_xTi_{1-x})O_3$ 강유전체 박막의 제작과 특성
장지근 외 | 단국대 전자공학과

022 러시아 국제법학의 전통
김용구 | 서울대 외교학과

023 유럽연합의 현황과 전망
김동현 외 | 성균관대 행정학과

024 중국의 정치동원
송영우 외 | 건국대 정치외교학과

025 산업적 활용을 위한 이동로보트 시스템의 개발
박민용 외 | 연세대 전자공학과

026 중국조선족의 정치사회화과정과 동화적 국민통합의 방향
전인영 외 | 이화여대 사회생활학과

027 공적부조의 이론과 실제
최일섭 외 | 서울대 사회복지학과

028 대외통상환경의 변화와 법제개편
서헌제 | 중앙대 법학과

029 기업금융의 국제화
최생림 | 한양대 경영학부

030 자동차부품공업의 노사관계
김호진 외 | 고려대 행정학과

031 산업화 과정에서의 한국가족의 실태와 전망
정창수 외 | 성균관대 사회학과

032 공무원 가치관 실태와 정립방안
배병룡 외 | 경상대 행정학과

033 해외귀국청소년의 국내적응연구
이장영 | 국민대 사회학과

034 초고속정보통신망에서 LAN서비스 제공방안
이재용 | 연세대 전자공학과

035 WTO체제의 정책적 대응
김병진 외 | 경희대 행정학과

036 유럽의 통합정치
최수경 외 | 충남대 정치외교학과

037 유기질폐기물을 이용한 고단백사료원인 조류의 생산공정
최정우 외 | 서강대 화학공학과

038 초고속정보통신망의 수용성과 정책방향
박영상 외 | 한양대 신문방송학과

039 중국의 강남사회와 한중교섭
조영록 외 | 동국대 사학과

040 세계화시대의 사회 · 문화의식
신행철 외 | 제주대 사회학과

041 국내 외국인 노동자의 문제와 대책
성규탁 외 | 연세대 사회복지학과

042 노인인력 활용정책과 프로그램
김정후 외 | 강원대 법과대학

043 한일간 학술교류 현황과 활성화방안
정홍익 외 | 서울대 행정대학원

044 계량모형에 의한 한일 경제관계의 이해
김명직 외 | 한양대 경제학부

045 직장인의 음주행태와 삶의 질
진기남 외 | 연세대 보건행정학과

046 유통정보 시스템의 구조와 설계
정용길 | 충남대 경영학과

047 남북통일 이후 사회통합을 위한 교육의 역할
안기성 외 | 고려대 교육학과

048 대중음악에 심취한 청소년들의 심리적 특성
김인경 외 | 연세대 인간행동연구소

049 멀티미디어 시스템을 활용한 교육환경의 개선방안
김한일 | 제주대 컴퓨터교육학과

050 탈냉전기 한일관계의 생성
최상룡 | 고려대 정치외교학과

051 자치시대 새로운 '삶의 질' 지표의 모색
김형기 외 | 경북대 경제통상학부

052 유럽통합의 역내외 협력과 갈등
이호재 외 | 고려대 정치외교학과

053 21세기를 대비한 신노사관계
김재원 | 한양대 경제학부

054 대학의 시간제학생 등록제
안규철 외 | 전남대 교육학과

055 21세기에 대비한 방송통신정책
한진만 외 | 강원대 신문방송학과

056 주민참여를 통한 혐오시설 관리운영방안
박균성 외 | 경희대 법학부

057 여성의 정치적 권리인식과 정치참여
전경옥 외 | 숙명여대 정치외교학과

058 한국인 위장질환과 식생활 · 환경요인 및 *H. pylori* 감염과의 관계
이양자 외 | 연세대 식품영양학과

059 학생과 시민의 자원봉사활동
윤정일 외 | 서울대 교육학과

060 동북아 환경문제와 지역환경협력의 모색
신연재 외 | 울산대 정치외교학과

061 노인 자원봉사활동을 통한 사회통합 프로그램 개발
김동배 | 연세대 사회복지학과

062 물류정보 시스템
김태현 | 연세대 경영학과

063 전자식 문서교환을 이용한 항공화물 운송체계
민재형 | 서강대 경영학과

064 청소년과 성
이근후 | 이화여대 의과대학

065 민족통합과 무궁화호 위성의 남북한 공동활용방안
방정배 | 성균관대 신문방송학과

066 채식주의가 20대 여성의 영양상태와 에스트로겐 대사에 미치는 영향
성미경 | 숙명여대 식품영양학과

067 가상정보공간을 통한 지역개발 활성화 전략
유재천 외 | 한림대 언론정보학부

068 조산아 관리현황 및 정책수립 방안
박상기 외 | 조선대 의과대학

069 남북한관의 의식조사와 통일교육 개선 방안
김동규 외 | 고려대 북한학과

070 동양 전통 자연사상 탐구
장동순 | 충남대 환경공학과

071 초고속정보망의 시뮬레이터 구현
한기준 | 경북대 컴퓨터공학과

072 유통원가 시스템의 유효성
정다미 | 명지대 경영학과

073 국악과 문화관광의 만남
정익준 외 | 동아대 국제관광통상학부

074 기업의 지식경영 활용사례
김창은 | 명지대 산업공학과

075 선진국과 한국의 직업교육 · 훈련제도의 특성과 한계
정주연 | 고려대 경제학과

076 제주지역 성인 여성의 자원봉사활동
이상철 외 | 제주대 사회학과

077 M&A와 문화충돌 관리
박원우 | 서울대 경영학과

078 폐금속광산 인근 주민들의 중금속 오염실태
정종학 외 | 영남대 의학과

079 북한 농촌 · 농업실태와 인력자원개발 시스템을 통한 북한 농민의 구호방안
박성열 | 건국대 교육공학과

080 중소 소매점의 경쟁력과 소매성과
채명수 외 | 한국외대 무역학과

081 고령자를 위한 쾌적한 실내온도와 착의량의 설정
정운선 | 안동대 의류학과

082 지역문화 이벤트 PR
박종민 | 경희대 언론정보학부

083 인터넷 지역정보화의 실태와 전략
유평준 외 | 연세대 행정학과

084 여성 삶의 질 향상을 위한 사회교육 활성화 방안
김양희 | 중앙대 가족복지학과

085 벤처기업과 벤처금융
강대석 외 | 충남대 무역학과

086 구조조정기에 있어서 실업대책과 사회 안전망 구축
박천익 | 대구대 경제학과

087 한국 유아의 조기교육
이명조 외 | 한국외대 교육대학원

088 남북한 경제공동체 형성전략
이상만 | 중앙대 경제학과

089 지방자치회계의 투명성과 주민의 알 권리
권찬태 외 | 경북대 경영학부

090 정치지도자의 정책리더십
이해영 | 경일대 행정학과

091 경제위기와 한국인의 복지의식
신광영 외 | 중앙대 사회학과

092 북한의 노동
김강식 | 한국항공대 경영학과

093 우리나라 중소기업의 정보기술 활용 현황과 경쟁력 강화를 위한 제안
정승호 | 부산외대 정보시스템학과

094 인간배아복제의 법적 · 윤리적 문제점과 그 해결방안
최병규 | 한경대 법학부

095 가치변화에 따른 투표행태
조찬래 외 | 충남대 정치외교학과

096 인터넷 경매에서의 계약체결과 소비자 보호
이기수 외 | 고려대 법과대학

097 세계화시대 남북한 통합의 방향과 과제
윤민재 | 서울대 사회발전연구소

098 글로벌 시대 지방정부의 문화마케팅 전략
박흥식 | 중앙대 행정학과

099 대졸여성실업의 실태분석 및 대학-노동시장 간 효율적 연계방안
이은우 외 | 울산대 사회과학부

100 그린 투어리즘의 분석
이응진 | 대구대 관광학부

101 지방자치단체장의 부정부패
오일환 | 한양대 아태지역연구센터

102 산업화가 유교체제하 중국여성의 지위에 미친 영향
천성림 | 배재대 사회과학연구소

103 움직이는 말하기
유혜숙 외 | 나사렛대 교양학부

104 장애학생을 위한 특수교육공학의 활용
김용욱 | 대구대 중등특수교육과

105 지식기반사회의 평생교육 이해와 평생교육 프로그램 개발
박성열 | 건국대 교육공학과

106 N세대의 미술교육
김동철 | 대구교육대 미술교육학과

107 노후계획과 투자
권택호 | 여수대 국제통상학과

108 영화산업
양영철 | 경성대 연극영화학부

109 동유럽의 변혁과 언론의 역할
정대수 | 경남대 정치언론학부

110 환율, 임금, 물가가 국제경쟁력 및 수출입산업에 미치는 영향
하인봉 | 경북대 경제통상학부

111 일본기업의 기술혁신 전략
위정현 | 중앙대 상경학부

112 노후보장정책과 역저당연금제도
조덕호 외 | 대구대 행정학과

113 유비쿼터스 라이프와 미래 사회
김석수 | 한남대 멀티미디어공학과

114 죽음과 관련된 생명윤리적 문제들
구인회 | 가톨릭의과대 인문사회과학교실

115 경제적 세계화와 빈곤문제, 그리고 국가
김준현 | 한일장신대 인문사회과학부

116 한국의 세계불교유산
김종명 | 한국학중앙연구원 한국학대학원

117 복지레저서비스론
고태규 | 한림대 국제학부

118 자생적 철학체계로서 인간중심철학
선우현 | 청주교대 윤리교육과

119 전략적 통합과 한반도 평화체제
김승채 | 고려대 정책대학원

120 환경사법론
전경운 | 경희대 법학부

121 인터넷 자료를 통해 본 한국의 이혼문화와 사회복지
성정현 외 | 협성대 사회복지학과

122 유럽연합의 사회정책에 관한 연구
문진영 | 서강대 신학대학원 사회복지학과

123 여성건강의 통합적 관점
김혜원 | 관동대 간호학과

124 복잡계 네트워크 과학
강병남 | 서울대 물리천문학부

125 경제적인 3세대 전원주택 개발
박근준 | 호서대 건축공학과

126 사회복지와 인적자원개발
이상일 | 인제대 국제경상학부